2024

绍兴鲁迅研究

绍兴鲁迅纪念馆
绍兴市鲁迅研究中心 编
绍兴市鲁迅研究会

上海社会科学院出版社

目　录

鲁迅思想作品研究

鲁迅与"酒"及其他 ·················· 黄　健(3)
夏夜的回望
　　——《社戏》中的记忆绵延 ············ 何巧云(19)
细读鲁迅《这样的战士》 ··············· 管冠生(29)
鲁迅与《诗经》的灵犀 ················ 那　艳(43)
鲁迅"拿来""易卜生主义"的当代启示 ········ 段冰艳(51)

史海钩沉

鲁迅与蟫隐庐和《安徽丛书》兼谈俞正燮 ······ 黄艳芬(61)
"东方的美"——鲁迅与中国现代书籍装帧 ······ 夏晓静(71)
王志之和鲁迅之间的交往 ········ 甘文慧　董卉川(80)
萧红的"那半部红楼"与她的"不甘，不甘！"
　　——萧红信仰心路历程探析 ············ 秋　石(91)
"笔的战士"：池田大作眼中的鲁迅与巴金 ······ 卓光平(107)
鲁迅著译编广告辑校(下) ·············· 彭林祥(114)
李霁野笔名考略 ···················· 朱　博(150)

· 1 ·

纪念《祝福》发表 100 周年

鲁迅笔下绍兴的烟霭与希望
　　——纪念《祝福》发表 100 周年 ················ 尉　加（163）
细节的隐喻
　　——《祝福》阅读笔记三则 ················ 谷兴云（173）

书评

抗战版画的一个宝库 ························ 黄乔生（187）
"一束朴实无华的'野草'"
　　——对孙玉石《〈野草〉研究》与鲁迅《野草》的联评
　　　　························· 崔绍怀（196）

鲁迅活动采撷

"胆剑精神：从勾践到鲁迅"青年学术工作坊
　　　　··················· 卓光平　周玉儿（215）

裘士雄·鲁迅文史资料

与鲁迅有关的人物像传（三）················ 裘士雄（229）

馆藏一斑

最羡卧游君有术，越州名胜解乡愁
　　——蔡元培的故乡情 ···················· 徐晓光（261）

鲁迅作品教与学

鲁迅作品教学与"立人"功能 ················ 蔡洞峰（267）
爱恨交织，冰火交融

——《记念刘和珍君》与《为了忘却的记念》联读教学
....赵一航(281)

三味杂谈

读书偶得：关于选本及语录 ....李　浩(297)
听叶淑穗讲鲁迅文物 ....徐昭武(302)
浅谈"一带一路"与"拿来主义" ....姚　洁(306)
借此存留一点遗闻逸事
——《南腔北调集》阅读札记 ....姚要武(312)

鲁迅思想作品研究

鲁迅与"酒"及其他

黄 健　浙江大学文学院
　　　　浙江省鲁迅研究会

鲁迅与"酒"的话题似乎不是学术研究正题。然而,透过鲁迅与"酒"及其与"酒"相关的历史、文化、社会和人生等多重关系的审视,不仅可以看到他为人、为文的真性情、真风采,或许,也可以从一个侧面看到他与中国历史、文化、社会和人生的一种特殊关系,以及与他的创作之间的紧密关联。因为在与酒文化、酒中世界、"如酒"人生的联系中,鲁迅讨论的问题,描写、抒发的心声,也是非常值得研究的。毕竟人在与"酒"和"如酒"的状态中,与在常态性中的认知和思维及其所作出的相关认识、思考和判断,往往是会有些不同的。通常一些精到、精辟的论述,甚至是一些妙语,有时也总是会在"饮酒"或"如酒"的状态中,闪烁着异样的思想光芒,且有着相应的思考的广度、深度和力度。当然,鲁迅也不例外。

一、鲁迅与"酒"

有关鲁迅喝酒的记载,或传说,似乎没有他抽烟那么出名,然而,他与"酒"的关系,却是十分密切的。相关资料显示,鲁迅虽是绍兴人,但不只是喜喝黄酒,其他的酒,如白酒、红酒、啤酒等,他都喜欢喝一点,不过,相对来说,黄酒喝得多一些。萧红在《回忆鲁迅先生》一文中说:"鲁迅先生吃的是中国酒,多半是花雕。"又说:"先生喜欢吃一点酒,但是不多吃,吃半小碗或一碗。"郁达夫在《回忆鲁迅》一文中也指出了这一点,他说鲁迅喝酒,"量虽则并不大，但却老爱喝一口"，又说鲁迅"到了上海之后，所喝的，大抵是黄酒了。但五加皮、白玫瑰，他也喝，啤酒、白兰地他也喝，不过总喝不多。"沈兼士在 1936 年所作的《我所知道的鲁迅先生》一文中说："酒，他（指鲁迅）不但嗜喝，而且酒量很大，天天要喝，起初喝啤酒，总是几瓶、几瓶的喝，以后又觉得啤酒不过瘾，'白干'、'绍兴'也都喝起来。"看来，鲁迅也是"酒负盛名"，至少，可谓是"酒精沙场"。资料显示，他偶尔也会喝高，但他自己说，"真的醉只有一回半。"[1] 许广平在 1939 年撰写的《鲁迅先生的日常生活——起居习惯及饮食嗜好等》中说："人们对于他的饮酒，因了是绍兴人，有些论敌甚至画出很大的酒坛旁边就是他。"关于喝酒的状态体验，鲁迅回忆道，在厦门大学任教时，面对那段令人寂静、沉静的日子，他就用喝酒进入"微醺"状态来形容，说："夜九时后，一切星散，一所很大的洋楼里，除我以外，没有别人。我沉静下去了。寂静浓到如酒，令人微醺。"[2] 资料记载，1910 年，从日本回国后，鲁迅曾在绍兴府中学堂任学监，并兼生物教员。此时，与他当年走出 S 城时的心境大不相同，下课出校门后，他常会去酒店小酌，尤其是与好友范爱农在一起时，就常常小酌。查阅《鲁迅日记》，自 1912 年至 1936 年都有酒事记载，或宴请，或自饮，或作客，与朋友聚，或治馔请客等。他的日记中有许多与"酒"或记录"如酒"状态的词语，如"招饮""邀饮""饮于""颇醉""大醉""微醉""醉卧""多饮"等。《鲁迅日记》记载，一天，他去看望一位朋友，"饮酒一巨碗而归……夜大饮茗，以饮酒多也"。[3] 又有一次，"夜失眠，尽酒一瓶"。[4] 1925 年端午节，他在给许广平的信中说，这次喝了烧酒六杯、五碗葡萄酒，说醉意，也只是"微醺"状态。

鲁迅酒品爽直，说自己在北京时，"太高兴和太愤懑时就喝酒"。[5] 可见，他喝酒是与心情相关的，这也似乎应了俗话所说的"喝酒显人真性情"。郁达夫在日记中就有他与鲁迅二人情谊的详细记录："午后，与老友打了四圈牌，事后，想睡却睡不着，于是就去找鲁迅聊天,他送了我一瓶绍兴老酒,金黄色,有八九年的光景。改日挑个好日子,弄几盘好菜一起来喝。"1933 年,郁达夫曾以"醉眼朦胧上酒楼,彷徨呐喊两悠悠"的诗句赠与鲁迅。应该说,在与鲁迅的频繁交往中,郁达夫是深知他的酒品的。在给许广平信中,鲁迅曾这样说道:"且夫天下之人,其实真发酒疯者,有几何哉,十之九是装出来的。但使人敢于装,或者也是酒的力量罢。然而世人之装醉发疯,大半又由于倚赖性,因为一切过失,可以归罪于醉,自己不负责任,所以虽醒而装起来。"[6]林语堂在《鲁迅之死》一文中曾这样描述鲁迅的"如酒"状态,说他"路见疯犬、癞犬及守家犬,挥剑一砍,提狗头归,而饮绍兴,名为下酒。此又鲁迅之一副活形也。……然鲁迅亦有一副大心肠。狗头煮熟,饮酒烂醉,鲁迅乃独坐灯下而兴叹。……于是鲁迅复饮,俄而额筋浮胀,眶眦欲裂,须发尽竖;灵感至,筋更浮,眦更裂,须更竖,乃磨砚濡毫,呵的一声狂笑,复持宝剑,以刺世人"。[7]

  无论是鲁迅自述,还是朋友口中,或笔下的描述,鲁迅与"酒"的关系是密切的,从中可见他的真性情、真酒品、真风采。尽管作为医学生的他深知过度饮酒的害处,自己也曾多次表示过"不再喝酒",然而,毕竟在饮酒中,或在"如酒"状态之中,这也是鲁迅的一种生活状态,呈现出与不饮酒时不同的另一种人生形态,或者说,是他对待人生的另一种状态,从中所流露出来的真性情、真品格,不仅关联着他的人生,反映出他的生活境况,同时也关联着他对所面对的生活,所思考的问题的一种认知方式,一种所能企及的广度、深度和力度。如同他在散文诗《淡淡的血痕中》一文中所道出的那样:"日日斟出一杯微甘的苦酒,不太少,不太多,以能微醉为度,递给人间,使饮者可以哭,可以歌,也如醒,也如醉,若有知,若无知,也欲死,也欲生。"[8]

  可见,就鲁迅与"酒"的关系而言,无论是"只恐新秋归塞雁,兰艭载酒橹轻摇"的轻快,还是"把酒论当世,先生小酒人。大圜犹茗芋,微醉自沈沦"[9]的用心,以及"深宵沈醉起,无处觅菰蒲"[10]的忧愤,以及"破帽遮颜过闹市,漏船载酒泛中流"[11]的孤寂,都可以从他与酒的密切关系中,认识或体会到他的思想的巨大张力、精神品格、人格魅力,以及艺术创作的冲击力。

二、鲁迅创作中的"酒"及蕴意

鲁迅创作中常常提到"酒"。这个字具有十分丰富的蕴意,最著名的莫过于他创作的杂文《魏晋风度及文章与药及酒之关系》。在文中,鲁迅从历史、文化、社会、人生等多个维度,分析探讨"酒"和"如酒"状态在魏晋时期是如何成为一种生命状态、人生方式、作文风格。他重点以阮籍、嵇康、刘伶等人为例,分析论述了他们是如何借"酒"看取人生,审视社会的个中原因,指出魏晋时期的人"居丧之际,饮酒食肉,由阔人名流倡之,万民皆从之,因为这个缘故,社会上遂尊称这样的人叫作名士派"。[12]由此,在论及当时最出名的"竹林七贤"的各自特点时,鲁迅发现他们均与饮酒有关,且"都是反抗旧礼教的"。在分析他们饮酒的共同特点时,鲁迅指出他们的饮酒与思想、环境、人生态度等,均有着密切的关系,或"慷慨激昂",或"思想新颖",或"任性洒脱",并发现"魏晋时所谓崇奉礼教,是用以自利,那崇奉也不过偶然崇奉,……于此可见魏晋的破坏礼教者,实在是相信礼教到固执之极的"。[13]显然,这是一种极具深度的分析,从他们的饮酒行为和方式等方面着手,将其性情、思想、认知和作文等,与当时整个魏晋时期的社会环境等,有机地联系起来进行全面系统的考察,从而发掘出了魏晋时期的文人风骨、作文风格等方面的特点,指出一旦社会环境与精神风气变了,无论饮酒,还是为人、作文等都将随之发生变化,再也找不到那个时代所赋予的"人气"和"文气"了。

他以东晋时期的陶渊明为例,指出了饮酒、作文、为人等方面的变化特点至陶渊明时,表现出一种"随便饮酒,乞食,高兴的时候就谈论和作文章,无尤无怨"[14],以及"自然"的特点。特别是东晋时期"夹入了佛教的思想","社会思想平静得多"[15],所以,当时的饮酒风格就"没有什么慷慨激昂的表示",而是"自然得多"且"平和"[16]。不过,即便是这样,文人们也不是就此逃避现实,遗忘世事。因为任何人写诗作文也都不可能"完全超于政治""超出于人间世",陶渊明也不例外,他仍然是"于朝政还是留心,也不能忘掉'死'"。[17]不难看出,鲁迅从"酒"和饮酒方式等方面入手,就对魏晋时期社会、文化、人生观念和态度及其生活方式等,有了一个较为全面的认定和评判,从"酒"和饮酒当中发掘出其中丰富的意蕴。这是十分独特且有意味的,给人的启示是深刻的。

如果说在议论性的杂文创作中,鲁迅对"酒"及其饮酒形式,"如酒"状态及其意蕴的考察和分析论述,都是以议论、评判等方式直接揭示和呈现出来的,那么,在虚构性的小说创作中,则更多的是赋予"酒"及其"如酒"状态下的一种世态相,或曰社会相。其重点是揭示出所塑造的人物形象和所反映的社会人生及意蕴的无穷内涵,也即通过多重寓意的设置,尤其是多重隐喻的设置,从中揭示出人与时代,与历史、社会、文化的多重互动和与人生的多重关联。

在这里,且不提人们常论及的鲁迅小说创作中的酒和酒俗,也不探讨小说中所设置的与酒有关的场景及其特点,如小说中多次写到咸亨酒店、茂源酒店等独具绍兴地域风情及其饮酒方式,又如旧时绍兴地区的酒馆,多是当街设一个曲尺形的大柜台,柜里面则是准备着热水,可以随时让人,或给人温酒,独显"饮黄酒"的一种独特方式。在酒馆,或酒铺喝酒的人,也常常"靠柜外站着,热热的喝了休息",且饮酒的方式也很简单、随意,如同小说描写的那样:多是"买一碟盐煮笋,或者茴香豆,做下酒物"[18]等酒风俗、酒文化的表现形态。通过鲁迅对"酒""饮酒""如酒"状态的精心描述,探讨论述他的创作用心和用意,也就是探讨论述他通过

"酒",特别是"如酒"的状态,来聚焦、透视和省思中国的历史、文化、社会和人生的创作特点。

《狂人日记》全篇都没有写到酒,或与"酒"相关的场景与事件。然而,通读之后,不难发现,通篇都有一种与"酒",尤其是"如酒"状态的关联,在其中透视、审视和省思的创作意味传达出了鲁迅借"狂人"的"狂""疯"(这也可以说是一种与"如酒"状态相关的描写)对中国历史、文化、社会和人生所作的深刻思考。从创作维度来说,全篇有着尼采大力推崇的那种"酒神"精神和气质,也就是借助"酒神"的"狂颠",或"迷狂",将被世俗所束缚而难以言说的所见、所闻、所知给表达出来了,看似是"疯话",或"醉语",传达出来的则是一种难得的清醒之言,可谓振聋发聩,令人为之一振:

> 凡事总须研究,才会明白。古来时常吃人,我也还记得,可是不甚清楚。我翻开历史一查,这历史没有年代,歪歪斜斜的每叶上都写着"仁义道德"几个字。我横竖睡不着,仔细看了半夜,才从字缝里看出字来,满本都写着两个字是"吃人"![19]
>
> ……
>
> 可是偏要说,"你们立刻改了,从真心改起!你们要晓得将来是容不得吃人的人,……"[20]

尼采曾说"酒神"的"狂颠",或"迷狂"精神,"都是疯狂为新思想开辟道路,打破古老习惯和迷信的成规"。在尼采看来,烦琐且虚伪的道德习俗压迫了人的天性,窒息了人对新世界的向往和内心的冲动,而看似"狂颠",或"迷狂"的"酒神"精神,却是一种真正的清醒,一种创造的冲动,甚至"我们还可以更进一步说:一切生来不能忍受某种道德枷锁和注定创造新律法者"。[21]可以说,在"如酒"状态之中的"醉""醉语",就类似于"酒神"的"狂颠",或"迷狂"。所以，我们就能够认识和理解在《狂人日记》中，鲁迅借狂人之口向旧世界、旧道德、旧习俗发出的强烈的质疑："从来如此，就对么？"同时，也由此发出强烈的呼吁："救救孩子！"这种质疑，这种呼声，连同"狂人"的自我反省，都在人的心中久久回荡，令人震撼，令人深思。

显然，"如酒"状态的精神，有着尼采推崇的"酒神"那种"狂颠"，或"迷狂"精神。反映在小说的人物塑造上，不仅能够细微地分辨出与常人的不同，而且也更能够展示出所塑造的人物的性格、心理和精神的一种状态，体察出历史与时代在心灵深处所留下的印痕，从而表现出人与历史、时代的复杂关系。仅以人们通常所说的鲁迅小说所塑造的与"酒"最有关联的三个人物：孔乙己、吕纬甫、魏连殳为例，就可以看出他的创作对"如酒"状态中的人物和人生描写的用心和用意。

鲁迅是把孔乙己置于有着"和别处不同"的"鲁镇酒店的格局"[22]之中来把握和塑造的，展示出一个还守着文人的那么一点斯文，且又有着迂腐气、寒酸气的旧式文人的性格、心理和命运的特点。身在鲁镇的"酒"的环境之中，孔乙己自然也好那么几口"温着"的黄酒，就是在这个"如酒"状态之中，他似乎还能找到一些文人才有的那种斯文和尊严，并给那个"单调"且"有些无聊"的咸亨酒店带来一点"欢乐"，如小说写道："只有孔乙己到店，才可以笑几声"，因为这位"是站着喝酒而穿长衫的唯一的人"，只有在"如酒"状态中才能显示出自己的身份，找到自己的感觉。即便是遭到他人的嘲笑，说他"一定又偷了人家的东西了"，他也要为自己的"尊严"辩护，说"窃书不能算偷……窃书！……读书人的事，能算偷么？"而且，他在其他地方的"坏脾气"和"好喝懒做"不良习惯，在咸亨酒店里"品行却比别人都好，就是从不拖欠；虽然间或没有现钱，暂时记在粉板上，但不出一月，定然还清"。[23]可见，"如酒"状态的孔乙己似乎总是显得那么可爱，与他在非"如酒"状态的人生，形成鲜明的对比，既反映出他的人生窘态及其性格、心理与国民性的特点，也反映出处在那个新旧转型时代的旧式文人，也包括大多数的国民，对于新时代、新世界到来的严重不适应性的人生症候，以及必将被时代淘汰的命运特点。

吕纬甫的"如酒"人生，则与孔乙己不一样。鲁迅对他的形象塑造和性格心理描写，更着眼于他的人生遭遇和心境孤寂。阔别多年偶遇到的吕纬甫，不再是当年那个热血澎湃的青年，而是一个十分颓唐、伤感、郁闷、压抑的中年"油腻"男人。这不仅仅是岁月催人老的自然变化，更是他的内心世界在经历诸多人生不顺和挫折之后的一种精神颓败：

> 我就邀他同坐，但他似乎略略踌躇之后，方才坐下来。我起先很以为奇，接着便有些悲伤，而且不快了。细看他相貌，也还是乱蓬蓬的须发；苍白的长方脸，然而衰瘦了。精神很沉静，或者却是颓唐；又浓又黑的眉毛底下的眼睛也失了精采，……[24]

在喝了一斤多酒之后，吕纬甫的"神情和举动都活泼起来，渐近于先前所见的"[25]他了。在鲁迅看来，"如酒"状态的吕纬甫，似乎恢复了一些"活力"，给他讲了这些年的一些经历。从所经历的人和事来说，吕纬甫的消沉、颓唐、郁闷，并非源于他的性格和心理的自然类型与状态，而是在来自沉重的社会、人生和近于不可救药的国民性的压抑，如同鲁迅曾经比作的那"万难破毁"且又"绝无窗户"的"铁屋子"，[26]来自无法唤醒的"昏睡"的国民集体的愚昧、无知和麻木，而让他感到深深的失望和绝望。显然，只有在"如酒"的状态，才能透过吕纬甫的种种精神颓态之表象，发掘出他的人生遭遇背后的缘由，展示了他内心孤寂和精神抑郁的人生特点，也反映出时代对于整个社会和个人所带来的沉重负荷及其深刻的影响。

魏连殳也是在如酒的状态中袒露出自己内心的孤独和忧愤。面对着像自己"幼小失了父母"而将自己"抚养成人的"[27]祖母丧礼,自己无法表达真实想法的窒息环境,他的内心是十分苦楚的,但不能发作,不能表白,只能任凭族长、族人的"豫定计画",被动安排。表面上说是可以征求他的意见,实际上是早已"议妥",只要他回来奔丧,"便约定在连殳到家的那一天,一同聚在厅前,排成阵势,互相策应,并力作一回极严厉的谈判",因为"村人们"都知道他是"吃洋教"的"新党","向来就不讲什么道理"。不过,他的现场表现和举止,则让所有的村人们都失望了,只见他"神色也不动,简单地回答道:'都可以的'"。[28]这种不在"如酒"状态的,看似"反常"的行为举止,其实,正是与他在"如酒"状态中袒露内心苦楚作了一个鲜明的对比,也为他独自一人在场的时候袒露那种孤愤、忧伤、发泄内心的痛苦,作了一个很好的铺垫,如小说所描写的那样:

> 大殓便在这惊异和不满的空气里面完毕。大家都怏怏地,似乎想走散,但连殳却还坐在草荐上沉思。忽然,他流下泪来了,接着就失声,立刻又变成长嚎,像一匹受伤的狼,当深夜在旷野中嗥叫,惨伤里夹杂着愤怒和悲哀。[29]

正是在"我"多次与他饮酒,处于"如酒"状态之中,魏连殳那种深藏内心深处的思想、认知、观念、情感,以及他对问题所作出的思考,他的生命体验和人生感受,才会得以真实地袒露。尽管"我"力求将他遗忘,但无论如何也都无法忘却:"我快步走着,仿佛要从一种沉重的东西中冲出,但是不能够。耳朵中有什么挣扎着,久之,久之,终于挣扎出来了,隐约像是长嗥,像一匹受伤的狼,当深夜在旷野中嗥叫,惨伤里夹杂着愤怒和悲哀。"[30]作者反复用"像一匹受伤的狼"在"深夜的旷野中嗥叫"的句式,来展示魏连殳内心深处的苦楚和人生遭遇,不仅将独处一人和在"如酒"状态之中的心理情感,给浓厚地渲染和宣泄出来,同时也更完整地呈现出处于转型时代的个人与社会、个人与群体、个人与时代的关系与现状,令人深省。

除上述所例举的小说外,鲁迅在其他的小说、杂文和散文诗等创作中,也多有与"酒"和"如酒"的描写和表述。虽然他曾说"苦酒"是"怯弱者"的表达苦楚的一种方式,但是,他对"酒"和"如酒"状态的人与事的描写,却更多的是表现与"酒"与人的存在之关联,联系的是对人的存在境况和前途命运的深切关怀,表现的是人的内心世界的真实状况,展现出对作为主体存在的人,与作为客体存在的世界之关系的严肃思考,同时,也更是表现出"酒"和"如酒"的过程与状态所赋予的生命自由的价值与意义,从中表现出人在世俗生活中不易表达,难以直说的一种主体之清醒精神和自由意志。

三、鲁迅"酒"中看写社会人生

在《论睁了眼看》一文中,鲁迅曾说:"中国的文人,对于人生,——至少是对于社会现象,向来就多没有正视的勇气。"他又在批评国民性时说道:"中国人的不敢正视各方面,用瞒和骗,造出奇妙的逃路来,而自以为正路。在这路上,就证明着国民性的怯弱,懒惰,而又巧滑。一天一天的满足着,即一天一天的堕落着,但却又觉得日见其光荣。"[31]由此,他大声呼吁现代作家:"世界日日改变,我们的作家取下假面,真诚地,深入地,大胆地看取人生并且写出他的血和肉来的时候早到了;早就应该有一片崭新的文场,早就应该有几个凶猛的闯将!"[32]虽然现在无法考证鲁迅写下这篇文章和这段语句是否与"酒"有关,但至少可以说,这篇充满"酒神"精神的文章鲜明地表现出鲁迅"酒"中看写社会和人生的"血和肉"[33]和"显示出灵魂的深"[34]的创作思想主张和情感特征。

之所以这样说,是因为"酒"兼有物质和文化的双重属性。从"酒"的文化属性上来说,即从"酒"中"看写"社会人生,与常态性且多执着于严谨的逻辑、理性的"看写",是会有所差异和不同的。在"如酒"状态中,即鲁迅所说的在那种"微醺"的状态中,其思维的活力、言语的张力、表达的独特,以及思考的广度、深度力度等,都会显示出一些独到的方面,对所针对的问题的认识和把握,有时则更闪烁着"独异"的思想光芒。

从"酒"与社会关系中"看写"社会风貌、风气、状态、情形,是鲁迅看社会、看人生的一个重要表现方面。在《魏晋风度及文章与药及酒之关系》一文中,鲁迅就是从"酒"中来看写魏晋时期的社会和人生的。在论及曹操时,他说作为统治者为了维护社会大局秩序,曹操颁布了禁酒令,但对其本人而言,他却又是喝酒的。在鲁迅看来,正是曹操对酒的钟情,无论是掌控社会,还是个人的情感表达,都影响了当时的社会风气。他指出:"其实曹操也是喝酒的。我们看他的'何以解忧?惟有杜康'的诗句,就可以知道。为什么他的行为和议论矛盾呢?此无他,因曹操是个办事人,所以不得不这样做。"[35]显然,魏晋时期的为人、为文,均与"酒"有着密切之关联。这不仅仅只是喜不喜欢酒的问题,而是涉及如何形成一种社会风气、一种为人的生活态度、一种为文的风骨风貌的问题。鲁迅认为,魏初时期文章的"清峻""通脱""华丽""壮大"[36],均与当时的社会风尚和人生态度有着密切的关系。

在虚构性的文学创作中,鲁迅同样是注重从"酒"中看写社会和人生。小说《孔乙己》中所有的人和事的故事都与一家叫"咸亨酒店"的酒环境、酒社会、酒文化、酒人生有关。小说以酒店小伙计"我"的视角,看写了孔乙己的潦倒一生,看写了社会的形形色色：

> 鲁镇的酒店的格局，是和别处不同的：都是当街一个曲尺形的大柜台，柜里面预备着热水，可以随时温酒。做工的人，傍午傍晚散了工，每每花四文铜钱，买一碗酒，——这是二十多年前的事，现在每碗要涨到十文，——靠柜外站着，热热的喝了休息；倘肯多花一文，便可以买一碟盐煮笋，或者茴香豆，做下酒物了，如果出到十几文，那就能买一样荤菜，但这些顾客，多是短衣帮，大抵没有这样阔绰。只有穿长衫的，才踱进店面隔壁的房子里，要酒要菜，慢慢地坐喝。[37]

这不是一般性的绍兴酒风俗、酒文化的场景描写，而是精细地描绘出当时绍兴社会风貌和人生百态，展示当时绍兴乃至整个中国社会的一种真实情形。又如，在《阿Q正传》中鲁迅写阿Q喝酒之状，也是与当时的社会和人生联系起来的。无论是精神胜利，还是现实失败，"如酒"状态的阿Q与所处的社会环境都密切相关。《在酒楼上》《孤独者》中，吕纬甫也好，魏连殳也好，其个人的性格、心理、命运等与时代的重压、社会的摧残有关联。俗话说，"时也、运也、命也"，大致说的也是这个意思。通过"酒"中"看写"社会和人生，鲁迅所倡导要写出"血和肉"的创作，也就能够真正展现出"真的猛士，敢于直面惨淡的人生，敢于正视淋漓的鲜血"[38]的思想和精神风采，展现了"在高的意义上的写实主义者"，对人的灵魂的"伟大的审问"，并"显示出灵魂的深"。[39]

从"酒"与自我的关系之中，也即从酒、饮酒等"如酒"的状态中展示自我，是鲁迅"酒"中"看写"社会和人生的又一个重要方面。在小说《在酒楼上》中，虽然讲述的是"我"与吕纬甫邂逅一段人生情形、情景的故事，但在"如酒"状态中写吕纬甫的人生际遇，实际上也是写自己的人生感受，自我的意识，袒露出了自己内心世界之真情：

> 然而我终于跨上那走熟的屋角的扶梯去了，由此径到小楼上。上面也依然是五张小板桌；独有原是木棂的后窗却换嵌了玻璃。
>
> "一斤绍酒。——菜？十个油豆腐，辣酱要多！"
>
> 我一面说给跟我上来的堂倌听，一面向后窗走，就在靠窗的一张桌旁坐下了。楼上"空空如也"，任我拣得最好的坐位：可以眺望楼下的废园。……
>
> "客人，酒。……"
>
> 堂倌懒懒的说着，放下杯，筷，酒壶和碗碟，酒到了。我转脸向了板桌，排好器具，斟出酒来。觉得北方固不是我的旧乡，但南来又只能算一个客子，无论那边的干雪怎样纷飞，这里的柔雪又怎样的依恋，于我都没有什么关系了。我略带些哀愁，然而很舒服的呷一口酒。酒味很纯正；油豆腐也煮得十分好；可惜辣酱太淡薄，本来S城人是不懂得吃辣的。[40]

这里所看到的"废园"，是"只有溃痕斑驳的墙壁，帖着枯死的莓苔"，"铅色的天，白皑皑的绝无精彩"[41]，这些环境都衬托出的那种难言的心理苦楚，其实也是一种心境的展示和一幅自画像。正是在这种环境，这种心境中，"我"与吕纬甫的偶遇既展示出时代、社会与"我""我们"的关系，也深刻袒露出两个独立"自我"个体的人生际遇和心灵挫折之感。《孤独者》中"我"与魏连殳的情形也大致相当，都从"酒"中展示出了自我，描绘出自我的一种形象。就像散文《范爱农》中，虽抒发的是对旧识范爱农曾经的热血、激昂，后来的苦闷、潦倒人生的追忆之情，然而，从中又何尝不是鲁迅自我的写照呢？表现的何尝不是他"坦然""欣然""大笑""歌唱"的自我抒情呢？

此外，鲁迅还从酒与历史文化，从历代的"酒""饮酒"及其各种风俗中，认识了中国历史文化和风土人情，构成他在"酒"中"看写"社会人生的另一个独特方面，而在这当中，不难看出，鲁迅饮酒则是有着细细地品味人生，对抗污浊社会，反抗人的虚无和绝望的文化含义，展示出他独特的酒文化品格，以及独特的人生理念，如他在《野草》中所写道的那样：

然而我终于彷徨于明暗之间，我不知道是黄昏还是黎明。我姑且举灰黑的手装作喝干一杯酒，我将在不知道时候的时候独自远行。

——《影的告别》[42]

他不肯喝那用没药调和的酒，要分明地玩味以色列人怎样对付他们的神之子，而且较永久地悲悯他们的前途，然而仇恨他们的现在。

——《复仇》（其二）[43]

鲁迅与"酒"的联系是多方面的。从"酒"中看写社会人生，构成了鲁迅透过"酒"来形成自己独特的人生观、世界观和价值观的重要缘由，从中展示出他在"反抗绝望"中给予世界，给予人生以"希望之盾"，用来抵御一切内外的精神束缚，完成生命的最终超越："叛逆的猛士出于人间；他屹立着，洞见一切已改和现有的废墟和荒坟，记得一切深广和久远的苦痛，正视一切重叠淤积的凝血，深知一切已死，方生，将生和未生。他看透了造化的把戏；他将要起来使人类苏生，或者使人类灭尽，这些造物主的良民们。"[44]正是这种始终都洋溢着"酒""酒神"的精神，鲁迅"在高的意义上"不仅反映出处于新旧转型时期中国历史、文化、社会和人生的各种风貌和形态，同时也更是写出了现代的、沉默的"国民魂灵"，集中暴露了国民性的"弱点"，并完成了他对于时代和自我深刻的反省,显示出一个伟大的先驱者独特的思想、精神和人格的风采。

[本文为2019年度国家社会科学基金重大课题"鲁迅的文化选择对百年中国新文学的影响研究"阶段性成果,项目批准号:19ZDA267]

注释

[1] 鲁迅:《书信集·250629·致许广平》,《鲁迅全集》第十一卷,人民文学出版社2005年版,第502页。
[2] 鲁迅:《三闲集·怎么写》,《鲁迅全集》第四卷,人民文学出版社2005年版,第18页。
[3] 鲁迅:《日记·癸丑日记(1913)三月》,《鲁迅全集》第十五卷,人民文学出版社2005年版,第52页。
[4] 鲁迅:《日记·日记十三(1924)二月》,同上书,第500页。
[5] 鲁迅:《两地书·五四》,《鲁迅全集》第十一卷,人民文学出版社2005年版,第154页。
[6] 鲁迅:《书信集·250628·致许广平》,同上书,第500页。
[7] 林语堂:《鲁迅之死》,《林语堂文集》第九卷,作家出版社1995年版,第496页。
[8] 鲁迅:《野草·淡淡的血痕中》,《鲁迅全集》第二卷,人民文学出版社2005年版,第226页。
[9] 鲁迅:《日记·壬子日记(1912年)七月》,《鲁迅全集》第十五卷,人民文学出版社2005年版,第12页。
[10] 鲁迅:《日记·日记二十二(1933)十二月》,《鲁迅全集》第十六卷,人民文学出版社2005年版,第415页。
[11] 鲁迅:《集外集·自嘲》,《鲁迅全集》第七卷,人民文学出版社2005年版,第151页。
[12] 鲁迅:《而已集·魏晋风度及文章与药及酒之关系》,《鲁迅全集》第三卷,人民文学出版社2005年版,第531页。

[13] 鲁迅:《而已集·魏晋风度及文章与药及酒之关系》,同上书,第535—537页。

[14][15] 鲁迅:《而已集·魏晋风度及文章与药及酒之关系》,同上书,第537页。

[16][17] 鲁迅:《而已集·魏晋风度及文章与药及酒之关系》,同上书,第538页。

[18][22][23] 鲁迅:《呐喊·孔乙己》,《鲁迅全集》第一卷,人民文学出版社2005年版,第457页。

[19][20] 鲁迅:《呐喊·狂人日记》,同上书,第447、453页。

[21] [德]尼采:《朝霞》,程立年译,华东师范大学出版社2007年版,第52、53页。

[24][25] 鲁迅:《彷徨·在酒楼上》,《鲁迅全集》第二卷,第26、28页。

[26] 鲁迅:《呐喊·自序》,《鲁迅全集》第一卷,第441页。

[27][28][29][30] 鲁迅:《彷徨·孤独者》,《鲁迅全集》第二卷,第88—89、89—90、90—91、110页。

[31] 鲁迅:《坟·论睁了眼看》,《鲁迅全集》第一卷,第254页。

[32][33] 鲁迅:《坟·论睁了眼看》,同上书,第255页。

[34] 鲁迅:《集外集·〈穷人〉小引》,《鲁迅全集》第七卷,第106页。

[35] 鲁迅:《而已集·魏晋风度及文章与药及酒之关系》,《鲁迅全集》第三卷,第527页。

[36] 鲁迅:《而已集·魏晋风度及文章与药及酒之关系》,同上书,第526页。

[37] 鲁迅:《呐喊·孔乙己》,《鲁迅全集》第一卷,第457页。

[38] 鲁迅:《华盖集续编·记念刘和珍君》,《鲁迅全集》第三卷,第290页。

[39] 鲁迅:《集外集·〈穷人〉小引》,《鲁迅全集》第七卷,第105—106页。

[40] 鲁迅:《彷徨·在酒楼上》,《鲁迅全集》第二卷,第26、24—25页。

[41] 鲁迅:《彷徨·在酒楼上》,同上书,第26、24页。

[42] 鲁迅:《野草·影的告别》,同上书,第169页。

[43] 鲁迅:《野草·复仇(其二)》,同上书,第178页。

[44] 鲁迅:《野草·淡淡的血痕中》,同上书,第226—227页。

夏夜的回望
——《社戏》中的记忆绵延

何巧云
北京鲁迅博物馆(北京新文化运动纪念馆)研究室

鲁迅译《苦闷的象征》中说:"将那闪电似的、奔流似的,蓦地,而且几乎是胡乱地突进不息的生命的力,看为人间生活的根本者,是许多近代的思想家所一致的。"[1]如果以"创造的进化"理论,用于内观鲁迅自身的生命意识,可以捕捉其不息的"生命的力"的表现。这种力的表现蕴含在《呐喊》中,并唤醒记忆的绵延。所以,鲁迅在自序中坦白回忆是"使精神的丝缕还牵着已逝的寂寞的时光",是他"不能全忘的一部分"[2]。这记忆不仅包括当铺、铁屋子,也有《新生》集和《社戏》等,以及记忆牵引起生动、活泼、美好的精神世界之一隅。这些绵延记忆是其生命意识的显现,是一种"生命的力",在《社戏》中得以展现。

一、记忆时空坐标的再建构

记忆可以分为短时记忆和长时记忆。我们逐渐形成和积累的记忆即长时记忆,分有两种:"情景记忆"和"语义记忆"。情景记忆即我们的亲身经历。情景记忆具有意义,可以分为景象记忆和叙述记忆。景象记忆不连贯,它远离意识,与更深层的人性相联。《社戏》是"回忆录式的短篇"之一,其中蕴含着鲁迅个人的情景记忆。

在鲁迅记忆的初空间中——他外祖母的家——平桥村,"一个离海边不远,极偏僻的,临河的小村庄;住户不满三十家,都种田、打鱼,只有一家很小的杂货店。"[3]这里既是鲁迅的"乐土",又极像《桃花源记》的描述。那些航船的记忆、戏台的记忆、吃豆的记忆和乡人的记忆。鲁迅所怀念和喜爱的"是那些淳朴的农村少年,是他们乐观、天真、充满活力的性格;喜爱的,也是这些少年活动的那个江南农村弥漫着'豆麦蕴藻之香'的夜晚"。[4]这是生命意识孕育之胸怀。佐藤春夫曾挖掘出鲁迅作品中两个精神元素,即月光与少年:"假如说月光是鲁迅的传统的爱,那么少年便是对于将来的希望与爱。"[5]两种文学意象凝聚了鲁迅的心灵密码。这与鲁迅的个人记忆与心理世界密切相关。

然而,在其经历家庭变故之后,那些暗伤与屈辱的经历如同黑色的帷幕从天缓缓而降,将闪光的少年骤然剧变成不可理解也不能摆脱的黑夜。所以,鲁迅在其后很长的时间里,不愿意回顾,让其上升到明确的意识层中来。如弗洛伊德精神压抑说而言,鲁迅记忆少年的事,更多夹杂着威胁、焦虑和不愉快,因此将它压抑在无意识的领域,从而产生遗忘,这是一种有动机的遗忘,也是一种记忆的情感性抑制。这种遗忘的同时也掩盖住了少年时温暖的记忆场景。

那为什么从童年时代起感到的、想到的和期望的东西都集中在将汇合着一切的现在?因为大脑的机制就是为了把差不多全部的过去压抑到无意识之中,只把能解释目前的状况、有助于正在酝酿中的活动、能进行一种有益的工作的东西引入意识之中。至多,只有那些十分难忘的回忆才暗中穿过微开的意识之门,这些回忆是无意识的使者,它们向我们指出我们后面拖着的东西,因为我们对此一无所知。[6]在记忆中,记录与遗忘却是一对矛盾,一对可以在一定条件下相互转化与相互促进的矛盾。"记"可以"忘",那些多彩的亮色记忆被遗忘与隐藏;反之,"忘"也可以引起"记",那些已消退的记忆在熟悉情景记忆的刺激时又会新生出记忆来。

  1922年至1923年的时空建构恰与鲁迅抑制和消退的情感记忆存有着某种联系。从空间位置来说,《社戏》中的平桥村实系安桥头。安桥头在绍兴昌安门东北三十五里,全村二百多户、八百多人,大多数姓鲁。鲁迅的母亲出生于这里。鲁迅幼时随母亲回外婆家,居住在朝北台门。朝北台门是清代绍兴农村普通庭院,临河靠桥,坐南朝北。前面是天井,还有园圃。园圃中花木扶疏,绿树掩映,显得清幽静穆。中间分东、南、中三间,中间是堂前,东西为正房。[7]周作人在回忆中觉得"对于安桥头住屋的喜欢,觉得比台门屋要好得多"[8]。当时空坐标转换至三十余年后已成年的鲁迅,他在都市中独立建立起自己理想中的家族住所,即八道湾十一号。从时间来看,鲁迅幼时来往于安桥头,在那里有一群小伙伴朋友,可以一起抓蚯蚓,玩游戏。刚到八道湾十一号时,正是鲁迅晚一辈的孩子们热闹成长之际,此时居住于此的有周作人的三个孩子和周建人的两个孩子。《社戏》写于1922年10月,此时他们都长大两岁,他们养鸡养鸭,在水池边玩耍。因此,这段时空的经历有着许多的相似。

二、爱罗先珂给鲁迅带来的记忆唤醒

  人可以在任何时候不依赖当前知觉随意地唤起回忆。鲁迅在看到一本日文书,讲到戏的时候,"若在野外散漫的所在,远远的看起来,也自有他的风致",[9]自己确记在野外看过很好的好戏,所以到北京去看戏,也是受当时的影响。这不是说野外看戏的记忆在当时有多么完美,而是鲁迅在再现和想象他的过去生活中进行了某种加工。这种加工的能量不是来自鲁迅的潜意识,而是来自其生命的意识,这种意识的浮现是和爱罗先珂的搬入和离开有关。

  自1922年2月24日,爱罗先珂入住八道湾,至同年7月3

日,他离开北京去往芬兰。他本预计于9月回中国,却一直未归,直至11月才返回。爱罗先珂在此生活期间,正是八道湾孩子们成长得郁郁葱葱之际。爱罗先珂与四岁的周丰二玩耍得不亦乐乎。爱罗君叫他的诨名:"土步公呀!"孩子也回叫:"爱罗金哥君呀!"为了孩子们,鲁迅甚至挖了小池塘。这时的鲁迅看待孩子们,是否是看到自己儿时的背影。充满爱的爱罗先珂,"他的工作只是唤起人们胸中的人类的爱与社会的悲"[10]。鲁迅接受了这种爱与悲所共存的观念,因此,在《呐喊》中既有剖心决食的悲与愤,也有着自然纯净的爱与慈,其所做的即是爱罗先珂这种工作同样的实践。爱罗先珂寄寓于八道湾时,他和鲁迅、周作人等人的夜谈和恰意自由的气氛,激发鲁迅回忆起儿时到皇甫庄过夏的欢乐时光。这种友谊柔和的光芒抚慰了鲁迅紧张的心绪,并且给予了他一种不可寻求而得的安全感。爱罗先珂在八道湾寄寓生活的背景,唤醒了鲁迅关于爱的生命意识,在这种意象下引出鲁迅的儿时记忆。

  这是鲁迅所谓冬末夏初时节的深夜,在7月3日前,他与爱罗先珂应该有一场关于旧游之地回忆的谈话。爱罗先珂不仅怀念他所去过的故地,"对于久别的故乡却怀着十分迫切的恋慕",[11]"他的乡愁却又是特别的深"。[12]他在表格中写提早回国的理由是,想到树林里去听故乡的夜莺。他在八道湾期间应当多次谈到自己的怀念故乡。鲁迅没有开口,因为他承认自己在北京确乎未曾听到过。但是,在他的记忆中,这熟稔的自然之声似乎就来自其少年时期度过的无数的夏夜。夏夜记忆是其回忆的材料,最终得以在《社戏》中呈现。因为,爱罗先珂的到来,让鲁迅重新体味到儿时的友谊和这种放松与惬意的状态。每个畅聊的夜晚都在安抚着鲁迅敏感的心。笔者认为,爱罗先珂即是成年阶段的鲁迅旧友,充满爱意的怀抱拥抱着鲁迅,并将他引离荒漠般的现实,进入一个营造的童话自然世界,从而引起鲁迅对儿时世界的回忆。

鲁迅那时所经历的正是时代变革与社会动荡,这种碎片化和流动易逝的现实生活往往传达着现代生活中的困境和人的不安。但是,这些在记忆中所追求的却是和谐与完整的目标。这是一种"亲密的、秘密的、单纯的共同生活",是持久的和真正的"休戚与共,同甘共苦",是一种"生机勃勃的有机体"。在他少年时期的乐土曾经建立起来亲密的、纯粹的情感流动。

> "这样的夜间,"他说,"在缅甸是遍地是音乐。房里,草间,树上,都有昆虫吟叫,各种声音,成为合奏,很神奇。其间时时夹着蛇鸣:'嘶嘶!'可是也与虫声相和协……"他沉思了,似乎想要追想起那时的情景来。[13]

鲁迅被这种描述所吸引,既是他对当时沙漠感觉的排异,也是因为他内心的心理存在受到整体流动的影响,而被捕获于这一心理状态的感受。我们最容易理解成现实的苦闷往往会造就人类追忆往昔的本能,但是在一种和谐状态下自然流露是否更是生命意识的表达。鲁迅与爱罗先珂交谈中的夏夜是否也引起了他在当时的同感,所以在《社戏》中会写下:

> 两岸的豆麦和河底的水草所发散出来的清香,夹杂在水气中扑面的吹来;月色便朦胧在这水气里。[14]

这样的清香与他在京城看戏之后被挤而出,却突然感受到的:

> 然而夜气很清爽,真所谓"沁人心脾",我在北京遇着这样的好空气,仿佛这是第一遭了。[15]

记忆意味着呈现,也意味着将部分事物推至幕后,或是将过去的某种东西推到了现在。心理状态也会沿着时间的路线前进，它因旧时不断积累的绵延而得以扩张。

不久前那个八道湾夏夜之谈话曾经勾连出鲁迅对自己儿时夏夜的回望。因此，在爱罗先珂离开而等候他归来的某个时刻，鲁迅对夏夜的遥想被自然地推呈至记忆的前端，而自由地流露出来。在这样的环境中，他描述自己看戏的场景，在大敲、大叫、大跳，使看客头昏脑眩，很不适应之后走出了戏剧场，而后突然感觉到"夜气很清爽，真所谓'沁人心脾'"。所以，记忆中由看书引起戏台观戏的体验和评价，触发其夜晚空气清新，让人身心放松的刹那，引起这种感官上知觉和感觉体验。一种是个人的情感流动交互，一种是《爱罗先珂童话集》的精神世界营造，都在1922年的7月萌发。

三、记忆与创作心理

作家所拥有的主观世界，即自己的内心世界，是关键。作家的作品，乃至整个艺术世界，都离不开他的创作心理。爱罗先珂来到当时的北京，说到自己似乎住在沙漠里了。对此，鲁迅同感于"没有花，没有诗，没有光，没有热"[16]。对于来自水乡的作者来说有巨大的反差。这里不能忽略的是鲁迅有着充分的夜航体验。江南是水乡，越人以舟楫为车马。在他儿时起，他抄写族叔祖《镜湖竹枝词》时，诗词中春夏秋冬四季景色，水乡的文化记忆已悄然种下。心理状态是延续的、流动的，是在每个不同境遇中不断生长的。鲁迅在1922年10月书写过去的记忆，不仅仅是突然造访的文字精灵从记忆的皇宫中游弋而出，更是在许多个偶然唤起的瞬间不断充实与饱满的。这种对夏夜的回望，其实在之前的夏夜就已有了内心状态的绵延，是这种心理状态持续发生变化，最终形成的文字书写。

20世纪20年代，鲁迅的回望将不同时空（绍兴儿时）中引发和存储的记忆能量释放出来,夏夜存集了诸多欢快的记忆,如其后所回忆的夜晚桂花树和蒲扇下的故事。但是,在他回忆社戏之前,已经有多次关于水乡或者夏夜的记忆。比如,早在1919年《故乡》中母亲提及闰土,"我这儿时的记忆,忽而全都闪电似的苏生过来,似乎看到了我美丽的故乡了"[17],"我在朦胧中,眼前展开一片海边碧绿的沙地来,上面深蓝色的天空中挂着一轮金黄的圆月"。[18]写作《故乡》之际,故乡的风物故人已经多有反刍。儿时好友的盘点与带过,忧伤的记忆缓唱着灰黄色的曲音。被描写的枯黄记忆中,还有着美丽的一面悄悄隐退。苏生后美丽故乡的夏日夜晚被记录、憧憬与遥望,那一面美好是像1919年8月8日的《自言自语》中"水村的夏夜,摇着大芭蕉扇,在大树下乘凉,是一件极舒服的事。男女都谈些闲天,说些故事。孩子是唱歌的唱歌,猜谜的猜谜"[19]与之相近。恢复的、被遗忘、被偶然诱发和重新加工的记忆似乎一次比一次更加清晰。因此,这次社戏的回忆也是其精神世界穿越的一层累积,从忧郁的、萧索的、冷调的记忆,尽力延伸向郁郁葱葱、青绿遍及的带有温情的精神世界。

然而,鲁迅所写的《社戏》,并不是直接地从记忆仓库里直接抽取记忆材料,而是他记忆被唤醒之后,其潜藏和固有的生命意识在多次回忆绵延之后融合更新的一种展现。靠我们意识而存在的绵延,是一种具有自身节奏的绵延,我们在划分的同时,努力的本身也在延长着这个绵延。鲁迅的记忆材料历经锻造与择取、重温与遗弃,在许多的文字中已经重述与再塑。这是一种知觉与去知觉的过程。

知觉是把一个存在中的那些被无限稀释的无数时期,浓缩成为一种更强烈生命中的、数量更少的已划分瞬间,并且由此概括一段极长的历史。去知觉就是意味着去固定。[20]感知的性质被融解成无数的绵延,材料自行分解为无数的振动。知觉引起记忆。

记忆又把过去引入现在压缩成为由许多绵延瞬间组成的单一直觉。[21]

鲁迅在《社戏》的结尾说"我实在再没有吃到那夜似的好豆,——也不再看到那夜似的好戏了"。[22]记忆是生命绵延的本体、形式和不断变化、创造、更新的源泉。它能够帮助人们在时间的维度中自我调整。在很多已知的和未知的时光里,回望儿童,在时间的进展里,由每一个感受到的瞬间补充着回忆,使得回忆重现变化。

回忆是被选择的。时间就是心理生活的材料。绵延是入侵将来和在前进中扩展的过去的持续推进。过去在过去之上的堆积是永无停歇的。我们从童年时代起感到的、想到的和期望的东西都集中在将汇合这一切的现在,力图撞入想把它们排除在外的意识之门。因此,这种回忆的能量是一种朦胧的感觉,是在生命的方向中扩展自己。这样的绵延记忆是否是一种生物体的新陈代谢,每一次记忆的瞬间呈现了过去,也同时创造出了新的记忆。这是一场精神进化之旅,记忆起到了推动的作用,它作为生命体智慧的本身选择了过去的某种东西不断推送,而个人的心理状态会沿着时间路线不断前进,与此同时,记忆因为不断积累的绵延而扩张。鲁迅此时的心理状态也是在持续不断地变化中。

鲁迅在《忆韦素园君》文中谈及自己的记忆是"零落得很"。他觉得"记忆好像被刀刮过了的鱼鳞,有些还留在身体上,有些是掉在水里了,将水一搅,有几片还会翻腾,闪烁,然而中间混着血丝"[23]。这与他年少的经历或许有联系。但是,有关夏夜的瞬间回眸正是那些翻腾和闪烁的鱼鳞,点缀着记忆中沉默的天空,如同寒星一般闪耀,中间那些混杂的血丝被坟墓的泥土所埋葬,新陈代谢而后的新生却是新的记忆。鲁迅结集《呐喊》最终的想法还是落在"删削些黑暗,装点些欢容,使作品比较的显出若干亮色"[24],与前驱者取得同一的步调。"惟独在记忆上,还有旧来的意味留存。"[25]

记忆还在绵延。《呐喊》由最后的一篇《社戏》所结束,直到1926年3月开始写的《狗　鼠　猫》开启了《朝花夕拾》,"从记忆中抄出来的"[26]种种对过去体验过的,现在又重新加以体验,那么写作完《社戏》后,这一次的记忆又一次得到了新的重组,并还将要迎接新的感知与书写。这也是鲁迅所刻意增加于《呐喊》之后的,总是希望有希望于希望之上。这样的记忆不仅存在于书写的刹那,还在多次流动的回忆中绵延着回望与反刍的温馨。

注释

[1] [日]厨川白村:《苦闷的象征》,鲁迅译,《鲁迅译文全集》第二卷,福建教育出版社2008年版,第225页。

[2] 鲁迅:《呐喊·自序》,《鲁迅全集》第一卷,人民文学出版社2005年版,第437页。

[3] 鲁迅:《呐喊·社戏》,同上书,第590页。

[4] 向雷:《〈社戏〉的艺术技巧》,《北京大学学报》人文科学版1963年第4期。

[5] [日]佐藤春夫:《月光与少年——鲁迅的艺术》,韦特孚译,《国闻新报》(上海)第13卷第44期,1936年11月9日。

[6] [法]柏格森:《创造进化论》,姜志辉译,商务印书馆2004年版,第10—11页。

[7] 薛绥之:《鲁迅生平史料汇编》第一辑,天津人民出版社1981年版,第55页。

[8] 同上。

[9] 鲁迅:《呐喊·社戏》,《鲁迅全集》第一卷,人民文学出版社2005年版,第589页。

[10] 周作人:《爱罗先珂君》,《泽泻集》,河北教育出版社2001年版,第36页。

[11] 同上书,第34页。

[12] 同上书,第 37 页。
[13] 鲁迅:《呐喊·鸭的喜剧》,《鲁迅全集》第一卷,人民文学出版社 2005 年版,第 583 页。
[14] 鲁迅:《呐喊·社戏》,同上书,第 592 页。
[15] 鲁迅:《呐喊·社戏》,同上书,第 589 页。
[16] 鲁迅:《热风·为"俄国歌剧团"》,同上书,第 403 页。
[17] 鲁迅:《呐喊·故乡》,同上书,第 504 页。
[18] 鲁迅:《呐喊·故乡》,同上书,第 510 页。
[19] 鲁迅:《集外集拾遗补编·自言自语》,《鲁迅全集》第八卷,人民文学出版社 2005 年版,第 114 页。
[20] [法]柏格森:《材料与记忆》,肖聿译,华夏出版社 1999 年版,第 188 页。
[21] [法]柏格森:《材料与记忆》,同上书,第 57 页。
[22] 鲁迅:《呐喊·社戏》,《鲁迅全集》第一卷,第 597 页。
[23] 鲁迅:《且介亭杂文·忆韦素园君》,《鲁迅全集》第六卷,人民文学出版社 2005 年版,第 65 页。
[24] 鲁迅:《南腔北调集·〈自选集〉自序》,《鲁迅全集》第四卷,人民文学出版社 2005 年版,第 469 页。
[25][26] 鲁迅:《朝花夕拾·小引》,《鲁迅全集》第二卷,人民文学出版社 2005 年版,第 236 页。

细读鲁迅《这样的战士》

管冠生　泰山学院文学与传媒学院

一

要有这样的一种战士——

这使人想起上帝创世的句式。《圣经·创世记》写道:"神说:'要有光。'就有了光。神看光是好的,就把光暗分开了。"鲁迅当然不是神,绝没有神这般伟力,其实也不需要这般伟力,要有什么就有了什么。毋宁说,鲁迅是在塑造自己的形象,或者说表达对自我的一种期许,即他本人就是这样的一种战士,或者说要以这样的一种战士形象作为自己终生的追求。换言之,鲁迅使用(也许是无意识地)上帝创世的句式,是要明确而坚定地表达自己做这样的一种战士的态度与决心。只有这样的一种战士,才带来斗争与区分;他是不可或缺的,也是罕见难遇的。

二

已不是蒙昧如非洲土人而背着雪亮的毛瑟枪的;也并不疲惫如中国绿营兵而却佩着盒子炮。他毫无乞灵于牛皮和废铁的甲胄;他只有自己,但拿着蛮人所用的,脱手一掷的投枪。[1]

　　第一句对比彰显了这样的战士的两个特质:不蒙昧和不疲惫。尽管背着雪亮的毛瑟枪,但非洲土人"蒙昧"无知,摆脱不了被殖民者所愚弄掌控的悲剧命运;尽管佩着盒子炮,清朝的绿营兵却身心"疲惫",毫无斗志,不堪一击。俗谓"工欲善其事必先利其器",然而"器"再怎么"利","工"既无聪敏识见又无坚韧斗志,又如何能"善其事"呢？同样,非洲土人和绿营兵的武器看上去也算美观先进,可是他们毫无战士的气质与底蕴,根本没有任何内在的战斗力,不配称战士,毛瑟枪和盒子炮就不过是中看不中用的摆设而已。

　　为什么"毫无乞灵于牛皮和废铁的甲胄"？"牛皮和废铁的甲胄"是用来自我保护的,以之为"灵",乃是怯懦恐惧之表现,未战斗之先,在心理上和精神上已然成为一个逃兵或者说已然存了敷衍逃避、自弃自保的意识念想,如是,则连下文所说的"战士"或"猛士"都算不上。而这样的战士"他只有自己",一个清醒而独立坚韧的个体,一个大写的"他",无任何集体性的、体制性的依附,迥异于非洲土人、中国绿营兵、无物之物的复数"他们"。究其实,"这样的战士"的最根本的武器就是他自己。换言之,战士自身就是他最强大的武器,人本身就是最有力的武器,因为人清醒独立的思想意识和坚韧有力的精神意志胜过任何外在的武器。

　　但"这样的战士"拿着简单而原始的投枪。投枪有两个属性:第一种属性是"蛮人所用"。"蛮人",野蛮之人,与野兽你死我活直面肉搏,有血性、能斗争、敢爱恨,既不同于蒙昧的土人和疲惫的绿营兵,又未被所谓的文明教化捆缚住手脚,与无物之阵里的"雅人""君子"之类东西具有迥异的精神气质。第二种属性是"脱手一掷"。投枪没有复杂烦琐的使用技巧,然而可以一击致命。换言之,投枪具有便利性、灵活性和精准有效的杀伤力,它是外在于战士自身而最适合斗争需要、最能发挥斗争威力的武器。可以这么说,这样的战士和"脱手一掷的投枪"一而二、二而一,体用不分离。联系鲁迅的创作斗争实践,可以把"投枪"视为"生存的小品文":"生存的小品文,必须是匕首,是投枪,能和读者一同杀出一条生存的血路的东西""匕首和投枪,要锋利而切实,用不着什么雅"[2]。

三

他走进无物之阵,所遇见的都对他一式点头。他知道这点头就是敌人的武器,是杀人不见血的武器,许多战士都在此灭亡,正如炮弹一样,使猛士无所用其力。[3]

这段写这样的战士的存在场域与斗争场域:无物之阵。第一句字面上构成了语义矛盾:既是"无物之阵",何以有"头",何以"点头"?"头"岂非一种物?应该这样理解:相对于有广延有形体的物质实在,"头"指代的是思想精神观念,以话语的形式呈现。因此,可以把"无物之阵"视为思想精神话语构建的阵势。[4]这首先意味着无物之物和无物之阵有着深厚的历史传统,它们的存在不是一年两年、一世两世的事情。它们的寿命要远远超过某个个体的寿限(所以下文说"他终于在无物之阵中老衰,寿终")。从这个意义上讲,无物之阵又是"古老坚固的堡垒"。在1925年3月鲁迅与徐炳昶的通信中,他写道:"现在的各种小周刊,虽然量少力微,却是小集团或单身的短兵战,在黑暗中,时见匕首的闪光,使同类者知道也还有谁还在袭击古老坚固的堡垒,较之看见浩大而灰色的军容,或者反可以会心一笑。"[5]无疑,闪光的匕首和脱手一掷的投枪是功能相同的武器,是这样的战士的标配,而"浩大而灰色的军容"简直就是"蒙昧如非洲土人而背着雪亮的毛瑟枪""疲惫如中国绿营兵而却佩着盒子炮"的另一番素描。面对无物之阵这

"古老坚固的堡垒","要有这样的一种战士",这就是历史命运的配给与自觉的身份担当。

无物之阵和无物之物之所以能长久存在,首先是它们擅长"点头"且最会"点头"。点头,是和气、示好、拉拢之表现。大家彼此点头,和和气气,照顾情面,俨然构成一个和谐但褊狭、利益均沾但排外的共同体(当然,这不是说共同体成员人人平等,反而是内部有着严格但不必明言的等级权益区分)。此种熟人心理、自利心态和圈子主义造就了无是非、"无特操"的国民性情,这是鲁迅深为反感的。在历史与现实中,和气微笑的点头成了无物之物最有效的武器,是许多战士妥协退让,终于随波逐流的温柔陷阱,使他们失去了斗志、放弃了斗争,不再成为战士,是谓"在此灭亡"(非指肉体消灭)。

可见,不是没有战士,而是太缺少"这样的战士"。他"知道"点头就是杀人的武器,他怎么"知道"的?我们不知道;"知道"以后,他为什么能一直坚持而不重蹈"许多战士"的覆辙?我们也不知道。这是人性之谜,所以鲁迅在开篇才用上帝创世的句式"要有这样的一种战士",这样的真正彻底的斗争觉悟,然后像《过客》里的过客一样"息不下",听从"前面的声音"的召唤,一直走下去、战斗下去。[6]只有这样的战士才能永不妥协,永远战斗。对比于无物之阵的文化积习和思想心理,这样的战士是独战传统的异类,是揭露真相的狂人,是不合群的孤独者,是敢于说"不"、说"我不愿""我不愿意"的影,[7]是"在此"愈战愈勇的真正的猛士。

四

那些头上有各种旗帜,绣出各样好名称:慈善家,学者,文士,长者,青年,雅人,君子……。头下有各样外套,绣出各式好花样:学问,道德,国粹,民意,逻辑,公义,东方文明……。[8]

无物之阵不仅会"点头",而且头上的旗帜和头下的外套绣出了美好外观,充斥着各色"好"标签、"好"表象,仿佛黄金时代和人间天堂。但"绣"有造作雕琢、刻意为之之意。这样的战士所斗争的对象便是这些看上去庄严、听上去动听而实际上迷惑人又欺骗人的话语。在《这样的战士》前后,在其他作品中,鲁迅便对"那些头"展开了不遗余力的揭示与斗争。例如,《华盖集续编·我还不能"带住"》明白地写道:"但我又知道人们怎样地用了公理正义的美名,正人君子的徽号,温良敦厚的假脸,流言公论的武器,吞吐曲折的文字,行私利己,使无刀无笔的弱者不得喘息。倘使我没有这笔,也就是被欺侮到赴诉无门的一个;我觉悟了,所以要常用,尤其是用于使麒麟皮下露出马脚。"[9]在小说《铸剑》中,眉间尺和黑色人有如下对话:

"你么,你肯给我报仇么,义士?"
"阿,你不要用这称呼来冤枉我。"
"那么,你同情于我们孤儿寡妇?……"
"唉,孩子,你再不要提这些受了侮辱的名称。"他严冷地说,"仗义,同情,那些东西,先前曾经干净过,现在却都成了放鬼债的资本。我的心里全没有你所谓的那些。我只不过要给你报仇!"[10]

黑色人拒绝"仗义""同情"这些好花样,因为它们被"慈善家"(实质是"放鬼债"的资本家,但会绣出好名称"慈善家")侮辱了,被"那些头"污染了,成为"那些头"所娴熟运用的谋私谋利的工具。有意味的是,黑色人绝不像无物之物那样"一式点头"、笑容满面,他总是"严冷地"或"冷冷地",很不近人情,让人觉得不可亲近似的,但他却是眉间尺最可信赖的唯一一人,而眉间尺偏偏就信他。眉间尺虽然背着雄剑,但实质上属于"无刀无笔的弱者"[11],而黑色人偏偏帮助他,因为他是黑色人遇到的唯一一个"孩子"。眉间尺虽已成年,但心地却是孩子的性情,洁白良善,与干瘪脸少年们迥然不同。尽管黑色人说,"我的魂灵上是有这么多的,人我所加的伤,我已经憎恶了我自己!"[12]用语悲愤严冷,但其底色和本色亦是一个外冷内热、保有赤子之心的"孩子"(否则,怎么会说出"我只不过要给你报仇!"这样简单而纯粹的话语)。简言之,眉间尺与黑色人的相遇相知,可视为两个"孩子"的惺惺相惜与风云际会。黑色人给予眉间尺的帮助乃是最纯粹、最干净的爱,"全没有"那些好名称、好花样。笔者认为,这样的战士亦是一个精神同谱系的"孩子",尤其对比于城府很深的"慈善家,学者,文士,长者,青年,雅人,君子"之类既得利益者、掌握话语权者。这样的战士不为人情世故所困(否则就应该像"许多战士"一样被无物之阵捕获),永远举起投枪在战斗是为了什么? 放鬼债吗? 行私利己吗? 不是,是为"无刀无笔的弱者"呐喊,为了同各式好名称、好花样作斗争![13]而斗争的方式就是:

但他举起了投枪。[14]

同"好名称""好花样"缠斗,乃是这样的战士天生的使命(命运)。想用"点头"拉拢他,用利益诱惑他,用表象瞒骗他,是办不到的。有学者说:"我不能说鲁迅在写作这一篇时是否已经将写作——尤其是杂文的写作——与投枪这一比喻联系在了一起,但是至少我们都非常熟悉的是,后来,鲁迅的杂文被视为一种匕首投枪一样的短兵相接的锋利武器。"[15]笔者认为,这种联系是明确而肯定的,因为这是思想话语观念的斗争,是鲁迅继续进行"思想革命"的根本方式。[16]

五

> 他们都同声立了誓来讲说,他们的心都在胸膛的中央,和别的偏心的人类两样。他们都在胸前放着护心镜,就为自己也深信心在胸膛中央的事作证。
>
> 但他举起了投枪。
>
> 他微笑,偏侧一掷,却正中了他们的心窝。[17]

"同声立了誓"表明立誓是一种把戏和表演("同声"意味不假思索地撒谎成性),毫无诚意,毫无实质性内容。"讲说"亦有郑重其事之意味。唯其如此,对此种誓言或讲说就须保持小心与警惕。实际上,这句话必须从反面理解才能进行祛魅的批判工作。"那些头"自称和"偏心的人类"不一样,正确的理解便是:他们就是货真价实的"偏心的人类"。恰如鲁迅在《华盖集续编·不是信》中所说:"现在的有些公论家,自以为中立,其实却偏,或者和事主倒有亲戚,朋友,同学,同乡,……等等关系,甚至于叨光了酒饭。"[18]

这样的战士深谙此道。"微笑"表明他洞穿了他们的把戏和表演(颇有下文所说的"泼皮"相),没有被这副公正无私、道貌岸然的模样所迷惑所瞒骗,坚决反其道而为之,偏侧一掷而正中他们的心窝,即刻戳穿了他们的谎言,当场露出麒麟皮下的马脚。

"作证"让读者想到《野草·题辞》的"作证":"我以这一丛野草,在明与暗,生与死,过去与未来之际,献于友与仇,人与兽,爱者与不爱者之前作证。"[19]两者的区别在于:他们的作证是自己为自己作证,这本身就值得怀疑其立场是否公正无私;《野草》则为对立双方作证,不惧质疑、辩驳与斗争。并且,他们用"护心镜"作"心在胸膛中央"之证明乃是明显的伪证与自我矛盾:心既在胸膛中央,自己既公正无私,又何须什么"护心镜"?"护心镜"反而是他们自欺欺人之表征与铁证。可见,他们不但偏心得无可救药,而且是十足的胆小怯懦之徒(鲁迅喜欢用"卑怯"来形容这种人)!

至此,我们还可以发现这样的战士与无物之物的一个有趣的外在分别:这样的战士不说话,只有行动——"举起了投枪"。这让我们想起了《青年必读书》的忠告:"现在的青年最要紧的是'行',不是'言'。"另在与徐炳昶的通信中,鲁迅写道:"前三四年有一派思潮,毁了事情颇不少。学者多劝人踱进研究室,文人说最好是搬入艺术之宫,直到现在都还不大出来……自囚在什么室什么宫里,岂不可惜。只要掷去了这种尊号,摇身一变,化为泼皮,相骂相打(舆论是以为学者只应该拱手讲讲义的),则世风就会日上,而月刊也办成了。"[20]显然鼓励青年以"相骂相打"的泼皮精神写文章办杂志,进行"文明批评"和"社会批评",以再造新人迁善世风。至于说"世风就会日上"的乐观态度(面对特定的通信对象,似不宜悲观绝望),在《这样的战士》中隐匿了起来,而突出强调这样的战士至死不渝的斗争精神、决不妥协的斗争意志!

六

> 一切都颓然倒地;——然而只有一件外套,其中无物。无物之物已经脱走,得了胜利,因为他这时成了戕害慈善家等类的罪人。[21]

这表现了无物之物的脆弱(不堪一击)与狡猾和斗争的复杂性与艰巨性。无物之物"脱走",不是逃走,更不会被彻底消灭(因为它们是头脑里的观念话语),无物之物及其阵势依然存在,因为它们可以换用另一些旗帜和外套,反过来攻击这样的战士戕害了人类美好的、普遍的价值观念,竟然跟"慈善家"等类为仇作对,于是他就成了违背正义良知、不通人性人情的"罪人"。此种伎俩花样很容易蒙骗一众头脑简单的好人。[22]可见,跟无物之物的斗争不可能毕其功于一役。无物之物的旗帜和外套是数不胜数的。对此种伎俩,鲁迅在《坟·论"费厄泼赖"应该缓行》有进一步的描述:"满心'婆理'而满口'公理'的绅士们的名言暂且置之不论不列之列,即使真心人所大叫的公理,在现今的中国,也还不能救助好人,甚至于反而保护坏人。因为当坏人得志,虐待好人的时候,即使有人大叫公理,他决不听从,叫喊仅止于叫喊,好人仍然受苦。然而偶有一时,好人或稍稍蹶起,则坏人本该落水了,可是,真心的公理论者又'勿报复'呀,'仁恕'呀,'勿以恶抗恶'呀……的大嚷起来。这一次却发生实效,并非空嚷了:好人正以为然,而坏人于是得救。"即使有"真心人"大喊公理正义,也反被坏人利用以自救自得继续作恶,更何况"那些头"(例如,"满心'婆理'而满口'公理'的绅士们")会"翻天妙手"般地玩弄名称花样呢![23]

所以,"要有这样一种战士",头脑异常清醒,目光异常犀利且不以一己之胜败、一时之得失为念,进行着持续而顽强的斗争。

七

但他举起了投枪。

他在无物之阵中大踏步走,再见一式的点头,各种的旗帜,各样的外套……

但他举起了投枪。

他终于在无物之阵中老衰,寿终。他终于不是战士,但无物之物则是胜者。

在这样的境地里,谁也不闻战叫:太平。

太平……。

但他举起了投枪![24]

"大踏步",对己自信、对敌轻蔑之表现也。无物之阵是他一生的战场,"但"表明他从来都是清醒的和坚定的。可是,作为一个有限的个体生命,他摆脱不了"老衰,寿终"的命运("他终于不是战士"是说他作为肉体生命的消亡),而无物之物的特性决定了它会长期存在,远超某个个体的肉体限度,从这个意义上来说,它是所谓的"胜者"。但它真的胜利了吗?似乎是的,因为这样的战士死亡之后,轮到它伪装卖弄,甚嚣尘上,粉饰太平。但真的"太平"了吗?无物之物取得了支配性的胜利了吗?没有,因为"有这样的一种战士",在所谓太平的境地里,"举起了投枪!"[25]——他一直"在此",他永远"在此"!

既然他"老衰,寿终"了,何以最后还是"但他举起了投枪"?死了还举起了投枪,岂非(字面上)违反常识?笔者认为,这样的战士最终成为一个精神性的存在,他根本上不是作为一具肉体存在,而是作为一种精神存在。这让人想起《庄子·养生主》所说:"指穷于为薪,火传也,不知其尽也。"这样的战士的形象便经历了从有穷之"指"到无尽之"火"的转变与升华;"火",即独立清醒而韧性战斗的精神会永远传承下去。换言之,只要无物之物和无物之阵存在,这样的战士作为一个精神形象就屹立不倒,永远举起投枪,对无物之物露头就打,不论它如何伪装卖弄,如何粉饰装潢。这样的战士不求战胜与否,关键是他一直在战斗,永远在战斗!——"但他举起了投枪!"有论者就此写道:"横站着举起投枪的身影,终于站成一座永恒的雕像,战士,终于是永远的战士,这不取决于战斗的胜败,而是取决于战士的意志!"[26]这是不错的。

但,笔者仍感到在他"老衰,寿终"之后,在无物之物粉饰太平的境地里,不闻战叫,难道再也没有其他一个或更多这样的战士吗?他是否会感到失望不满和可悲可怜?"太平……",这个表达似乎包含着浓重的失望与强烈的期待;"太平……",别人都像没事人一样,甚至自我感觉活得不错,这样独战的战士是否会有内心自我的斗争呢?——这一切或许都不重要,因为最重要的是——

但他举起了投枪!

注释

[1] 鲁迅:《野草·这样的战士》,《鲁迅全集》第二卷,人民文学出版社2005年版,第219—220页。

[2] 鲁迅:《南腔北调集·小品文的危机》,《鲁迅全集》第四卷,人民文学出版社2005年版,第591—593页。

[3] 鲁迅:《野草·这样的战士》,《鲁迅全集》第二卷,人民文学出版社2005年版,第219—220页。

[4] 孙歌在《绝望与希望之外:鲁迅〈野草〉细读》(生活·读书·新知三联书店2020年版)中写道:"它为什么叫无物之阵呢?因为这些敌人真正的形态,真正的心思,都隐藏在各种各样的伪装之后,甚至隐藏在奉承恭维之后,所以不太容易识破,这是第一层意思。第二层意思是,所有这些人都是杀不死的,他们似有似无,很难看清真正的形态,所以叫无物之阵",不久又写道"无物之阵在哪儿?在文坛",把非洲土人及绿营兵解释为"指涉文坛上的几种所谓的战士。有的拿着新式武器,但是自己和那个武器根本不配套;有的被体制收编,疲惫不堪,但是手里还有可以杀人的工具——其实这些比喻,说的都是文坛的状况"。(第122页)此说颇为新颖,但似乎把《这样的战士》之内涵狭隘化了。另外,汪卫东、李玉明、张洁宇等学者皆另有解释,可参看。

[5] 鲁迅:《华盖集·通讯二》,《鲁迅全集》第三卷,人民文学出版社2005年版,第25页。

[6] 拙作《鲁迅〈过客〉细读》(载《上海鲁迅研究》总第89辑)认为"这个声音就是一个命令,命令的表述很简单,就是'往前走'",若结合《这样的战士》来思考,《过客》"前面的声音"可以就是"要有这样的一种战士"。两个表述皆是无主句,而语义氛围各有所侧重,但两者的精神内涵是一致

的,那就是一直走下去,一直战斗下去。

[7] 鲁迅:《野草·影的告别》,《鲁迅全集》第二卷,人民文学出版社 2005 年版,第 169 页。

[8] 鲁迅:《野草·这样的战士》,同上书,第 219—220 页。

[9][11] 鲁迅:《华盖集续编·我还不能"带住"》,《鲁迅全集》第三卷,人民文学出版社 2005 年版,第 260 页。

[10][12] 鲁迅:《故事新编·铸剑》,《鲁迅全集》第二卷,人民文学出版社 2005 年版,第 440、441 页。

[13] 或如《坟·题记》所说:"天下不舒服的人们多着,而有些人们却一心一意在造专给自己舒服的世界。这是不能如此便宜的,也给他们放一点可恶的东西在眼前,使他有时小不舒服……要在他的好世界上多留一些缺陷。"参见《鲁迅全集》第一卷,人民文学出版社 2005 年版,第 3—4 页。鲁迅本人何尝不是一个为弱者呐喊而有意捣乱的"孩子"!

[14] 鲁迅:《野草·这样的战士》,《鲁迅全集》第二卷,人民文学出版社 2005 年版,第 219—220 页。

[15] 张洁宇:《独醒者与他的灯——鲁迅〈野草〉细读与研究》,北京大学出版社 2013 年版,第 272 页。其实,孙玉石先生早就说过:这样的战士"运用的只是一种精神武器,即手中那支锋利的笔,也即一个精神界战士所拥有的'匕首'与'投枪'"(孙玉石:《现实的与哲学的——鲁迅〈野草〉重释》,《鲁迅研究月刊》1996 年第 10 期)。

[16] 同年早些时候,鲁迅在给徐炳昶的信中就说:"我想,现在的办法,首先还得用那几年以前《新青年》上已经说过的'思想革命'。还是这一句话,虽然未免可悲,但我以为除此没有别的法。"(《华盖集·通讯》,《鲁迅全集》第三卷,人民文学出版社 2005 年版,第 23 页)。

[17] 鲁迅:《野草·这样的战士》,《鲁迅全集》第二卷,人民文学出版社 2005 年版,第 219—220 页。

[18] 鲁迅:《华盖集续编·不是信》,《鲁迅全集》第三卷,人民文学出版社 2005 年版,第 239 页。

[19] 鲁迅:《野草·题辞》,《鲁迅全集》第二卷,人民文学出版社 2005 年版,第 163 页。

[20] 鲁迅:《华盖集·通讯》,《鲁迅全集》第三卷,人民文学出版社 2005 年

版,第26—27页。此处引文省略的部分有这样的话:"凡赞同者,都很坦白,并无什么恭维。如果开首称我为什么'学者''文学家'的,则下面一定是谩骂。我才明白这等称号,乃是他们所公设的巧计,是精神的枷锁,故意将你定为'与众不同',又借此来束缚你的言动,使你于他们的老生活上失去危险性的。"无物之阵里的"一式点头"岂非也是怀揣"束缚你的言动"而"无所用其力"的阴险目的? 只要你安然而欣然地接受了"学者""文学家"等桂冠,也就被套上了"精神的枷锁",有意无意地失去了斗争勇气和斗争意志,"在此灭亡"。

[21] 鲁迅:《野草·这样的战士》,《鲁迅全集》第二卷,人民文学出版社2005年版,第219—220页。

[22] 对此段落有不同的解释。孙歌认为,"在此我们可以体会鲁迅特有的感受方式。他用笔在战斗,但是笔锋所向的结果,往往是'打空拳'。他挑起或者被卷入的一次次论战,大多以'无疾而终'的方式了结,不仅如此,鲁迅的论战对象往往占据某种意义上的'政治正确'的高位,这就是'头上的各种旗帜'和'头下的各样外套',于是使得论战的定位变得有些微妙。各种旗帜和各样外套具有欺骗性,而鲁迅拒绝与各种意识形态合谋,这就不免使得他反倒显得政治不正确了:'因为他这时成了戕害慈善家等类的罪人'。"(《绝望与希望之外》,第123页),如此解释似乎有些断章取义了。笔者所见的其他各家解释要么也存在这样的问题,要么忽略不作解释。

[23] "翻天妙手"出自小说《狂人日记》,原文如下:"他们似乎别有心思,我全猜不出。况且他们一翻脸,便说人是恶人。我记得大哥教我做论,无论怎样好人,翻他几句,他便打上几个圈;原谅坏人几句,他便说'翻天妙手,与众不同'。我那里猜得到他们的心思,究竟怎样;况且是要吃的时候",无物之物便是"翻"脸、"翻"筋斗、"翻"心思的好手。

[24] 鲁迅:《野草·这样的战士》,《鲁迅全集》第二卷,人民文学出版社2005年版,第219—220页。

[25] 李玉明:《自我的"形容"——〈这样的战士〉新论》(《鲁迅研究月刊》2019年第1期)认为,"大踏步走,虽然显得骁勇强悍,但是随之而来的却是无休无止的纠缠,反复;不是一般的反复,而是在无着落无意义之上的反复;战斗甚至连敌手都没有,一切都是无价值无意义的,无聊的……

生命就耗费在这些无意义而无聊的纠缠之中,灵魂粗糙,双手颤抖,垂垂老矣"。如此解释显然与文本着力刻画的战斗精神不相协调。这样的战士并不认为他与无物之物是"无意义而无聊的纠缠",因为他把与无物之物的战斗视为自己的宿命与使命——"要有这样的一种战士"!

[26] 汪卫东:《探寻"诗心":〈野草〉整体研究》,北京大学出版社2014年版,第116页。张洁宇在《独醒者与他的灯——鲁迅〈野草〉细读与研究》(北京大学出版社2013年版)中亦有相近看法,如第274页写道:"这一句出现在文章中多达五次,而且频率渐快,这是鲁迅的倔强性格的体现,也是他的'韧'的战斗精神的体现。这是一个坚持不懈、坚定不移地战斗的姿态。"

鲁迅与《诗经》的灵犀

那 艳 绍兴市图书馆

《诗经》作为我国古代第一部民间诗歌总集,不仅反映了先秦时代的思想文化,而且传达了初民的人性本真,在简短的诗语中深藏着他们平凡而又真实的真切生命体验。鲁迅在关注《诗经》的同时,完成了他批判现实、自我构建的历史任务,继承了《诗经》的现实主义创作。根据《风》《雅》《颂》三个部分的实际内容,鲁迅认为《诗经》是"中国现存的最古的诗选"[1],"以性质言:风者,闾巷之情诗;雅者,朝廷之乐歌;颂者,宗庙之乐歌也"。[2]"惟《诗》以平易之《风》始,而渐及典重之《雅》与《颂》;《国风》又以所尊之周室始,次乃旁及于各国,则大致尚可推见而已。"[3]纵观鲁迅的文学创作,他与《诗经》之间的文学灵犀是非常密切的。

一

荷花又称莲花、水芙蓉等,其别名雅号多达80个,实为花中罕见。《诗经·郑风》里一诗说"山有扶苏,隰有荷华。不见子都,乃见狂且"。隰指多水的地方,只有多水之地才可能有水中绽放的荷花。《诗经·陈风》里还有一诗:"彼泽之陂,有蒲菡萏。有美一人,硕大且俨。寤寐无为,辗转伏枕。"泽陂也是指多水的地方,菡萏与荷花的区别就在于,花未绽放之时称为"菡萏",开放之后就称"荷花"了。因"荷"与"和"同音,"连"与"廉"同音,所以中华传统文化以之为和平、和谐、廉洁、清纯等象征。

可曾记得，当年还是19岁的周树人曾写下一首诗，题为《莲蓬人》："芰裳荇带处仙乡，风定犹闻碧玉香。鹭影不来秋瑟瑟，苇花伴宿露瀼瀼。扫除腻粉呈风骨，褪却红衣学淡妆。好向濂溪称净植，莫随残叶堕寒塘！"[4]诗中的"濂溪"即周敦颐，是绍兴周氏家族的先祖，周树人是他的三十二世孙；"净植"即莲荷，指代周敦颐的代表作《爱莲说》。因其被选入人教版七年级语文教材被国人熟知。鲁迅的《莲蓬人》诗既在赞美周氏先祖的清廉品格，同时也是激励自己，让生命呈现出傲然独立的风骨。在鲁迅的旧诗里，"莲荷"的意象多次出现过："明眸越女罢晨装，荇水荷风是旧乡。"[5]"一枝清采妥湘灵，九畹贞风慰独醒。"[6]"何来酪果供千佛，难得莲花似六郎。"[7]

二

《诗经·小雅·棠棣》："棠棣之华，鄂不韡韡。凡今之人，莫如兄弟。死丧之威，兄弟孔怀，原隰裒矣，兄弟求矣。脊令在原，兄弟急难，每有良朋，况也永叹。兄弟阋于墙，外御其务，每有良朋，烝也无戎。丧乱既平，既安且宁，虽有兄弟，不如友生。傧尔笾豆，饮酒之饫，兄弟既具，和乐且孺。妻子好合，如鼓瑟琴，兄弟既翕，和乐且湛。宜尔家室，乐尔妻帑，是究是图，亶其然乎。"棠棣象征兄弟之情，一直沿用至今。鲁迅《致山本初枝》说："棠棣花是中国传去的名词，《诗经》中即已出现。至于那是怎样的花，说法颇多。普通所谓棠棣花，即现在叫作'郁李'的；日本名字不详，总之是像李一样的东西。"[8]棠棣在日本的名字是山吹，是日本很有名的花。

鲁迅作品中多有"兄弟"的字眼。比如，他在《上海文艺之一瞥》中写道："有些貌似革命的作品，也并非要将本阶级或资产阶级推翻，倒在憎恨或失望于他们的不能改良，不能较长久的保持地位，所以人们从无产阶级的见地看来，不过是'兄弟阋于墙'，两方一样是敌对。"[9]这是在强调中国左翼作家联盟内部的团结,解除互相的猜疑与隔阂。又比如,《题三义塔》诗里:"奔霆飞熛歼人子,败井颓垣剩饿鸠。偶值大心离火宅,终遗高塔念瀛洲。精禽梦觉仍衔石,斗士诚坚共抗流。度尽劫波兄弟在,相逢一笑泯恩仇。"[10]这是表达中日两国人民友好的愿望,也是一首高亢激越的国际主义赞歌。鲁迅还在小说《伤逝》之后写的《弟兄》,取材于周作人刚到北京治病时的情形。周作人认为:"《伤逝》不是普通恋爱小说,乃是借了男女的死亡来哀悼兄弟恩情的断绝的。"《弟兄》是鲁迅在追念自己对周作人疾病(出疹子)的忧思,表达了《诗经》中"脊令在原"的意思。"脊令",即鹡鸰鸟,是一种栖居于水边的小鸟,它在高高的水滩上时,常飞鸣以求同类,经常是成群而飞。《弟兄》这篇小说确实是鲁迅向周作人伸出的热情友爱之手,周建人也认为"如有急难,他还愿像当年周作人患病时那样救助"。

三

《诗经·小雅》中的《采薇》被称为古代最早的反战诗,奏响的是真实的生命乐章。其云:"采薇采薇,薇亦作止。曰归曰归,岁亦莫止。靡室靡家,玁狁之故。不遑启居,玁狁之故。采薇采薇,薇亦柔止。曰归曰归,心亦忧止。忧心烈烈,载饥载渴。我戍未定,靡使归聘。采薇采薇,薇亦刚止。曰归曰归,岁亦阳止。王事靡盬,不遑启处。忧心孔疚,我行不来!彼尔维何?维常之华。彼路斯何?君子之车。戎车既驾,四牡业业。岂敢定居?一月三捷。驾彼四牡,四牡骙骙。君子所依,小人所腓。四牡翼翼,象弭鱼服。岂不日戒?玁狁孔棘!昔我往矣,杨柳依依。今我来思,雨雪霏霏。行道迟迟,载渴载饥。我心伤悲,莫知我哀!"该诗体现了戍卒们难归故土、忧心如焚的内心世界,从而表达了周人对战争的厌恶和反感。

鲁迅《故事新编》中有一篇同命题小说《采薇》,无非是对《诗经》篇目的借题发挥。其目的是通过叔齐和伯夷的故事，从另一个角度讽刺了国人墨守成规，不知变通，一味遵守教条而最终饿死。武王伐纣，讨伐无道，深得民心，却被这两人解读为不忠不孝，放着太平日子不过，矫情不食周粟，墨守祖制，归隐山林，以薇草为食，岂知被村姑抢白，普天之下莫非王土，王土之上皆为周粟，最终两人饿死。当然要注意的是，诗经时代的匈奴侵略情形和鲁迅文中日本侵略的背景也有一定关联。整个人生就如一场战争，活着就会被迫卷入这场战争之中，就会有忧伤、痛苦、烦恼、恐惧、无助、绝望，乃至向往、追求等生存体验。因此表达这些体验的文字，也就是动人的生存哲学。小说《采薇》体现了鲁迅在特定的历史时期对古代忠臣形象的全新价值判断，通过对历史人物伯夷与叔齐的《故事新编》，对骨气、忠诚的定义进行了个性化诠释。鲁迅用自己怀疑、否定的眼光剥落了伯夷、叔齐神圣的外衣，还原了他们精神的无价值，直指中国人"国民性"弱点的又一实质：转移矛盾、以求自保、避重趋轻、苟且偷生。

四

鲁迅的《汉文学史纲要》中推荐了四本关于《诗经》的书：一是孔颖达的《正义》，二是朱彝尊的《经义考》，三是谢无量《〈诗经〉研究》，四是日本学者的著作。从这些参考书中可知，对当时国内学术专著，鲁迅只取谢无量的著作，并不是完全按照历史的分期和阶段论方法品评作品，而是重点阐述平民文学的价值和推动社会发展的作用。自古以来，人们一直遵从孔子的"思无邪"说评价《诗经》，因为这句话特别契合儒家的思想观念，并不是从《诗经》原文的角度上来理解的。孔子以"思无邪"断章取义，感悟出一套自己的诗学观念。所谓"思无邪"就是思想和感情都无邪念，即在一个框架内"从心所欲而不逾矩"，这无疑正是孔子思想核心观念中的"仁"和"礼"。

鲁迅却是站在批判孔子的立场加以解读,在《汉文学史纲要》里指出:古诗的内容绝非全部都是温柔敦厚的,就在《大雅》中,已有"激切"[11]反抗的呼声,而《风》则"直抒胸臆"[12],完全脱离出发乎情,"止乎礼义"[13]的桎梏。对于把古诗作为"诗教"的典范,鲁迅指出:这是"后儒之言"[14],有力地驳斥了"诗教"的虚伪性与反动性。在鲁迅看来,诗人是民族精神的树立者,于民族文化而言是最重要的天才。但是"思无邪"却约束了诗人的精神与志向,使得后世诗人辗转于山水田园、应酬交际和男女情爱,纵使对时下不满,也只是借助于怀念前贤和借古讽今来隐晦表达。正如鲁迅在《摩罗诗力说》中说:"其颂祝主人,悦媚豪右之作,可无俟言。即或心应虫鸟,情感林泉,发为韵语,亦多拘于无形之囹圄,不能舒两间之真美;否则悲慨世事,感怀前贤。"[15]

五

鲁迅本名周树人,"鲁"取自母亲的姓。迅,一说出自《尔雅·释兽》云:"牝,狼;其子,獥;绝有力,迅。"鲁迅以狼子自居,表明其勇敢的叛逆精神。另一说"迅"同"卂",是鹰隼的意思。他在《致章廷谦》中说:"禹是虫,故无其人;据我最近之研究:迅盖禽也,亦无其人,鼻当可聊以自慰欤。案迅即卂,卂实即隼之简笔。"[16]鲁迅还说,自己就是"承迅行而来"[17]的。清代段玉裁《说文解字注》曰:"卂,疾飞也。引申为迅疾之偁。故辵下曰卂也。辵部迅,从卂。飞而羽不见者,疾之甚也。此亦象形。息进切。"

"猫头鹰"是鲁迅的外号,因为他喜欢在夜里工作,并且不断地发出恶声。后来先生便自名为"枭",把自己的言论称为"枭声",致力于反传统的革命宣传。尽管民间视"枭"为不祥之物,他却反其道而行之,正是其叛逆性格的化身。猫头鹰也叫枭、鸱,出自《诗经·豳风》:"鸱鸮鸱鸮,既取我子,无毁我室。恩斯勤斯,鬻子之闵斯。迨天之未阴雨,彻彼桑土,绸缪牖户。今女下民,或敢侮予？予手拮据,予所捋荼,予所蓄租,予口卒瘏。曰予未有室家。予羽谯谯,予尾翛翛。予室翘翘,风雨所漂摇。予维音哓哓!"鲁迅真诚地告诫人们:不要"欢迎喜鹊,憎厌枭鸣",不要"只检一点吉祥之兆来陶醉自己"[18],不要希罕娇嫩鸟雀的那些令人怜爱、使人陶醉的鸣唱,却热烈地期待着"只要一叫而人们大抵震悚的怪鸱的真的恶声!"[19]

鲁迅的一百多个笔名中,其中有"桃椎""黄棘",即桃与枣这两种果树,都出自《诗经·魏风》:"园有桃,其实之肴。心之忧矣,我歌且谣。不知我者,谓我士也骄。彼人是哉,子曰何其?心之忧矣,其谁知之?其谁知之,盖亦勿思!园有棘,其实之食。心之忧矣,聊以行国。不知我者,谓我士也罔极。彼人是哉,子曰何其?心之忧矣,其谁知之?其谁知之,盖亦勿思!"此诗被后人指为"士大夫忧时伤己的诗",鲁迅以此作为笔名,亦正在其中之意也。这让人想起《秋夜》一文的开头:"在我的后园,可以看见墙外有两株树,一株是枣树,还有一株也是枣树。"[20]鲁迅在生命的最后三年跟人通信时,一而冉、冉而三地提到桃花,这很难不让人产生某种联想。1935年4月9日《致山本初枝》:"上海变成讨厌的地方了,去年不曾下雪,今年迄未转暖。龙华的桃花虽已开,但警备司令部占据了那里,大杀风景,游人似乎也少了。倘在上野盖了监狱,即使再热衷于赏樱花的人,怕也不敢问津了罢。"[21]鲜血与桃花,其实自古以来就是相互映衬的,比如杜甫的"君看墙头桃树花,尽是行人眼中血"。

六

鲁迅在《为了忘却的记念》一文中以诗作结:"惯于长夜过春时,挈妇将雏鬓有丝。梦里依稀慈母泪,城头变幻大王旗。忍看朋辈成新鬼,怒向刀丛觅小诗。吟罢低眉无写处,月光如水照缁衣。"[22]这个"缁衣"是鲁迅一生喜爱的衣装。缁衣是汉族服饰,古代用黑色帛做的朝服。《缁衣》选自《诗经·国风·郑风》:"缁衣之宜兮,敝,予又改为兮。适子之馆兮,还,予授子之粲兮。缁衣之好兮,敝,予又改造兮。适子之馆兮,还,予授子之粲兮。缁衣之席兮,敝,予又改作兮。适子之馆兮,还,予授子之粲兮。"自古人们常用黑色来表现坚毅、刚正,以及大公无私、甘愿牺牲的可贵品格。同时,审美的黑色属于极致,象征着庄严与悲哀、神秘与死亡等。这种特别的色彩,正是於越民族的风俗与传统。

鲁迅穿的是缁(黑色)衣,吃的是乌干菜,欣赏的是黑白分明的版画,甚至对黑夜已经习以为常了。许广平回忆道,鲁迅的手中经常拿着一个黑底红线条的书包,他说:红色代表血,黑色代表铁。绍兴方言称"黑"为"乌",古越先民有"尚乌"的习俗,遵循夏禹时以黑为正色。鲁迅的"尚乌",显示在他的小说中,乌黑通常是人物的写实具象。《理水》中的大禹显示出"粗手粗脚""面貌黑瘦"[23];《非攻》中的墨子有一张"乌黑的脸"[24];《铸剑》中的黑衣人,"黑须黑眼睛,瘦得如铁"[25],名叫宴之敖,正是鲁迅的一个笔名。特别是在《过客》中,老翁穿的是黑长袍,女孩穿的是白底黑方格长衫,还有一个"黑须,乱发,黑色短衣裤破碎,赤足著破鞋"[26]的过客形象,他就是鲁迅的化身。

当然,"尚黑"是与鲁迅的生活、生存、生命密切相关的:展示如黑铁一般的生活习性,反映像黑土一样的生存状态,表达与黑夜一体的生命意志。作为黑夜里单枪匹马、孤军奋战的探索者,鲁迅身上不免留下了那个社会和时代的阴影——"他是中华民族的心灵黑暗的在场者"。

注释

[1] 鲁迅:《集外集·选本》,《鲁迅全集》第七卷,人民文学出版社2005年版,第137页。

[2] 鲁迅:《汉文学史纲要·第二篇〈书〉与〈诗〉》,《鲁迅全集》第九卷,人民文学出版社 2005 年版,第 363 页。

[3] 同上书,第 366 页。

[4] 鲁迅:《集外集拾遗补编·莲蓬人》,《鲁迅全集》第八卷,第 532 页。

[5] 鲁迅:《集外集·赠人》,《鲁迅全集》第七卷,第 160 页。

[6] 鲁迅:《集外集拾遗·无题》,《鲁迅全集》第七卷,第 469 页。

[7] 鲁迅:《集外集拾遗·秋夜偶成》,《鲁迅全集》第七卷,第 473 页。

[8] 鲁迅:《致外国人士部分·350117 致山本初枝》,《鲁迅全集》第十四卷,第 338 页。

[9] 鲁迅:《二心集·上海文艺之一瞥》,《鲁迅全集》第四卷,第 307 页。

[10] 鲁迅:《集外集·题三义塔》,《鲁迅全集》第七卷,第 157 页。

[11] 鲁迅:《汉文学史纲要·第二篇〈书〉与〈诗〉》,《鲁迅全集》第九卷,第 365 页。

[12][13][14] 同上书,第 366 页。

[15] 鲁迅:《坟·摩罗诗力说》,《鲁迅全集》第一卷,第 70—71 页。

[16] 鲁迅:《书信·270817 致章廷谦》,《鲁迅全集》第十二卷,第 64 页。

[17] 鲁迅:《华盖集续编·〈阿Q正传〉的成因》,《鲁迅全集》第三卷,第 395 页。

[18] 鲁迅:《三闲集·太平歌诀》,《鲁迅全集》第四卷,第 105 页。

[19] 鲁迅:《集外集·"音乐"?》,《鲁迅全集》第七卷,第 56 页。

[20] 鲁迅:《野草·秋夜》,《鲁迅全集》第二卷,第 166 页。

[21] 鲁迅:《致外国人士部分·350409 致山本初枝》,《鲁迅全集》第十四卷,第 351 页。

[22] 鲁迅:《南腔北调集·为了忘却的记念》,《鲁迅全集》第四卷,第 501 页。

[23] 鲁迅:《故事新编·理水》,《鲁迅全集》第二卷,第 394—395 页。

[24] 鲁迅:《故事新编·非攻》,同上书,第 474 页。

[25] 鲁迅:《故事新编·铸剑》,同上书,第 439 页。

[26] 鲁迅:《野草·过客》,同上书,第 193 页。

鲁迅"拿来""易卜生主义"的当代启示

段冰艳

作为五四启蒙先驱者的重要思想来源,易卜生在其创作中深刻揭露社会弊病,大力宣扬人的个性,这些特质契合了五四一代的思想追求,"易卜生主义"在中国知识分子中掀起讨论热潮。巧合的是,与易卜生一样都经历过家道中落,被塑造为性格易怒的"怒骂者"形象的鲁迅,在留日期间也曾大量阅读易卜生剧作及相关评论,他对外国文艺思想始终秉持"拿来主义"的态度,因而对易卜生的思想也主动进行了有选择的接受,在《随感录·四十六》中,他还将易卜生称为近来"偶像破坏的大人物"[1]。除去对易卜生坚持批判旧制、探索真理的赞扬,鲁迅还强调其作品中显露的自由独立、尊崇个性的精神。这种强调俨然融入他的文学创作之中,由此诞生了众多典型人物。作为中外文坛巨匠,二人依据时代需求所形成的诞生既是当今社会仍需继承发展的宝贵思想,也对我们应当如何全面认知前人思想具有启示价值。

一、重构自由:出走或留下

19世纪,英国伦敦接连上演了易卜生的《玩偶之家》《群鬼》《海上夫人》等五部戏剧,赞扬与贬斥之声使其获得极为广泛的关注度。易卜生所描写的既非莎士比亚式名门贵族,又非狄更斯式底层人物,而主要聚焦于中产阶级。在19世纪英国中产阶级崛起,虽竭力营造"自由平等"的时代精神,但男女的社会地位仍处于失衡状态,且这种现象并不单单出现在英国。易卜生基于西兰岛上一位已婚女士的案件构思出的《玩偶之家》,本质上就是观察同样由中产阶级主宰的挪威社会中"值得敬重的狭隘观念与世俗观念"[2]后的产物,随着他在海的环境中沉思,《海上夫人》便闪耀着神秘浪漫的光辉复回。两部剧作中女主人公的不同结局也显示出彼时易卜生对"人"的"自由"的重视和重构。

首先,《玩偶之家》以"出走"高举个人独立旗帜。娜拉被丈夫海尔茂视为"小鸟儿""小松鼠儿",婚姻只是使她从依赖于父亲的"泥娃娃孩子"转变为丈夫的附庸。正如密尔所言:"如果一个人的生活的选择权掌握在世界或者他自己所属的那部分世界手里,那么他所需要的就只有像人猿一样的模仿能力。"[3]不具备经济来源的娜拉只能依靠扮演海尔茂喜欢的"家庭天使"来换取他的开心,这使得她无法获得独立的个性。而当娜拉终于意识到自己从属、被动的处境时,对整个社会和家庭的质疑反思促成了她的觉醒,所以她对指责自己抛下"责任"的海尔茂予以猛烈回击:"现在我只信,首先我是一个人,跟你一样的一个人——至少我要学做一个人。"[4]随后毅然出走。娜拉选择通过反抗重获自我意识,以言语和行动达成个性上的双重独立,她的出走一方面摆脱了被客体化、去个性化的婚姻关系,另一方面也体现出易卜生对挪威社会中"道德泥沼"的揭露与清除。

其次,《海上夫人》以"留下"强调自由选择权利。海洋,曾是娜拉企图自我了结的地方,对艾梨达来说却是自小生长的地方,也是她婚后舒缓压抑情绪的精神寄托。在此,"海洋"被视作"隐藏的自由"的象征。此外,"艾梨达"这个名字本身就源于一艘船,传说它在跟强大的海洋巨人搏斗过程中被赋予人的性格,这也预示着艾梨达寻求自我意志的宿命。而房格尔医生与海尔茂之间的差异,正是易卜生营造出的更理想的人格成长环境,表明健康的社会和健康的个体可以相互帮助,并促进责任意识的生发。因此,当艾梨达不再被陌生人的意志以及未知的世界所控制和吸引,她便具备成熟的自由选择的条件,且愿意承担相应的责任,这标志着艾梨达"自由意志"的复苏。交易式、局外人式的婚姻关系宣告结束,取而代之的是解放后作为个人的艾梨达重获了精神力,摆脱了自我孤立、苦闷虚空的过去。

总体看来,易卜生笔下的娜拉和艾梨达两位女性角色拥有着相似的面貌,都经历了从懵懂到成熟的人格发展过程,虽然最终结局看似背道而驰,但无论"出走"还是"留下",她们的选择都指向了基于个人自由选择而形成的人生道路,与中产阶级近乎空壳的价值追求形成鲜明对比。

二、"拿来主义":继承和发展

如前所述,易卜生的戏剧被搬上舞台,所谓的"理想生活影像"遭受到猛烈冲击,将易卜生及其创作推向风口浪尖,进而走入亚洲大陆。清末民初,伴随着遣日、留日风气的日渐兴盛,日本的易卜生文化热潮使中国知识分子更深入地了解学习易卜生思想,其中就包括以鲁迅为代表的早期使用中文将易卜生介绍到中国的学者。出于救亡图存、发蒙启蔽的强烈现实需求,鲁迅有选择地"拿来""易卜生主义",将之与中国社会紧密结合,由此对易卜生的思想进行了继承和发展。

第一,鲁迅借评介易卜生,呼唤中国的新一代。鲁迅曾设想学医救国,但中国人民麻木的本质使他逐渐醒悟,自此转向能够改变精神的文艺运动,并且形成了一种去弱求强、奋起自立的方略。由于易卜生在其剧作中同样以自由精神为思想武器,对社会中的不合理现实进行猛烈抨击,凸显出强烈的反抗意识,这使得未曾谋面的两人因"易卜生主义"这个跨越时空的精神纽带而产生共鸣。鲁迅在《摩罗诗力说》中将易卜生纳入"立意在反抗,指归在动作"[5]的摩罗诗人的行列,称其"愤世俗之昏迷,悲真理之匿耀"[6],并与拜伦并举,强调二人揭露社会黑暗,坚守真理而不屈的坚韧形象,以此真诚呼唤中国社会也能诞生这样觉醒了的精神界战士。后来发表的《文化偏至论》中,鲁迅再次提及易卜生,将他称作"契开迦尔之诠释者"[7],强调了易卜生对人类尊严和价值的追求,也可见鲁迅对能够有所作为的天才的强烈渴望。

第二,鲁迅结合中国国情,深入思考"个人"的命运。"个人"作为鲁迅早期思想的重要起点之一,也贯穿了他的一生,他笔下的吕纬甫、魏连殳、夏瑜等都是典型的封建社会中孤独的先觉者形象。值得关注的是,当娜拉的"独立宣言"成为新的流行用语,《玩偶之家》以其强大的"移情"作用引发空前持续的论争,鲁迅则在1923年的讲演中提出一个经典设问——"娜拉走后怎样"。他将镜头转向易卜生并未言明的一隅,还根据中国社会的现实状况指出中国"娜拉"们出走后可能会面临的局面。这个理性推论不仅将一部分人敲醒,使之意识到在个人解放之外,男女相等的经济权和社会势力也很重要,而且再次彰显出鲁迅对社会现状的清醒认知,他并非一味地摇旗呐喊,更会切实思索具体的"个人"的前途命运,为之殚精竭虑,而"深沉的韧性的战斗"[8]便是鲁迅为青年人所指的一条出路。

第三,鲁迅揭露封建压迫,对女性人物给予独特关怀。他在《娜拉走后怎样》中曾提及娜拉和艾梨达代表的走与不走,并表示如果娜拉也获得艾梨达那样的自由,"或者也便可以安住"[9]。据此,我们其实可以将艾梨达视为理想状态下选择留下的挪威"娜拉",而鲁迅创作的众多女性角色则是中国"娜拉"的缩影,在封建势力面前,她们的反抗终究是徒劳。例如,《伤逝》中的子君曾高喊:"我是我自己的,他们谁也没有干涉我的权利!"[10]但这位中国"娜拉"空有意识觉醒,最终仍然无法摆脱被重新推入封建家庭的深渊的命运;《祝福》中的祥林嫂,经受多重打击依旧试图寻求救命稻草,展现出了中国旧时女性身上坚韧顽强的生存意识,但她还是在吃人的社会中悲惨死亡;《离婚》中泼辣凶悍的爱姑,虽然勇于反抗,不愿忍气吞声,但还是被"七大人"所代表的上位者压倒……所以我们可以看到,鲁迅在学习"易卜生主义",关照个人的基础上,进一步揭露中国女性的命运悲剧,既体现出他对女性的关注和同情,也饱含了对中国传统制度的人道主义反思,对"人"的悲悯情怀。

三、立足时代:反思片面性

易卜生的戏剧创作为人性解放发出更为有力的呐喊声,这种声音恰好与五四一代知识分子对"民主""科学"的追求相契合,是故"易卜生主义"在中国掀起创作社会问题剧、社会问题小说的热潮。1918年,《新青年》还推出"易卜生专号",相关作品的译介络绎不绝。然而,获得学界公认的一个观点则是:鲁迅等作家学者在文章中介绍的易卜生形象并不全面。甚至有研究者认为五四时期对易卜生的介绍误入了"歧途"。换言之,先驱者们更倾向于"拿来""易卜生主义"中能够与中国社会急需改造之处相适应的部分,而忽略了客观的全貌刻画。正如易卜生笔下众多有关女性解放的戏剧对五四乃至后世的创作具有深远影响,以至于有人把他视为女权主义者,但他自己却早已在讲话中言明:"妇女们为之奋斗的那个事业在我看来是全人类的事业。……我的任务是描写人们。"[11]彼时带有主观侧重点的引入必然会导致认知的片面性。当然,五四启蒙思潮对外国文学思想的译介和接受更多是以"启蒙"为前提,强调"人的文学",在这种情况下,有助于批判"吃人"的专制制度、封建礼教,揭露社会黑暗面的作品肯定会被首先"拿来",这也是迫于时代需求的选择。

实际上,除了五四时期对易卜生等人的译介存在一定的片面性,当今社会对鲁迅同样存在一定程度上的认知错位现象。鲁迅仿佛被局限于"民族魂""打破'瞒和骗'"以及"国民性批判"等关键词中,这反而使得宣扬"个性主义"、强调"个人"的他逐渐失去了立体多面性。若剖析此现象,原因或许主要有三点:第一,鲁迅敏锐觉察并指出的旧社会弊病在当今社会中仍存在,例如阿Q的"精神胜利法"还是一些人的安慰剂,《论"他妈的!"》中被讽喻为"国骂"的口头禅"他妈的"依旧流行在嘴边等。这的确侧面证明了鲁迅创作中的"预言性"特质,却也在某种层面上与他对未来的期望相违背,正如王晓明教授在《无法直面的人生:鲁迅传》中所言:"鲁迅屡次说,他希望自己的文字能够尽早被人遗忘。"[12]很明显,直到今天,我们仍然需要借由鲁迅先生的话语对社会中尚且存在的落后之处予以揭露和讽刺;第二,由于北京时期的鲁迅被断章取义地视为"完整的"鲁迅,人们对于"怒骂者"鲁迅的印象被强化,即鲁迅是冷峻批判的战士,富有家国大义的勇士以及革新文化的斗士;第三,中学教育对鲁迅形象也存在刻板化,从课本中篇目的选择到教师讲解的过程,都会加强青少年对鲁迅"怒骂"一面的认知。故而刘春勇教授在《"非文学"论:文之行动者鲁迅及其写作》一书开篇就提出一个问题:如何重新"描画"鲁迅?[13]当鲁迅等人基于"启蒙""救亡"的主题,对"易卜生主义"进行有选择的主动"拿来"时,身处"后叙事时代"的我们,在信息洪流中应该如何继承发展前人思想,如何探寻其在当下的新价值,这无疑是值得我们深思的问题。当然,对片面性的反思并非执意要指责那些社会现象出现的原因,更强调的是对文学世界和现实世界中"人"的认知的提升。

综上所述,虽然易卜生和鲁迅这两位大家都以怀疑的态度去审视彼时社会中兴起的新运动,认为有必要打破旧的幻想,呼吁新的反叛精神,但无论是易卜生对反"家庭天使"式、追寻独立自主的女性角色的塑造,还是鲁迅受其影响,把"人"的自由意志与中国具体时代背景相结合并进一步发展演变,从本质上来看,他们所显露的还是一种充满诗意的真情，内蕴着"先觉者"对社会责任的主动承担，对真实的"人"的关怀。所以在当今社会中，我们不仅要深入了解他们的思想，也要尽可能全面客观地去看待作家作为"人"的复杂本质，并且为这种"天才"在当下的再诞生持续提供生长的土壤和自由的空气。

注释

[1] 鲁迅：《热风·四十六》，《鲁迅全集》第一卷，人民文学出版社 2005 年版，第 349 页。

[2] 埃德蒙·葛斯：《易卜生传》，中国人民大学出版社 2018 年版，第 85 页。

[3] 密尔著：《个性的张扬与受限：论自由》，吉林出版集团股份有限公司 2020 年版，第 119 页。

[4] 易卜生：《易卜生戏剧选》，人民文学出版社 1997 年版，第 247 页。

[5][6] 鲁迅：《坟·摩罗诗力说》，《鲁迅全集》第一卷，第 68、81 页。

[7] 鲁迅：《坟·文化偏至论》，《鲁迅全集》第一卷，第 52 页。

[8][9] 鲁迅：《坟·娜拉走后怎样》，同上书，第 171、166 页。

[10] 鲁迅：《彷徨·伤逝》，《鲁迅全集》第二卷，第 115 页。

[11] 易卜生：《易卜生文集·第八卷》，人民文学出版社 1995 年版，第 234 页。

[12] 王晓明：《无法直面的人生：鲁迅传》，上海文艺出版社 2001 年版，第 3 页。

[13] 刘春勇：《"非文学"论：文之行动者鲁迅及其写作》，人民出版社 2024 年版，第 3 页。

史海钩沉

鲁迅与蟫隐庐和《安徽丛书》兼谈俞正燮

黄艳芬　合肥学院语言文化与传媒学院

一

1934年10月4日,鲁迅在日记里记载:"下午广平为从蟫隐庐买《安徽丛书》三集一部二函十八本,价十元。"[1]买书是鲁迅日常生活的重要内容,他的购买记录认真细致,大致体现当日购书情况,还附写年度书账。这套《安徽丛书》也被记在1934年年度书账中。

从日记看,鲁迅是托许广平代买的《安徽丛书》。鲁迅让许广平从蟫隐庐买书不只一次,1935年11月20日的日记中记载:"上午托广平往蟫隐庐买《大历诗略》一部四本,《元人选元诗五种》一部六本,共泉八元八角。"[2]

蟫隐庐由学者罗振玉的弟弟罗振常于1925年创办于上海。罗振玉的研究涉及考古学、古文字学、金石学、敦煌学、目录学以及校勘学等,在甲骨文研究领域更被誉为"四堂"之一。罗振常在学问上虽不及其兄渊博,但精于校勘和版本之学。蟫隐庐位于上海三马路(今汉口路)398号,罗振常自叹"流寓沪上,寄迹市廛,自号蝉隐"[3],故得此名。书店主要印刷罗振玉与罗振常等人编辑校刊的书籍和著作类,以及出售原版或影印旧版书等,其中的重要古籍,如罗振常的女婿周子美所说:"所印书籍大部如宋世彩堂刊《韩文》《柳文》,郎晔注《苏文》《历代诗余》等久流艺林,零种犹众。"[4]

蟫隐庐一经创办便被爱书的周氏兄弟注意到。1915年7月27日,在绍兴的周作人给在北京的鲁迅寄去一份蟫隐庐书目,自此以后蟫隐庐成为鲁迅的购书地之一。1915年8月31日,鲁迅日记中便有了购买记录:"寄蟫隐庐[信]并银二十二元,买书。"[5]9月12日,鲁迅记录收到蟫隐庐寄来"《流沙队简》三册,《权衡度量实验考》一册,《四朝宝钞图录》一册,《金石萃编校字记》一册,《万邑西南[山]石刻记》一册"[6]。

从1915年8月至1917年1月,鲁迅日记多次记录在蟫隐庐购书。尤其是1917年年初,他在回乡途经上海时,曾光顾过蟫隐庐,1月5日日记记载:"往蟫隐庐买乙卯年《国学丛刊》十二册,价六元。"[7]

1918年日记中鲁迅只记载收到蟫隐庐寄来书目一份,此后中断,直至1921年三四月间才有零星购书。那么,此间中断与恢复原因何在呢?这是因为1917年4月,周作人赴京工作,周氏兄弟二人朝夕相处,阅读互通,尤其是开展文学译事合作,此时二人关注重点在西书。1921年三四月间,周作人罹患肋膜炎在西山养病时,鲁迅自己在蟫隐庐购买了《拾遗记》《毛诗草木鸟兽虫鱼疏》《永嘉郡记》辑本以及《汉书艺文志举例》。

1921年4月以后,鲁迅日记很久都没有关于蟫隐庐的记载。在度过了短暂的大家庭幸福生活后,1923年7月,鲁迅与周作人失和,之后,经历搬家、迁新居、恋爱、与现代评论派论争、与章士钊矛盾、辞职南下等,直至1927年10月定居上海。

1928年2月12日,鲁迅日记里出现久违的蟫隐庐:"往蟫隐庐买《敦煌石室碎金》《敦煌零拾》各一本,《簠斋藏镜》一部二本,共泉六元。"[8]时隔多年,再到蟫隐庐实地买书,不知鲁迅是何感想,不过从其所购的书目来看,他的古籍旧学喜好仍在。

不久,鲁迅与革命文学阵营发生论争,读书体系也发生更新,一段时间日记未见在蟫隐庐买书。再度恢复是在 1931 年 6 月 7 日:"在蟫隐庐豫约《铁云藏龟》一部,四元。"[9]该书是刘鹗(1857—1909,江苏镇江人,字铁云,号老残)所辑的中国首部甲骨文著录,1903 年由抱残守缺斋石印出版。1931 年蟫隐庐再印该书时,增加了罗振玉撰写的《铁云藏龟之余》,另附有古文字学家鲍鼎的释文。鲁迅对甲骨文及其他古文字一直感兴趣,可能与他计划撰写《中国字体变迁史》有关。

除了 1933 年,自 1934 年到去世前,鲁迅日记里仍有在蟫隐庐购买古籍书的记载。1936 年 9 月 2 日,鲁迅在去世前一个多月记录:"三弟来并为取得蟫隐庐书目。"[10]此时的他还在关注着蟫隐庐新书单。

二

鲁迅在蟫隐庐所购《安徽丛书》究竟是什么书籍呢?

《安徽丛书》是由安徽丛书编审会汇编的地方古籍文献,旨在宣扬安徽学术文化的影响力。1931 年 3 月,出版家徐乃昌(1868—1943,安徽南陵人,字积馀,晚号随庵老人)召集在沪皖籍名人黄宾虹、程源铨、吴镜云等,以及安徽学人江彤候、程演生等,在上海组建安徽丛书编审会,并设立丛书编印处。徐乃昌闻名于藏书、刻书、收藏等领域,颇有号召力。

从 1932 年至 1936 年,安徽丛书编审会共影印出版了六期《安徽丛书》,因没有自家的书店,作为古籍书肆翘楚的蟫隐庐自然成为首选代售地,《安徽丛书》也成为蟫隐庐的重要推荐书目。

著名徽商程源铨(1886—1943,安徽歙县人,又名霖生,字龄孙)在《安徽丛书》序言中这样写道:"吾皖襟江带淮,控吴楚之会。数千年来,理学、经学、文章、艺术,以及九流百家之学皆蔚然成派。"[11]丛书选择稀有版本的皖籍学者经义和史学著作,主要是清代朴学之作,从原本影印。六期丛书情况如下:

第一期有清代芮日松《禹贡今释》和汪龙《毛诗异议》,汉朝郑玄《诗谱》,清代周廷案《韩诗外传校注》、吴瑛《五声反切正均》、赵绍祖《通鉴注商》、赵继序《汉儒传经记》,以及明代程瞳《新安学系录》和释弘仁《画偈》。

第二期有清代程瑶田全部著作——《通艺录》《莲饮集濠上吟稿》《果蠃转语记》《仪礼经注疑直》。

第三期有清代黄生《字诂》《义府》、江永《古韵标准》《四声均韵表》《音学辨微》、俞正燮《癸巳类稿》,以及近代王立中《俞理初先生年谱》。

第四期有清代凌廷堪全部著作,总题《凌次仲先生遗书》。

第五期有宋代佚名氏《黄山图经》,清代闵麟嗣《黄山志定本》、汪士铉《黄山志续集》,近代程演生《黄山志定本校记》《黄山志续集校记》。

第六期有清代戴震全部著作,总题《戴东原先生全集》。

《安徽丛书》出版聚合多方人才力量,地域特色鲜明,是一次出版创举。丛书搜集较为完备,书籍品质较高,尽管以程瑶田、凌廷堪和戴震三家最多,但其他也是方家。

第三期重点出版是共计15卷的俞正燮(俞理初)《癸巳类稿》。该版本系俞正燮晚年根据黟县胡氏所藏"求日益斋刻本手自改订者影印"[12],经自订后形成160余篇,《安徽丛书第三期书目提要》中表示"而学者于先生最后改订之书,竟不得读知,遗憾如何"[13]。

此外,安徽丛书编审会还邀请到蔡元培参与俞理初年谱的编撰。《俞理初先生年谱》由王立中编写,蔡元培修订,这一经历蔡元培在《俞理初先生年谱跋》中写道:"余自十余岁时,得读俞先生之《癸巳类稿》及《存稿》,而深好之。历五十年而好之如故,欲为俞先生作年谱,苦无《四养斋诗集》。吾友程君演生为于王君立中处觅得一册,王君且以所藏之俞先生札记一册见借,又贻我以俞先生遗象之印片。程君又为我觅得俞先生及其弟正禧之乡试朱卷,于是参考之材料稍稍具矣,乃写年谱初稿。然尚以为未备,欲再有所辑补,经年未脱稿。王君不及待,乃自为之,数月而成以示余。余以余之初稿对勘之,王君之稿较为详赡。余稿中有若干条可为王君补充者径补之,以致程君,附印于《安徽丛书》三集中俞先生手订本《癸巳类稿》之前。赖王君之精进,成此年谱,何快如之!"[14]

《俞理初先生年谱跋》原题《俞理初先生札记跋》。1934年5月31日,蔡元培在日记中写道:"作《俞理初先生札记跋》,寄王立中。"[15]并且在这篇跋文中,蔡元培还称赞《癸巳类稿》的价值,以及他之"崇拜俞先生有最重要者二点":一是"认识人权","男女皆人也。而我国习惯,寝床、寝地之诗,从夫、从子之礼,男子不禁再娶,而寡妇以再醮为耻,种种不平,从未有出而纠正之者。俞先生从各方面为下公平之判断"。二是"认识时代","人类之推理与想象,无不随时代而进步。后人所认为常识,而古人未之见及者,正复不少。后人以崇拜古人之故,认古人为无所不知,好以新说为古人附会,而古人之言反为之隐晦。俞先生认一时代有一时代之见解与推想,分别观之,有证明天算及声韵者"[16]。

鲁迅只购买了《安徽丛书》第三期"一部二函十八本",没有购全,所谓一部可以确定是《癸巳类稿》15卷及《俞理初先生年谱》一本,但二函不知是何书。《癸巳类稿》是鲁迅重点关注的,首先他自然是通过蟫隐庐书单知道的。从家学渊源来说,鲁迅祖父周福清和父亲周伯宜都阅读过俞正燮编订本,并且他们在家藏本上都写有批注;此外蔡元培参与《俞理初先生年谱》修订以及撰写跋文应该是引发他购置这套丛书的一个因素。

三

鲁迅购买了这套丛书后不久就生病了,病愈后他写成两篇杂文《病后杂谈》和《病后杂谈之余——关于"舒愤懑"》,谈论明朝的剥皮暴行和清朝文字狱暴行，他对两朝酷政的鉴读主要来自野史。

在《病后杂谈之余——关于"舒愤懑"》中，鲁迅写到从《癸巳类稿》中偶然读到有关明永乐帝暴虐的野史材料："我也很想看一看《永乐实录》，但在上海又如何能够；来青阁有残本在寄售，十本，实价却是一百六十元，也决不是我辈书架上的书。又是一个偶然：昨天在《安徽丛书》第三集中看见了清俞正燮（1775—1840）《癸巳类稿》的改定本，那《除乐户丐户籍及女乐考附古事》里，却引有永乐皇帝的上谕，是根据王世贞《弇州史料》中的《南京法司所记》的，虽然不多，又未必是精粹，但也足够'略见一斑'，和献忠流贼的作品相比较了。"[17]

鲁迅在文中摘录的《癸巳类稿》中两道永乐皇帝的"上谕"如下：

> 永乐十一年正月十一日，教坊司于右顺门口奏：齐泰姊及外甥媳妇，又黄子澄妹四个妇人，每一日一夜，二十余条汉子看守着，年少的都有身孕，除生子令做小龟子，又有三岁女子，奏请圣旨。奉钦依：由他。不的到长大便是个淫贱材儿？
>
> 铁铉妻杨氏年三十五，送教坊司；茅大芳妻张氏年五十六，送教坊司。张氏病故，教坊司安政于奉天门奏。奉圣旨：分付上元县抬出门去，着狗吃了！钦此！

所谓"和献忠流贼的作品相比较"，指的是鲁迅认为这些野史材料中"明朝永乐皇帝的凶残，远在张献忠之上"[18]，他表示从中看到了历史的真相："君臣之间的问答，竟是这等口吻，不见旧记，恐怕是万想不到的罢。但其实，这也仅仅是一时的一例。自有历史以来，中国人是一向被同族和异族屠戮，奴隶，敲掠，刑辱，压迫下来的，非人类所能忍受的楚毒，也都身受过，每一考查，真教人觉得不像活在人间。"[19]

鲁迅还摘录了俞正燮在《癸巳类稿》中对这些材料的收录及其评语:"俞正燮看过野史,正是一个因此觉得义愤填膺的人,所以他在记载清朝的解放惰民丐户,罢教坊,停女乐的故事之后,作一结语道——'自三代至明,惟宇文周武帝,唐高祖,后晋高祖,金,元,及明景帝,于法宽假之,而尚存其旧。余皆视为固然。本朝尽去其籍,而天地为之廓清矣。汉儒歌颂朝廷功德,自云"舒愤懑",除乐户之事,诚可云舒愤懑者:故列古语琐事之实,有关因革者如此。'"[20]

但鲁迅不满于俞正燮的评语,"吃惊"于其两个判断:"这一段结语,有两事使我吃惊。第一事,是宽假奴隶的皇帝中,汉人居很少数。但我疑心俞正燮还是考之未详,例如金元,是并非厚待奴隶的,只因那时连中国的蓄奴的主人也成了奴隶,从征服者看来,并无高下,即所谓'一视同仁',于是就好像对于先前的奴隶加以宽假了。第二事,就是这自有历史以来的虐政,竟必待满洲的清才来廓清,使考史的儒生,为之拍案称快,自比于汉儒的'舒愤懑'——就是明末清初的才子们之所谓'不亦快哉!'然而解放乐户却是真的,但又并未'廓清',例如绍兴的惰民,直到民国革命之初,他们还是不与良民通婚,去给大户服役,不过已有报酬,这一点,恐怕是和解放之前大不相同的了。"[21]

鲁迅认为俞正燮是歌颂清朝的,并对其行为予以分析:"但俞正燮的歌颂清朝功德,却不能不说是当然的事。他生于乾隆四十年,到他壮年以至晚年的时候,文字狱的血迹已经消失,满洲人的凶焰已经缓和,愚民政策早已集了大成,剩下的就只有'功德'了。那时的禁书,我想他都未必看见。"[22]

另外,鲁迅还摘录了《容斋随笔》卷三中的《北狄俘虏之苦》驳斥俞正燮,这则材料讲述靖康之后,金国虐待汉人士民,无问贵贱,尽没为奴婢,他认为"据此一条,可见俞正燮入金朝于仁君之列,是不确的了"[23]。以及对俞正燮采用《希董集》中遭永乐帝屠杀的铁铉妻女结局的材料予以辨析,俞正燮引用的材料是"铁公妻女以死殉","铁二子,无女",鲁迅认为这些结局是粉饰的,从中可窥见文人的阴暗心理趣味,即"在受难者家族中,无女不如其有之有趣,自杀又不如其落教坊之有趣"[24]。

鲁迅认为官修古籍充斥流毒,禁书或能通向历史真相,他在《病后杂谈》中讽刺那些拒绝接受残酷真实的人:"真也无怪有些慈悲心肠人不愿意看野史,听故事;有些事情,真也不像人世,要令人毛骨悚然,心里受伤,永不全愈的。残酷的事实尽有,最好莫如不闻,这才可以保全性灵,也是'是以君子远庖厨也'的意思。"[25]

一方面,鲁迅看出俞正燮身上还有"义愤填膺"之气,所以在编《癸巳类稿》时,能够收录诸如讲永乐帝"上谕"的材料。但另一方面,鲁迅对俞正燮及其所编的《癸巳类稿》更多是批判,他不仅指出俞正燮是歌颂清朝的,更从深层揭示其立场动机,即在于俞正燮自己读不到禁书,长期束缚于官修文化中,养成"从血泊里寻出闲适来"的士大夫之气,最终就是"彼此说谎,自欺欺人"[26]。因此,他将俞正燮版的《癸巳类稿》称为"改订本","病后杂谈之余"的副标题里有"舒愤懑",也是借俞正燮话语给予的反讽。

鲁迅因阅读与购买古籍书而与蟫隐庐结缘,从北京到上海,在长达二十年的人生历程中,蟫隐庐成为其日常生活的重要书店空间。他在蟫隐庐时断时续的买书经历,形成了日记书写中的拾古偶记,体现出他对古代一种割舍不断的精神隐线,对其文化性情也有所滋养。鲁迅于 1934 年购读《安徽丛书》第三期中的《癸巳类稿》既是他与蟫隐庐关系的一个例证,更是他以文化辨析态度对待旧学的重要事件。他从野史视角进入对俞正燮《癸巳类稿》的阅读,做出辩证分析,显示出自少年时代养成的游离正史之外的读书兴趣,以及所形成的对士人编书与古籍出版的批判性审视。

注释

[1] 鲁迅:《日记二十三[一九三四年]》,《鲁迅全集》第十六卷,人民文学出版社 2005 年版,第 477 页。

[2] 鲁迅:《日记二十四[一九三五年]》,同上书,第 562 页。

[3] 周子美:《周子美学述》,浙江人民出版社 1999 年版,第 40 页。

[4] 转引自郎菁:《罗振常与蟫隐庐》,《天一阁文丛》2011 年第 1 期。

[5][6]《乙卯日记[一九一五年]》,《鲁迅全集》第十五卷,人民文学出版社 2005 年版,第 184、187 页。

[7]《丁巳日记[一九一七年]》,同上书,第 271 页。

[8] 鲁迅:《日记十七[一九二八年]》,《鲁迅全集》第十六卷,第 69 页。

[9] 鲁迅:《日记二十[一九三一年]》,同上书,第 256 页。

[10] 鲁迅:《日记二十五[一九三六年]》,同上书,第 619 页。

[11] 转引自罗志欢:《中国丛书综录选注》上,齐鲁书社 2017 年版,第 244 页。

[12]《安徽丛书出第三期书》,《浙江图书馆馆刊》1934 年第 5 期。

[13] 编审会:《安徽丛书第三期书目提要》,《学风》1934 年第 9 期。

[14] 蔡元培:《俞理初先生年谱跋》,俞正燮撰,安徽古籍丛书编审委员会编纂:《俞正燮全集》3,黄山书社 2005 年版,第 282 页。

[15] 蔡元培:《蔡元培全集》第十六卷,浙江教育出版社,第 336 页。

[16] 蔡元培:《俞理初先生年谱跋》,俞正燮撰,安徽古籍丛书编审委员会编纂:《俞正燮全集》3,黄山书社 2005 年版,第 282—284 页。

[17] 鲁迅:《且介亭杂文·病后杂谈之余——关于"舒愤懑"》,《鲁迅全集》第六卷,人民文学出版社 2005 年版,第 186 页。

[18] 鲁迅:《且介亭杂文·病后杂谈之余——关于"舒愤懑"》,同上书,第 185 页。

[19] 鲁迅:《且介亭杂文·病后杂谈之余——关于"舒愤懑"》,同上书,第 186—187 页。

[20][21] 鲁迅:《且介亭杂文·病后杂谈之余——关于"舒愤懑"》,同上书,第 187 页。

[22] 鲁迅:《且介亭杂文·病后杂谈之余——关于"舒愤懑"》,同上书,第188页。

[23] 鲁迅:《且介亭杂文·病后杂谈之余——关于"舒愤懑"》,同上书,第189页。

[24] 鲁迅:《且介亭杂文·病后杂谈之余——关于"舒愤懑"》,同上书,第197页。

[25] 鲁迅:《且介亭杂文·病后杂谈》,同上书,第172页。

[26] 鲁迅:《且介亭杂文·病后杂谈》,同上书,第175页。

"东方的美"
——鲁迅与中国现代书籍装帧

夏晓静　北京鲁迅博物馆（北京新文化运动纪念馆）

2024年初,王家卫执导的电视剧《繁花》一度包揽微博好几个热搜,它的宣传海报及片头字体更是被人们热议。据说"繁花"两字的灵感来自20世纪30年代鲁迅编辑设计的现代文学月刊《萌芽月刊》封面上的"萌芽月刊"四字。鲁迅设计的封面快要百年了,却依然不过时,走向了电影,通过影视的形式立体化,可见经典的魅力。

《萌芽月刊》,鲁迅等编辑,1930年1月1日创刊上海,光华书局发行。同年3月2日中国左翼作家联盟成立后,成为左联机关刊物。刊物主要发表那些介绍马克思文艺理论和苏联、欧美各国的新兴文学作品,出版至第1卷第5期。鲁迅收藏全套刊物,他还收藏有中文书籍1200余种。现在这些出版物,都完好地保存在北京鲁迅博物馆。笔者认为,鲁迅收藏了中国第一代现代书籍"封面"。

一、拓荒者

中国传统线装书籍,封面大都用深色的纸或织物,把书名制成签条,粘贴在封面的左侧,用丝线明订,有的用绢包角。这种模式一直沿用下来,很少有变化。到了晚清,随着西方学术思潮的引进、启蒙运动的展开、印刷技术的革新,新的书籍装帧开始出现。鲁迅是这门艺术的开拓者，他的拓荒工作早在日本留学时就开始了。

1907年，鲁迅在东京为自己筹办的杂志《新生》设计了封面，使用元素选取了英国画家乔治·弗雷德里克·瓦兹（George Frederic Watts，1817—1904）的油画《希望》。瓦兹是20世纪初日本美术界热追的艺术家，通过这幅画可以看到日本当时的艺术风潮、审美追求以及对鲁迅的影响。1909年，鲁迅和周作人合译的《域外小说集》在日本出版。书样、封面、版式均为鲁迅亲手设计。封面颜色为青灰色，选取了希腊艺术图案，还请陈师曾用中国书法中的篆书题写"域外小说集"五个字，整个作品既典雅又古朴，中西方设计元素巧妙地结合在一起。可以说日本翻译出版的欧美书籍和绘画作品，为鲁迅了解世界书籍装帧艺术打开了一扇窗户。

1923年8月，鲁迅的第一本小说，中国新文学的奠基石《呐喊》由北京大学第一院新潮社出版。《呐喊》出版后，销路很好，不断再版，是鲁迅单本作品集中版本最多的一种。1926年5月，北京北新书局发行第四版。这版的封面设计全部由鲁迅亲自完成，将铅字印刷改为隶书和美术字结合的字体，它可以说是从传统装帧形式走向现代装帧艺术的一个尝试。色调采用绍兴旧时民间建筑物上使用过的绛红色，书名将中国线装书常用的题签形式转换为横长方形的黑色方块。"呐喊"两字嵌在大小方块中，层层递叠，由字体里的小方块扩展到黑色的大方块，从视觉上有一种冲击力，透视美学，将形式和内容融为了一体，让人感觉到在封建势力重重强压下，一种终将爆发的大声呐喊。这幅作品将民族风格和现实主义有机地结合在一起，有很高的艺术价值，在中国书籍装帧设计史上具有划时代意义。鲁迅对书籍的设计，不仅仅停留在封面，对纸张、排版、印刷、装订等方面也极其严格，从他写给友人的书信里、遗存下的校样稿上就能领略到他的美学思想和设计理念,他是一个全方位的将内容和形式完美结合的书籍装帧家。

用创作的画装饰封面,或者说由设计封面到创作封面,是从鲁迅开始的,由鲁迅和陶元庆共同完成。鲁迅藏有五四以来中国首批书籍封面设计手稿和样稿,如陶元庆设计的《乌合丛书》《彷徨》《故乡》、司徒乔设计的《飘渺的梦》和孙福熙设计的《山野掇拾》等,这些作品也可以说是在鲁迅的指导下完成的。1925年11月8日,鲁迅写给许钦文的信中提到了"《乌合丛书》封面",并让他请陶元庆指出写字的位置。陶元庆是和鲁迅极为密切的最为著名的封面设计家。鲁迅的大部分著作封面是由陶元庆设计的,如《朝花夕拾》《彷徨》《唐宋传奇集》《坟》《苦闷的象征》等。

1927年秋,陶元庆、钱君匋到景云里看望鲁迅。话题自然离不开封面设计,鲁迅把他自己收集的汉唐画像石拓本拿出来与他们一起边看边讨论。鲁迅认为文学书刊封面的装帧一定要有"民族底色彩""东方的美"[1],特别是可以把我国古代的青铜器和汉画像纹饰运用到设计当中去。后来陶元庆为鲁迅设计的《工人绥惠略夫》和《朝花夕拾》等封面、钱君匋设计的《东方杂志》封面,都受到铜器和石刻纹样的启发,很有民族气派,新颖而独特。鲁迅为爱罗先珂小说《桃色的云》的封面设计使用了汉画像中的云气纹,为高长虹小说《心的探险》封面设计时,使用了六朝墓门画像、碑拓中的字体元素。鲁迅是提倡书籍装帧要具民族风格的践行者。

鲁迅在提倡书籍装帧要具有民族风格的同时,还主张拿来主义。他收录有中外版画原拓作品3500余幅,其中外国版画1670幅。作者涉及德国、美国、英国、法国、苏联、日本等十几个国家的近300位版画家。有些版画作品,或作插图,或用在封面上。他还从德文书上影描各种图案30种。[2]对于喜欢艺术的青年人,他更是格外关爱,把精美昂贵的《凯绥·珂勒惠支版画选集》《士敏土之图》《世界标记图案大系》等优秀作品送给当时极想买但又无力购买这些书的钱君匋。鲁迅说:"没有拿来的,人不能自成为新人,没有拿来的,文艺不能自成为新文艺"[3]钱君匋没有辜负鲁迅的希望,成为著名的艺术大师,特别是在书籍装帧上成就斐然。

鲁迅一生中亲自设计、参与设计的书刊封面、扉页、插图等有70种左右。他不但注重书籍的封面设计,而且对书的整体设计都非常讲究的。他说:"我于书的形式上有一种偏见,就是在书的开头和每个题目前后,总喜欢留些空白",如果排版太挤了,"且觉得仿佛人生已没有'余裕','不留余地'了"[4]书籍装帧、插图等应从属于书的内容,与内容融为一个统一体。

像鲁迅这样集作家、书籍装帧设计家于一身的文学家,无论是在过去,还是现在都属凤毛麟角。钱君匋就是在鲁迅的指导下,在自己几十年的创作实践中,摸索出了一条中国现代书籍装帧的道路:"书面设计是书籍的外观,不是整个书籍装帧。我们应该提倡全面的书籍装帧。书面固然要搞,而版式、目次、扉页、衬页、封底等都应同样重视,在设计时应该全面顾及,不要仅满足于搞好书面设计。"[5]正如德国著名的书籍艺术家、教育家阿·卡位尔所说:"书籍各部分应有统一的美学构思。"[6]鲁迅现代书籍装帧的指导思想,至今仍具有现实意义。

二、大红袍

提起陶元庆,人们自然会想到他创作的"大红袍"。从《鲁迅全集检索系统》中可以检索到元庆(璇卿)的记载有130次,内容大多是关于作画和封面设计。"大红袍"最早一次出现在1925年9月30日写给许钦文的信中"《大红袍》及《苦闷的象征》封面亦可多印一千张,以备后日汇订之用"。[7]1926年4月,许钦文短篇小说集《故乡》收录鲁迅编的"乌合丛书",在鲁迅的建议下,使用的就是陶元庆设计的"大红袍"。涉及有关现代书籍装帧的书籍和文章,无不提到它,这一封面画已经成为中国书籍装帧史上的经典之作。

陶元庆(1893—1929),字璇卿,浙江绍兴陶堰镇人,美术家、装帧艺术家。他一生究竟创作了多少作品已无人知晓。身后作品,据许钦文于1929年8月10日写的"整理陶元庆氏遗作告一段落以后"[8]一文得知:"正式作品三十六幅,参考品五十三幅。计自然画三十八幅,书法三十六,国画八幅,未成品七幅。"[9]陶元庆去世后,它们被保存在杭州元庆纪念堂,也即许钦文的住处。1937年全面抗日战争爆发,这些作品和中国人民一样,遭遇不幸,全部被洗劫一空,"大红袍"也未能幸免于难。陶元庆创作的这幅作品有着一段非常有趣的故事,许钦文在《鲁迅与陶元庆》一文中有生动的描述。一天晚上,许钦文和陶元庆到北京天桥去看戏,"演的是古装戏,剧中人多半穿着单色的青衣、绿衫或者大红袍。看完戏已是半夜,元庆躺在床上,一夜没有睡熟,摇动着两脚咿咿唔唔地吟诗"。许钦文知道他来了灵感,并为之构思,不敢去打扰他。第二天一早,陶元庆"起身就作画,没有盥洗,也没有吃点心。直到傍晚,《大红袍》就画好了"。[10]他又把这件作品装入画框,并双手捧着画框"侧着脸,这样看,那样看,擎远点看,逼近点看,也倒竖着看"[11]。自己满意后,他又拿给许钦文征求意见,许钦文看后,惊喜地称赞道:"很好!"陶元庆听后,更是高兴不已。之后,许钦文在和鲁迅的一次闲聊中把陶元庆创作《大红袍》的经历和过程讲给了鲁迅,鲁迅听后,非常感动。并说:"这样一气呵成,好像是偶然的,其实早就累积了素材,甚至已经有了初步的腹稿;那天晚上的看戏,只是最后的促成。写文章总要多看看,不看到一点就写,才能写得深刻,生动;绘画也要这样,有功夫的艺术家大概都是这样的。"[12]

1925年3月19日,陶元庆的绘画展在北京西四帝王庙中华教育改进社举办,共展出水彩、油画等作品23幅,这一展览的成功举办,得到了鲁迅的鼎力帮助。就在19日这一天,鲁迅曾先后两次亲临展览会观看,每次都在《大红袍》和《农女》前长久伫立。不久，鲁迅就嘱许钦文："璇卿的那幅《大红袍》，我已亲眼看见过了，有力量；对照强烈，仍然调和，鲜明。握剑的姿态很醒目！""璇卿这幅难得的画，应该好好地保存。钦文，我打算把你写的小说结集起来，编成一本书，定名《故乡》，就把《大红袍》用作《故乡》的封面，这样，也就把《大红袍》做成印刷品，保存起来了。""而且要赶快做！"[13]鲁迅说的"印刷品"完好地保存了下来，共 4 张，收藏在北京鲁迅博物馆。其中一张是为《故乡》印制的，上面有封面和书脊。高 27.5 厘米，宽 19.5 厘米；另外三张，画名在画的左下方，右下方是画家的名字。高 13.5 厘米，宽 19.5 厘米。因了鲁迅，这幅书籍装帧史上的经典之作《大红袍》才能流传至今。

鲁迅还曾写信给陶元庆，告诉他："有一个德国人，叫 Ecke，是研究美学的，一个学生给他看《故乡》和《彷徨》的封面，他说好的。《故乡》是剑的地方很好。《彷徨》只是椅背和坐上的图线，和全部的直线有些不调和。太阳画得极好。"[14]陶元庆创作这幅画的素材据他自己说是"那半仰着脸的姿态，当初得自绍兴戏的《女吊》。那本是个'恐怖美'的表现，去其病态因素，基本上保持原有的神情：悲苦、愤怒、坚强。蓝衫、红袍和高底靴是古装戏中常见的。握剑的姿势采自京戏的武生，加以变化，统一表现就是了"。[15]陶元庆创作的《彷徨》封面画原稿和鲁迅致陶元庆信（1926 年 8 月 10 日）中提到这个封面的书信，现都完好地保存在北京鲁迅博物馆，极其珍贵。

陶元庆和许钦文是一对非常要好的朋友，他们既是同学又是同事，还在一个寝室中生活学习过。1924 年，许钦文把陶元庆介绍给了鲁迅，从此，陶元庆和鲁迅开始了长达五年的合作。我国印制新文艺书籍，以图案作封面，是由陶元庆为鲁迅译的《苦闷的象征》封面设计开始的。这以后还为鲁迅的《出了象牙之塔》《彷徨》《坟》《朝花夕拾》《唐宋传奇集》等译著和著作设计了封面，同时还给许钦文的小说集《赵先生的烦恼》《毛线袜及其他》《回家》

《鼻涕阿二》《仿佛如此》《若有其事》《胡蝶》《幻想的残象》《一坛酒》,李霁野翻译的《往星中》《黑假面人》,董秋芳翻译的俄国小说《争自由的波浪》等书作封面画。这些书鲁迅都很好地珍藏着。鲁迅和陶元庆成为了设计中国书籍封面画的拓荒者。鲁迅曾在《当陶元庆君的绘画展览时我所要说的几句话》中称赞陶元庆:"他以新的形,尤其是新的色来写出他自己的世界,而其中仍有中国向来的魂灵——要字面免得流于玄虚,则就是:民族性。"[16] 陶元庆做到了。

1927年12月,陶元庆的绘画在上海江湾立达学园美术馆再次展出,鲁迅又前往观看,并为《立达学园美术院西画系第二届绘画展览会——陶元庆的出品》写序"当陶元庆君的绘画展览时我所要说的几句话"[17],这本小册子共收录陶元庆的八幅画,其中就有《大红袍》。和这本书一起出版的还有以陶元庆的画为内容的八张美术明信片,它们是大红袍、一瞥落红、车窗外、烧剩的应天塔、墓地、新妇。1928年5月7日、6月1日,陶元庆亲自上门把书和美术明信片赠与鲁迅。一年后,陶元庆因患伤寒病逝于杭州,年仅36岁。鲁迅闻其噩耗痛惜不已,他非常想把陶元庆的画拿到国外印刷出版,但终未能实现,为了寄托哀思纪念这位封面设计家,鲁迅捐款300元,托许钦文在西湖畔购地三分,为陶元庆筑坟园——元庆园墓。在西湖边上给他留了个纪念品。

1930年11月19日,鲁迅在给崔真吾的信中写道:"能教图案画的,中国现在恐怕没有一个,自陶元庆死后,杭州美术学院就只好请日本人了。"[18] 1931年8月14日的深夜,鲁迅重又把陶元庆的书和美术明信片拿出来欣赏,并在其中的一册书和一套明信片的封套上分别写下了对死者的思念之情,书中扉页上写道"此璇卿当时手订见赠之本也。倏忽已逾三载,而作者亦久已永眠于湖滨。草露易晞,留此为念。乌呼!一九三一年八月十四夜,鲁迅记于上海"。[19]《立达学园美术院西画系第二届绘画展览会——陶元庆的出品》于 1928 年由上海北新书局影印出版。该书是陶元庆在上海立达学园美术院西画系画展上的作品选集,共收录《大红袍》《一瞥》《落红》《车窗外》《卖氢气球者》《静物》《女神》《新妇》八幅画。书中刊载有四篇序,即鲁迅的《当陶元庆的绘画展览时我所要说的几句话》、丰子恺的《我对于陶元庆的绘画的感想》、钱君匋的《陶元庆的绘画》、荷郎的《看了立达新华及刘海粟个人展览会后》,鲁迅在明信片《元庆的画》的封套上写道"此璇卿在日手自选定见赠者,一九三一年八月十四夜,极候见之因内于册,迅记"。[20]北京鲁迅博物馆还收藏有鲁迅生前保存的于 1929 年 10 月 12 日印制的《陶元庆氏遗作展览目录》,一件中国书籍装帧史上的经典之作就这样以封面和明信片的形式流传了下来。

结　语

书籍装帧是鲁迅美学思想的又一体现。他早期写的《儗播布美术意见书》,翻译的《近代美术史潮论》,倡导新兴版画运动,这些在他日后的封面设计上都得到了呈现。文字是书籍的主要载体。鲁迅一生创作、翻译了大约 700 万文字,留下了内容丰富的手稿,同时又把不同的文字形式运用到艺术设计中。鲁迅第一本杂文集《热风》封面就是他自己设计的,单色封面上,留下用行书竖着题写的书名作者的红色字体。极简的封面和书内 1918 年至 1924 年创作的 41 篇杂文形成强烈的对比。封面让人安静下来,伴着翻页的声音,一篇一篇读下去。随后的杂文集《华盖集》和《华盖集续编》又加入了中国传统的印章元素。《而已集》的封面设计更是将美学运用到极致。现存许广平手摹鲁迅生前设计绘制的书名有"萌芽月刊""奔流""野草""引玉集""小彼得""华盖集"等 30 种,共四页。字体的元素丰富多彩,有篆书、隶书、碑体字、手写体,还有双钩。21 世纪是读图时代,文字元素对于书籍装帧,乃至于影视、文创等领域,依然有着它无穷的魅力。

注释

[1] 《书信·271206 致李小峰》,《鲁迅全集》十二卷,人民文学出版社 2005 年版,第 93 页。《书信·350104 致李桦》,《鲁迅全集》十三卷,第 327 页。

[2] 手摹图案原稿:北京鲁迅博物馆收藏。

[3] 鲁迅:《且介亭杂文·拿来主义》《鲁迅全集》第六卷,第 41 页。

[4] 鲁迅:《华盖集·忽然想到》,《鲁迅全集》第三卷,第 15 页。

[5][6] 夏晓静:《现代书籍装帧的拓荒者》,《中国文物报》1999 年 3 月 28 日。

[7] 鲁迅:《书信·250930 致许钦文》,《鲁迅全集》第十一卷,第 516 页。

[8][9] 夏晓静:《鲁迅与陶元庆创作的〈大红袍〉》,《中国文物报》2008 年 1 月 16 日。

[10][11][12][15] 许钦文:《鲁迅和陶元庆》,鲁迅博物馆选编:《鲁迅回忆录》专著下册,北京出版社 1999 年版,第 1292 页。

[13] 同上书,第 1293 页。

[14] 鲁迅:《书信·261122 致陶元庆》,《鲁迅全集》第十一卷,第 628 页。

[16][17] 鲁迅:《而已集·当陶元庆君的绘画展览时》,《鲁迅全集》第三卷,第 573 页。

[18] 鲁迅:《书信·301119 致崔真吾》,《鲁迅全集》第十二卷,第 247 页。

[19] 鲁迅:《集外集拾遗补编·题〈陶元庆的出品〉》,《鲁迅全集》第八卷,第 349 页。

[20] 明信片《元庆的画》,北京鲁迅博物馆收藏。

王志之和鲁迅之间的交往

甘文慧　董卉川　青岛大学国际教育学院

川籍学人王志之[1]是中国现代文学史上的被遮蔽者,他的文学创作涉及多种体裁,以小说见长,但学界对他的文学创作,尤其是现代小说的撰写,罕有关注和研究。王志之曾与鲁迅有过密切的交往,在北平曾同鲁迅会面,与鲁迅有过诸多的通信往来,学界同样罕见对鲁迅和王志之交往历史的梳理和阐释。[2]在鲁迅的支持下,王志之还曾参与创办过诸多的文学刊物。他对鲁迅推崇备至,视鲁迅为自己的文学导师、人生导师、精神导师。在鲁迅去世后,王志之旋即写下悼念文章,之后又出版了《鲁迅印想记》以表思念。王志之和鲁迅之间的交往大致可以分为三个时间段——鲁迅赴北平时、鲁迅回上海后、鲁迅去世后。

一、相识——王志之与鲁迅在北平的会面

青年时期的王志之为了反对父母包办的封建婚姻,1926年从四川逃婚,考入北平政法大学预科,同年冬南下参加北伐战争。后又参加南昌起义,随军南下,在广东被俘,囚于汕头集中营,后侥幸逃离。之后,他先去武汉,又于1928年重回北平,考入北师大国文系,半工半读。正是这次再赴北平的人生抉择,揭开了王志之与鲁迅交往的人生序幕。

1932年冬,因母亲身体抱恙,鲁迅便由上海到北平探望。1932

年11月9日晚间,周建人给鲁迅送来北平发来母亲病重的电报,"夜三弟来,交北平来电,云母病速归"[3]。接到母亲病重的电报后,鲁迅在10日前往中国旅行社购票,11日独自登车,13日下午抵达北平。回家后,"母亲已稍愈"[4]。母亲的病稍愈后,鲁迅的心情应该是愉快和轻松的,因此,接连与台静农等友人会面,并先后在北大、辅仁大学、女子文理学院、中国大学等多所高校讲演,其中便有北师大。而邀请鲁迅赴北师大讲演的正是在此求学的王志之。王志之听闻鲁迅来到北平探望生病的母亲的消息后,便和好友决定去拜访鲁迅,并邀请鲁迅来校演讲。此时的王志之实则与鲁迅并不相识,仅凭一腔敬仰和热血之情,以暗中摸索的方式,挨家挨户打听,终于寻得鲁迅母亲在北平的住所,得以与自己"惟一的文学导师"[5]鲁迅会面。"晚师范大学代表三人来邀讲演,约以星期日",[6]鲁迅日记中所记"三人",正是王志之和张松如、谷万川。

会面的气氛愉悦而又热烈。王志之将自己的戏剧集《革命的前夜》[7]赠与鲁迅,并告诉鲁迅,北平的左联对此剧集进行了过火的批判,王志之对此气愤不已,鲁迅则给出了自己的看法和安慰,"动辄就显出一副凶恶的面孔,那是没有好处的;有些人,虽是不免有些错误,只要有好的倾向,我们就应该善意地批评,加强领导,最坏的是动辄打击"。[8]王志之又向鲁迅询问:"周先生这几年怎么不写小说了。"[9]鲁迅给出的回答是:"理由很简单:写不出来了……因为旧有的是过去了,新的又抓不着。"[10]接着,王志之和鲁迅又谈起了创办文艺刊物的问题,并提出了自己的见解,"最好是办一种能够公开发行的东西,思想方面不必太单纯,只要不是澈底的反动我们都容纳,我们要把技巧这一条件放在第一位。但,以过去的情形看来,差不多只要能公开发行的刊物,都有被'严厉的打击'的可能,于是那些真正'正确'的、'前进'的东西就难与一般读者见面了"。[11]鲁迅对王志之办刊的观点十分赞同,并相约再定一个时间详谈。鲁迅同王志之三人还谈到了"第三种人"以及文学史等问题。最后,王志之三人正式向鲁迅发出讲演的邀请,鲁迅欣然应允。

1932 年 11 月 27 日,王志之和同学叫了汽车去鲁迅母亲的宅邸接鲁迅来到北师大演讲,"午后往师范大学讲演"。[12]鲁迅本来在会面时已经告知王志之不要在学校发通告,而王志之在会面的当天晚上就"违背"了鲁迅的意愿:"我们决定了违反了老头子的意思,当天晚上把通告贴出去。"[13]因此,当鲁迅来到北师大后,瞬间被激动、兴奋的学子们包围,气氛极其热烈,"老头子满腔的热情已经同这一批疯狂的群众融成一片了"。[14]鲁迅在北师大演讲的题目是《再论"第三种人"》——这是在会面时,便拟定好的,"就讲第三种人的问题"。[15]鲁迅这次在北师大的讲座,最初还受到他曾经的友人钱玄同的阻拦,此时的钱玄同是北师大国文系系主任。王志之听闻鲁迅到北平的消息后,最先去找钱玄同询问鲁迅母亲的住址,被钱玄同以冷酷愤怒之态回绝:"我不知道!我不认识有一个什么姓鲁的。"[16]钱玄同还扬言:"要是鲁迅到师大来讲演,我这个主任就不再当了。"[17]最终,鲁迅的讲演顺利结束,王志之和同学又将鲁迅送回其母住处。

王志之与鲁迅在其母亲家中的会面及组织鲁迅在北师大的讲演,成为了他与鲁迅交往的契机与开端。11 月 28 日,鲁迅登上了南去的列车,11 月 30 日傍晚抵达上海,返沪不久后,便开始了与王志之的信件往来。除了鲁迅本就对青年学人的支持提携外,也蕴含着鲁迅对王志之文学见解、文学思想和文学创作的欣赏及肯定。

二、相知——王志之与鲁迅的意气相投

1932 年 12 月 20 日,鲁迅收到了王志之的来信。这封信是两

人通信和正式交往的肇始。此信是王志之于 14 日发出的:"下午得王志之信,十四日发。"[18]王志之在信中告知鲁迅,同学和友人们想要为其此次的北平之行出版纪念册,还有台静农被警察抓捕一事。[19]鲁迅在 21 日的回信中对于纪念册一事不太在意,反而十分关切好友台静农被捕一事:"静农事殊出意外,不知何故?其妇孺今在何处?倘有所知,希示知。"[20]

　　王志之、谷万川、潘训、陆万美等人主办的,由西北书店发行的刊物《文学杂志》筹备就绪后,王志之便写信向鲁迅邀稿,因催得太急,鲁迅的《上海通讯》因无暇写出,便于 1933 年 1 月 9 日给王志之回信,并附上一篇《听说梦》,"寄王志之信并稿"。[21]鲁迅直言此作并不是专为《文学杂志》所作:"去年十二月廿七日信早到,今寄上文稿一篇,并不是为《文学杂志》而作的,系从别处收回,移用。"[22]鲁迅还在信中鼓励王志之多以北平的学人为征稿对象,"我希望在平的刊物,应以在平的作者为骨干,这才能够发展而且有特色,门类不完全一点倒不要紧。如果要等候别处的投稿,那就容易耽误出版"。[23]《听说梦》在《文学杂志》第一期刊发,后收录《南腔北调集》。王志之还曾在信中烦请鲁迅向冰心约稿,鲁迅则在回信中婉拒了此请求:"冰莹女士近来似乎不但作风不好而已,她与左联亦早无关系,所以我不能代为催促。"[24]

　　由于华北地区的抗日局势日益紧张,西北书店的老板便打算搬迁到洛阳,《文学杂志》第一期虽已编好,却无奈推迟刊发,第二期更是前途未卜。王志之写信向鲁迅诉苦,鲁迅即回信安慰并鼓励王志之:"北平现人心一时恐亦未必静,则待书店热心时再出,似亦无妨。"[25]在信中,鲁迅再次提及王志之向冰心邀稿一事:"谢小姐和我们久不相往来,雪声兄想已知之,而尚托其转信,何也。"[26]可见鲁迅虽与冰心已无交集,但为了帮助王志之,仍旧托友人代为转信。王志之曾在信中向鲁迅索要张天翼的小传,并让鲁迅选择张天翼的一篇小说在《文学杂志》上一并刊发,鲁迅便将

"张天翼自传"随信寄出,"午后寄王志之信并张天翼自传",[27]并为王志之挑选了张天翼的短篇小说《面包线》:"前函要张天翼君作小传并自选一篇小说,顷已得来信,所选为《面包线》,小传亦寄来。"[28]1933 年 4 月 15 日,《文学杂志》第一期得以出版,甫一问世,王志之便将刊物寄给鲁迅,4 月 28 日,鲁迅"午后得王志之、谷万川信,并《文学杂志》二本"[29]。5 月 3 日,鲁迅以周乔峰(周建人)之名给王志之去信,并为《文学杂志》捐款 20 元,"家兄嘱代汇洋贰拾元"。[30]

在《文学杂志》第一期顺利出刊后,王志之随即开始和同人们筹备刊物第二期的发行,自然第一时间向鲁迅请教并约稿,鲁迅在 5 月 10 日收到王志之的来信,当晚即回复:"得志之信,即复。"[31]在回信中,鲁迅答应为第二期提供文章,并展望了刊物的发展,"第二期既非我写些东西不可,日内当寄上一点……第一期诚然有些'太板',但加入的人们一多,就会活泼的"。[32]同时,鲁迅再次显现出对好友台静农的关心和忧虑:"静农久无信来,寄了书去,也无回信,殊不知其消极的原因,但恐怕还是为去年的事罢……过一些时,他会恢复的。"[33]1933 年 6 月 27 日,鲁迅"寄王志之信并《两地书》一本"[34],在信中,鲁迅同王志之详谈了自己对文坛世相的看法,并提及了王志之的文集《落花集》[35],"《落花集》出版,是托朋友间接交去的,因为我和这书店不熟,所以出版日期,也无从问起。序文我想我还是不做好,这里的叭儿狗没有眼睛,不管内容,只要看见我的名字就狂叫一通,做了怕反于本书有损。"[36]7 月 5 日、8 月 1 日,10 月 18 日、12 月 27 日,王志之均曾寄信给鲁迅,鲁迅在收到 27 日的来信后,28 日旋即回复,再次提及《落花集》的出版问题:"《落花集》在现代搁置多日,又被送还,据云因曾出版,所以店主反对,争之甚力,而终无效云云,现仍在我处,暂时无法想",[37]以及其他文学问题。

1934 年之后,王志之同鲁迅之间的信件交往除了谈论文学问题外,便是"写些信发些牢骚。从那时起,接到他的信就常常提到了病"[38],涉及一些个人琐事,由此印证了二人的关系变得更为亲密。如在1934年5月11日的信件中,鲁迅就提及"我总常常患病……医生言须卫生,故不大出外,总是躺着的时候多。倘能转地疗养,是很好的,然而又办不到,真是无法也"[39]。如在1934年5月24日的信件中,鲁迅再次提及"卫生""疗养"等问题:"上海的空气真坏,不宜于卫生,但此外也无可住之处,山巅海滨,是极好的,而非富翁无力住,所以虽然要缩短寿命,也还只得在这里混一下了。"[40]如在1934年6月24日的信件中,鲁迅曾跟王志之抱怨过杂事缠身:"一者,通信之事已多,每天总须费去若干时间;二者,也时有须做短评之处,而立言甚难,所以做起来颇慢,也很不自在,不再如先前之能一挥而就了。"[41]如在1934年9月4日的信件中,鲁迅提及了自己的病情:"我一切如前,但因小病,正在医治,再有十来天,大约可以全愈,回到家里去了。"[42]如在1934年12月23日的信件中,鲁迅向王志之抱怨发信之事:"因为发信多,所以也因此时时弄出麻烦,这几天,因一个有着我的信的人惹了事,我又多天只好坐在家里了。"[43]又如在1934年12月28日的信件中,鲁迅向王志之抱怨上海书店的情形:"他们都有壁垒,开明苛酷,我一向不与往来,北新则一榻胡涂……我夹在中间,真是吃苦不少。"[44]若不是意气相投的友人,上述种种私事、密话断不会在信中提及。

1935年1月18日,鲁迅去信给王志之,信中说"《准风月谈》日内即寄上"[45],1935年9月19日,鲁迅在给王志之的信件中写到王志之在内山书店寄售的小说共卖出36本,并再次提及自己"体弱多病"[46],想尽早休息,却又身不由己。王志之除收到鲁迅寄给他的这最后一封信外,还收到了内山书店寄来的自己的书款和鲁迅的《准风月谈》。王志之和鲁迅在1933年至1934年有着密切、频繁的通信往来。本文通过回溯王志之和鲁迅之间的书信往来,既能够证明《文学杂志》的刊发"完全是鲁迅大力倡导和支持的结果……鲁迅深谋远虑,从一开始就为《文学杂志》规定了正确的编辑方针",[47]又证明了鲁迅对以王志之为代表的青年人的无私关怀和提携,更显现出二人之间的投契相和。

三、相离——鲁迅去世后王志之的思悼

王志之曾两次去上海探望鲁迅,可命运弄人,因缘际会导致未尝得见。王志之再次得到鲁迅的消息竟是在报纸上看到自己精神导师逝世的报道,有着"古怪的性格……最讨厌哭泣"[48]的王志之,在鲁迅去世后"忍不住流泪了"[49]。足见王志之的肝肠寸断。他不但为自己失去了一位导师、一位挚友而悲伤,更为国人而悲叹:"鲁迅先生的死……是整个的近代中国文学运动最大的不可挽救的损失。"[50]

而在鲁迅去世后,王志之于1936年11月在上海金汤书店出版了回忆录《鲁迅印想记》,以《我的想法》《片段的回忆》《鲁迅在北平》《群众包围中的鲁迅》《卷土重去了》等文章追忆自己与鲁迅交往的点滴,评价鲁迅的历史地位,表达对鲁迅的思念之情,向世人展现了一个"伟大"的鲁迅、一个"平凡"的鲁迅,由此悼念"这位中国最伟大的惟一的文学之父"[51]。而在《鲁迅印想记》的附录中,王志之还收录了自己在1934年5月25日、6月24日于《天津庸报》发表的两篇文章《刷浆糊和拍马屁》《幽默年大事记》。两篇文章从题目到行文,再到风格上来看,均带有明显的"鲁迅特质"和"鲁迅技艺",以看似油滑的姿态,"仍不免时有油滑之处",[52]以反讽的艺术技巧,"鲁迅的文学创作……善于采用反讽技法",[53]对文坛世相进行批判暴露。王志之收录这两篇文章的用意明显,是在向自己的文学导师鲁迅致敬,也向世人表明,自己是鲁迅文学创作的承继者。

同时,值得注意的是,王志之在鲁迅去世后的1936年至1937

年,还曾给许广平写过三封信。1936年10月25日,在鲁迅逝世的第六日,王志之就怀着悲痛的心,洋洋洒洒地给许广平写下一封布满苦痛之情的长信,表达对鲁迅的无限哀思和对许广平独自战斗的敬佩与鼓励,"豫才先生的死,我应该用什么言辞来表示我的哀悼呢!这样大的遗憾,将同他给文化界遗留的劳绩一样永远不会消灭的……假如你看过那封信,你当想得到我得到他的噩耗是如何的震动啊……我不愿在这儿用自己的感情来加重你的悲伤,只希望你认清他的死的根本原因(你一定是了解的),继续他的努力,更加'赶快做',来补偿我们的损失……我不能到上海来看他的遗容,只能够对着报上登出来的像片和他那些信流泪"。[54] 在信中,王志之提及要为鲁迅撰写一本回忆录:"我现在要为他写一本回忆录吐出我不能抑止的悲愤。我这儿有他给我的许多可宝贵的信,有在四年前他在北平时我们想出纪念册而又未果许多材料。假如可能,还希望你能供给我一些。"[55] 王志之所说的"回忆录"便是《鲁迅印想记》。《鲁迅印想记》从构思到出版堪称疾如雷电,也从侧面反映了王志之对鲁迅的怀念和敬仰。

王志之曾拜托鲁迅将自己的小说在内山书店寄售,从王志之给许广平的信中可以得知这本小说便是《风平浪静》[56]。他将《风平浪静》售卖后的款子作为敬礼赠与了许广平:"我只有从前托他在内山书店代卖的小说——《风平浪静》——剩下十几本收回的书款作为我的敬礼的一丝表示吧!我相信他绝不会拒绝我的诚意。"[57]《风平浪静》在《鲁迅、许广平所藏书信选》中被注释为一部"揭露反动当局压迫学生的罪行"的长篇小说,实则亦是一部以反讽建构文本、揶揄揭露教育界世相的讽刺力作。从这部作品中同样可以看到王志之对鲁迅文风和技艺的借鉴与模仿。1937年2月5日,王志之再次写信给许广平,在信中他提及:"遗札随缄寄奉,乞查收。"[58] 在1937年11月2日的信件中,王志之得知鲁迅先生寄给他的信件以及自己的旧作依旧被许广平保存完好,十分激动,迫切希望能够再见鲁迅先生的遗迹:"鲁迅先生寄我的信,还保存在上海,使我非常庆幸。还说我的旧作也有在尊处,使我很为感激。"[59]由此可见,王志之对鲁迅先生遗迹的保存传世,也贡献了自己的一份力量。

对于王志之来说,鲁迅是其精神的源泉。终其一生,王志之对于鲁迅都保持着敬仰与追慕,并将鲁迅的精神化作写作的动力,不管是在反抗绝望的精神、现实主义创作方法、艺术表现等方面,都延传了鲁迅的精神血脉。

四、结　　语

王志之一生始终视鲁迅为自己的人生挚友和精神导师。回溯王志之和鲁迅之间的交往,是新历史主义历史观的题中之义,不仅能够让一个被文学史遮蔽和大众陌生的作家以及他的文学创作重回学界和大众的视野,亦能够重新界定王志之文学创作的审美价值与历史价值,更能够引起学界对王志之和鲁迅往来信件以及其他佚文再搜寻的重视,从而回到历史的现场,为鲁迅研究、为中国现代文学史的研究做出有益的补充。

注释

[1] 王志之(1905—1990),四川眉山人。笔名有含沙、寒沙、楚囚等。

[2] 以往对王志之和鲁迅交往的研究主要在论及二人的通信时有所提及,如王自立、陈子善在《破与立》1979 年第 4 期发表的《鲁迅和〈文学杂志〉——从鲁迅致王志之的一封残简谈起》,以及徐续红在《新文学史料》2013 年第 3 期发表的《谢冰莹与"左联"——从鲁迅致王志之的两封信谈起》。

[3] 鲁迅:《日记二十一·[一九三二年]》,《鲁迅全集》第十六卷,人民文学出版社 2005 年版,第 333 页。

[4] 鲁迅:《日记二十一·[一九三二年]》,同上书,第 334 页。

[5] 含沙:《鲁迅在北平》,《鲁迅印想记》,金汤书店 1936 年版,第 30 页。

[6] 鲁迅:《日记二十一·[一九三二年]》,《鲁迅全集》第十六卷,第336页。

[7] 上海大众书局1932年3月第一版。

[8] 含沙:《鲁迅在北平》,《鲁迅印想记》,第35页。

[9][10] 含沙:《鲁迅在北平》,同上书,第39页。

[11] 含沙:《鲁迅在北平》,同上书,第41页。

[12] 鲁迅:《日记二十一·[一九三二年]》,《鲁迅全集》第十六卷,第336页。

[13] 含沙:《群众包围中的鲁迅》,《鲁迅印想记》,第50页。

[14] 含沙:《群众包围中的鲁迅》,同上书,第56页。

[15] 含沙:《鲁迅在北平》,同上书,第44页。

[16] 含沙:《鲁迅在北平》,同上书,第25页。

[17] 含沙:《鲁迅在北平》,同上书,第26页。

[18] 鲁迅:《日记二十一·[一九三二年]》,《鲁迅全集》第十六卷,第339页。

[19] 中国大学社会科学系主任马哲民被捕后,军警在马哲民家中还抓捕了一个教员,该教员曾住在台静农处,军警又在台静农处搜捕到一箱友人寄存在那的科学仪器,被误认作炸弹,因此导致台静农被误捕入狱,一个月后得到释放。

[20] 鲁迅:《书信·321221致王志之》,《鲁迅全集》第十二卷,人民文学出版社2005年版,第353页。

[21] 鲁迅:《日记二十二·[一九三三年]》,《鲁迅全集》第十六卷,第354页。

[22][23][24] 鲁迅:《书信·330109致王志之》,《鲁迅全集》第十二卷,第359页。

[25][26][28] 鲁迅:《书信·330202致王志之》,同上书,第365页。

[27] 鲁迅:《日记二十二·[一九三三年]》,《鲁迅全集》第十六卷,第359页。

[29] 鲁迅:《日记二十二·[一九三三年]》,同上书,第373页。

[30] 鲁迅:《书信·330503》,《鲁迅全集》第十二卷,第390页。

[31] 鲁迅:《日记二十二·[一九三三年]》,《鲁迅全集》第十六卷,第376页。

[32][33] 鲁迅:《书信·330510致王志之》,《鲁迅全集》第十二卷,第397页。

[34] 鲁迅:《日记二十二·[一九三三年]》,《鲁迅全集》第十六卷,第384页。

[35]《落花集》原名《血泪英雄》,北平东方书店1929年9月出版。作者将其中的《血泪英雄》抽去,改名《落花集》,最终未能出版。

[36] 鲁迅:《书信·330626 致王志之》,《鲁迅全集》第十二卷,第 411 页。

[37] 鲁迅:《书信·331228 致王志之》,同上书,第 534—535 页。

[38] 含沙:《卷土重去了》,《鲁迅印想记》,第 90 页。

[39] 鲁迅:《书信·340511 致王志之》,《鲁迅全集》第十三卷,第 98 页。

[40] 鲁迅:《书信·340524 致王志之》,同上书,第 121 页。

[41] 鲁迅:《书信·340624 致王志之》,同上书,第 160—161 页。

[42] 鲁迅:《书信·340904 致王志之》,同上书,第 206 页。

[43] 鲁迅:《书信·341221 致王志之》,同上书,第 310 页。

[44] 鲁迅:《书信·341228 致王志之》,同上书,第 322 页。

[45] 鲁迅:《书信·350118 致王志之》,同上书,第 348 页。

[46] 鲁迅:《书信·350919 致王志之》,同上书,第 550 页。

[47] 王自立、陈子善:《鲁迅和〈文学杂志〉——从鲁迅致王志之的一封残简谈起》,《破与立》1979 年第 4 期。

[48][49] 含沙:《片段的回忆》,《鲁迅印想记》,第 14 页。

[50][51] 含沙:《我的想法》,同上书,第 3 页。

[52] 鲁迅:《故事新编·序言》,《鲁迅全集》第二卷,人民文学出版社 2005 年版,第 354 页。

[53] 董卉川:《中国现代散文诗剧文体范式研究》,中国社会科学出版社 2022 年版,第 189 页。

[54] 周海婴编,北京鲁迅博物馆注释:《鲁迅、许广平所藏书信选》,湖南文艺出版社 1987 年版,第 288—289 页。

[55] 同上书,第 288 页。

[56] 北平人文书店 1934 年 7 月第一版。

[57] 周海婴编,北京鲁迅博物馆注释:《鲁迅、许广平所藏书信选》,第 289 页。

[58] 同上书,第 289—290 页。

[59] 同上书,第 290 页。

萧红的"那半部红楼"与她的"不甘，不甘！"
——萧红信仰心路历程探析

秋 石 浙江越秀外国语学院

一个把短暂的一生奉献给了为争取社会正义和穷人权利写作事业的中国新时代女性。

一种在许多方面远比美国女性先进的中国新女性正在炽热的战争铁砧上锻炼成型……她的名字叫萧红……把她的第一部著作《生死场》介绍给中国大众的不是别人，正是鲁迅。他谈到这本书时认为，这是中国女作家所写的最有力的现代小说之一。……她同中国大多数女作家一样，生活穷困潦倒。……日寇占领香港几天后她不幸去世，享年31岁。

[美]艾格尼丝·史沫特莱：《中国的战歌》
（美国纽约阿夫列德·克诺波夫出版社1943年出版）

萧红有过去延安的打算

1980年第2期《新文学史料》刊登的《舒群与萧红》一文，这样写道：

一九三七年秋，萧红从上海来到武汉，正处在何去何从的十字路口。当时，舒群住在武汉读书出版社的书库，萧红常去那里看他。她的心情十分苦闷，一到舒群的住处，就把鞋子一丢，躺在舒群的床上，愣愣地发呆。舒群曾经执意地劝说她走到延安去。有一次为了争论这个问题，他们俩人整整吵了一夜。萧红的态度是一向愿意做一个无党无派的民主人士，她对政治斗争十分外行，在党派斗争的问题上，她总是同情失败的弱者，她一生始终不渝地崇拜的政治家只有孙中山先生。由于这样的原因，她没有听从舒群的劝告，后来辗转去了重庆，又辗转到了香港。武汉一别，就再没有与舒群见过面。

在同一文中，有关其他人和事的描写，也出现了疏于考证形成的多处错讹，如将前来讲述南满磐石抗日游击队英勇业绩的傅天飞，两次写成"富田飞"，并将其定位为"就是与杨靖宇将军一齐[1]开创东北磐石游击队的负责人"。又如，毫无根据地对萧红作出了"对职业革命家们的生活不可能有什么深切的体会"的误判。

然而，作为讲述这段历史的当事人舒群，恰恰在《舒群与萧红》一文发表的同一年于《哈尔滨日报》等报刊上发表了《早年的影，忆天飞，念抗联烈士》，作了正本溯源的澄清。舒群强调："在这里注一笔：我一贯认为抗联前期的磐石游击队是杨靖宇、傅天飞等同志创建的。但去年从一位同志手边看到当初'第三国际'（在东北）的领导者之一，解放后哈尔滨公安局外事处处长杨佐清同志遗稿《风起磐石》，我才得悉他曾经是最初按满洲省委的指示而组织磐石游击队的创始人，而杨靖宇等同志是在他负伤之后接替他的工作的。"

遗憾的是，40多年来，舒群的这个贵有自知之明的更正，却鲜有人提及，倒是《新文学史料》的这篇《舒群与萧红》，特别是所谓萧红坚决不去延安的说法，一直反复被人引用，并错误地将萧红塑造成游离于信仰和政治诉求外的"自由个体写作匠"。

细观《舒群与萧红》一文，首先存在着一个时间节点的问题。

史海钩沉

要知道,"一九三七年秋"的萧红,并非一个人来到武汉的,也并非"正处在何去何从的十字路口"。萧红是在1937年9月下旬与丈夫萧军一道离开上海,由于"八一三"事变后,日本军队控制了闸北火车站,他们是从沪西的梵皇渡车站挤上车,先到嘉兴,经嘉兴乘坐当时还没有被日本人炸毁的苏嘉铁路的票车到苏州,再从苏州换车到镇江乘坐长江航轮,于10月2日抵达武汉。

那么,此时的舒群又在哪里呢?

查舒群年谱,他正在山西洪洞八路军前线担任随军记者。期间,舒群还担任过为期四个月的朱德总司令的临时秘书。

舒群是由介绍他加入"左联"并接上党的关系的周扬,以及西安八路军办事处负责人林伯渠决定,与周立波一道被派往八路军抗日前线的。与他们同行的有美国著名作家史沫特莱,还有为他们担任向导的八路军总司令部秘书长周桓。史沫特莱回到美国后,于1943年美国纽约出版的《中国的战歌》)一书中《奔赴山西前线》一章中写道:"(1937年)十月中国在奋起反抗中。一切话题集中谈抗日救亡。……无人护理的伤兵景象使我不能安睡,黑暗中我听到东北人舒群辗转反侧的叹气。'为什么你睡不着?'我问。他回答说:'那些伤兵都是我的东北老乡。见到他们,使我思念东北的家乡,想起了年高衰老的爹娘。我怕再也见不到我的二老双亲了。'"

由史建国、王科编著,作家出版社2013年9月出版的《舒群年谱》,呼应了史沫特莱的上述说法。《舒群年谱》第27页这样记载道:

2013年8月,上海"八一三"事变后,党指示将上海的著名作家和文化界人士分两队撤退。舒群先随第一队沙汀、罗烽、任白戈、白朗、艾芜等二十多人去重庆。但走到南京,舒群因工作任务,需要耽搁一段时间,便跟二队的周扬、艾思奇、周立波、何干之、李初梨、苏灵扬等十多人前往延安。

9月,当走到西安八路军办事处,林伯渠和周扬派舒群和周立波以随军记者的名义,去山西东南前线的八路军总司令部工作,辽宁安东的老乡、八路军某部领导周桓担任了他们的向导。当时与他们同行的还有美国作家史沫特莱女士。

10月中旬,周立波、舒群和史沫特莱一起乘火车去潼关。在那里,他们下了车,转到窄铁轨单行线的铁路上,去往山西省的省会太原。在那里,他们找到了一间屋子,所有的人紧紧地挤在炕上,史沫特莱的卫兵在地上狭窄的空间里为她搭建了一个帐篷。一路上,那些没人照看的伤兵的画面,让史沫特莱久久不能入睡,而在黑暗中舒群也不停地翻身,嘴里叹着气。史沫特莱问舒群,你怎么也睡不着啊?舒群说,这些人是满洲的骑兵,他们让我想起我在北满的父母,我不知道他们的生死,我也许再也看不到他们了。第二天黎明之前,他们到达太原。

由此可见,"一九三七年秋",萧红和舒群完全不在一个地方,又怎么可能在一起"为了争论(去不去延安)这个问题,他们俩人整整吵了一夜"呢?在早期的研究萧红的文献中,也有类似不经考证的起着错误导向的不当引用。

舒群是在1938年3月间来到武汉的。同月22日,由丁玲和他共同担任主编的《战地》文艺半月刊,在武汉正式出版。据天津人民出版社2006年出版的《丁玲年谱长编》上册第137页载:"一九三七年冬或一九三八年初,西北战地服务团随八路军总部驻在洪洞万安镇一带。舒群、周立波以记者身份至八路军总部。舒群曾来西北战地服务团住了几天。"[2]

正是在这里,丁、舒二人敲定了由丁玲领导的"西战团"编印的油印内刊《战地》,出版面向社会的铅印文艺刊物的意向。随即两人一同前往八路军总部向任弼时同志当面请示,取得了批准。"随后我收到舒群来信,说他到了延安,把我们出刊物的事向周扬、艾思奇说了,他们意见要在武汉出大型月刊,……三月,我们西战团到西安,舒群已去武汉。"

  在丁玲所指的"一九三七年冬或一九三八年初"的这个时间节点,萧红尚在武汉。萧红于1938年1月应抗日七君子之一的李公朴邀请,与萧军一起自武汉同赴山西临汾民族革命大学任艺术指导,后因阎锡山釜底抽薪,"民大"被迫解散,遂转入已来到临汾的丁玲领导的八路军西北战地服务团。1938年2月24日,在陕西潼关,她向已在延安的哈尔滨时期老友高原[3]寄出了早在山西运城就写好的信。这封信明确告知对方,将于不久前往延安。4月初,二萧在西安分手后,萧军偕塞克、王洛宾等人同赴兰州。萧红则偕已选定的新夫君端木蕻良于4月下旬回到了武汉。因此,准确地说,应该是在1938年5月下旬左右,萧红才和舒群在武汉重逢的。当时,萧红确实苦闷,原因是朋友们纷纷责怪她不应和拯救她于火海的萧军任性分手。

  有关《舒群与萧红》一文中,作者对萧红作出的"对职业革命家们的生活不可能有什么深切的体会"的说法,笔者认为,缺乏任何支撑的依据。且不论萧红与两位名副其实的职业革命家——第三国际情报员舒群亲如姐弟无话不谈的六年密切交集,和满洲省委派出的战地巡视员傅天飞之间的近距离交往;而且,自1932年底至1934年6月,受地下党宣传委员金剑啸委托,在其租住的道里商市街25号"院内西厢房又矮又小的耳房间",萧红承担刻印地下党刊物《东北民众报》和反满抗日宣传品的重任同时,还积极参加了地下党组织的各类反满抗日文艺活动,同行与读者接待各路抗日游击队的同志等。

萧红曾打算去延安且具有爱憎分明的立场

1938年的萧红曾打算去延安。她在1938年2月24日自潼关发给延安老友高原的信中就谈及了这个计划。萧红写道：

> 我现在又来到了运城，因为现在我是在民大教书了。运城是民大第三分校。这回是我一个人来的。从这里也许到延安去，没有工作，是去那里看看。二月底从运城出发，大概三月五日左右到延安。假若你在时，那是好的，若不在时，比不来信还难过。就好像我和秀珂在东京所闹的故事同样。
>
> 祝好！
>
>   萧红
>
>   二月廿四日

图1、图2为萧红1938年2月24日自陕西潼关寄给在延安的东北友人高原信原件（共两页。此信写于山西运城但没来得及发出，直至她随同丁玲领导的西北战地服务团乘坐的火车抵达陕西潼关时才得以发出。

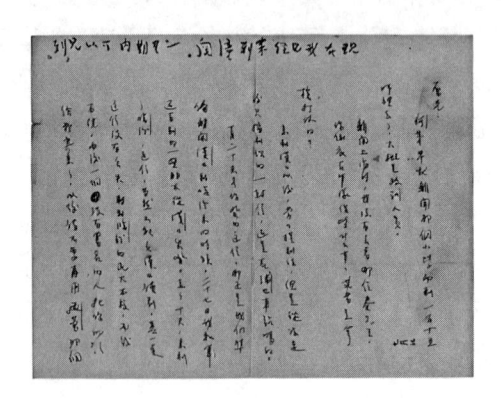

图1

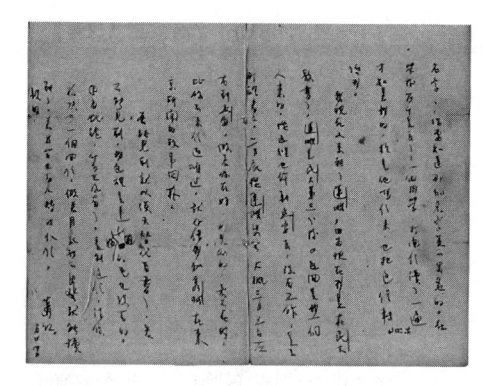

图 2

　　信纸使用的是印有胡风手迹的"七月社"笺纸。该信正文中，萧红用圆珠笔书写，首页上方又用蓝黑墨水钢笔书写了一行字，强调："现在我已经来到潼关。一星期内可以（在延安）见到。"[4]

　　关于萧红此信内容，1997 年 10 月 9 日，萧军夫人王德芬南下回访 60 年前就读过的南京金陵女子文理学院附中（今南京市金陵中学），陪同笔者前往草场门外虎踞路 20 世纪 50 年代建造的原江苏轻化工厅宿舍楼某楼四层拜访 88 岁高原先生。谈话间，高原先生也曾提及此信。

　　萧红自被萧军、舒群、方未艾等人救赎，脱离火海迈入文坛那一刻起，将她和萧军的哈尔滨商市街 25 号租住屋作为北满地下党的联络点和反满抗日宣传品的印刷所，直至 1942 年 1 月 22 日贫病交加惨殁于业已遭日寇铁蹄践踏的香港。她没能完成此前计划的和丁玲、聂绀弩、萧军等鲁迅学生一道重走红军长征路，反映中国共产党领导的红军二万五千里长征史诗作品，一再发出"不甘，不甘！"的心声。这表现出同恩师鲁迅先生一样，萧红生命的最后十年也是同中国共产党风雨同舟肝胆相照"共艰危"的十年。

　　据丁玲老伴、时为八路军西北战地服务团宣传股长的陈明[5]谈及那一段历史时，不止一次向笔者证实：在丁玲领导的八路军

图3 1997年10月9日晚南京,于萧红哈尔滨中学时期相识的老友高原家

(左起:78岁的萧军夫人王德芬,88岁的高原老人,50岁的笔者)

西北战地服务团西安驻扎时,萧红确实有过去延安的打算。但由于此时的她已决定与萧军分手,在听说萧军已经到了延安的消息时,她便放弃了这个打算。陈明前辈还强调:这与外界传闻的所谓萧红政治立场或其他观念无关。

综上所述,1938年5月,萧红是有着鲜明政治立场的:第一,就在1938年5月她与新夫君举行婚礼前,当端木蕻良提出与她一起去"国民政府"婚姻登记处注册时,她一口拒绝,给出的理由:"这个政府不抗日!"第二,上海"八一三"事变时,得到过萧红不顾自身安危救助的日本反战友人池田幸子送她一件昂贵的绸布料作新婚贺礼,但当萧红听说这原是国民党要人孙科的赠品时,就毅然将其弃之;第三,更能说明萧红价值取向的是四年后在香港临终时刻,萧红口中一再发出由于无法携手丁玲、聂绀弩、萧军三位鲁迅学生一道重走红军长征路、书写红军长征史诗作品"不甘,不甘!"的呼声。

还有一个甚为关键且为"四万万五千万"同胞人所共知的一个事实:所谓"在党派斗争的问题上,她总是同情失败的弱者",若论彼时的弱者,恰恰是远在大西北的黄土高原、衣衫褴褛但整洁划一、面黄肌瘦但精神饱满,自己动手开荒种粮、纺线织布,过着异常清贫生活、带领中华民族真正抗日的中国共产党!

一部《生死场》见证了萧红初心的形成

在《生死场》中萧红用极为简洁明了、一问一答的 14 个字,道出了昔日愚昧、落后、浑浑噩噩的黑土地上的农民觉醒之后,奋起反抗,组建武装抗击日本侵略者队伍的源泉和强大后盾所在:

> "'人民革命军'在哪里?"
> "革命军在磐石……"

正是基于此,鲁迅先生在为萧红所著的《生死场》撰写的序中,给出了可以与萧军《八月的乡村》相媲美的评语:

> 北方人民的对于生的坚强,对于死的挣扎,却往往已经力透纸背;女性作者的细致的观察和越轨的笔致,又增加了不少明丽和新鲜。精神是健全的,就是深恶文艺和功利有关的人,如果看起来,他不幸得很,他也难免不能毫无所得。……不如快看下面的《生死场》,她才会给你们以坚强和挣扎的力气。

鲁迅先生深刻透彻的评价大概因为萧红通过她手中的那支"力透纸背""给你们以坚强和挣扎的勇气"的醒世之笔,用奔涌的热血和滚烫的灵魂铸就的文字,呼号出民族的愿望与要求,把初始"藏污纳垢"、自私落后、麻木不仁的原生态洪荒世界,硬生生地给锻造成了一个同仇敌忾、陷侵略者于三千万黑土地人民战争汪洋大海的战场。

天才艺术的启迪作用与其展示的无尽韧性,一旦融入到全民族求自由、求解放的革命洪流中去,必定会产生锐不可当的时代前进的动力。

萧红之所以能够在其成名作《生死场》这部作品中,明确指出黑土地农民抗日武装的存在,以及最终发展、壮大的出路,就在于中国共产党领导和指挥的磐石"人民革命军"的这个源头。笔者认为,《生死场》中唯一画龙点睛式的一问一答,是与之往来密切的优秀共产党人,特别是创建东北抗联的那些老共产党人,对她和萧军的言传身教是分不开的。共产党人以身作则的教诲和启迪,使得她也无怨无悔无畏地投身到反满抗日的伟大斗争中来。1933年10月,参与营救萧红于火海的团队成员、萧红和萧军结合得最为亲近的见证人、一年前加入地下党的方未艾,奉党组织之命,秘密远赴苏联远东太平洋滨海城市符拉迪沃斯托克(海参崴)列宁学院培训之前,亲眼目睹了萧红全身心投入地下党的反满抗日宣传事业,庄重、严谨工作时的情景。尽管历史的这一幕过去了整整半个世纪,当回忆到萧红在商市街25号"西厢房又矮又小的耳房间",全神贯注刻写蜡纸那一幕时,方未艾前辈依然记忆犹新:"一次我去商市街二十五号看望萧军,他不在;萧红正在用铁笔在蜡纸上为党刊物《东北民众报》刻插图,是以金剑啸画的两幅漫画作为底稿:一幅画是几个日本兵在农村举着火把,正在点燃农民的房子;一幅画的是一个日本兵扯着一位年老的农民向燃烧的火海里推。都是描写日寇在农村归屯并户的暴行。这时我才知道萧红不仅参加了党领导的画会、剧团、文艺刊物,还参加了党报工作。"

对于萧红为地下党工作的事,方未艾在其晚年所著《诗人画家金剑啸》的回忆文章中,有着更为细腻、传神的描写:面对随时随地都有可能发生的突发性危险,萧红那种从容、沉着、胆大心细、机智应对周遭环境的神韵和状态,甚是可圈可点。方未艾老人追忆道:"……院内西厢房又矮又小的耳房间,萧红正坐在一只木凳上伏在床边刻心画钢板。当时,印刷条件差,只能用铁笔在钢板上的蜡纸刻字或刻画,然后将刻好的蜡纸铺在印刷纸上,用油墨棍压滚,一张宣传单就印刷出来了。萧红见我进来,头也没抬,话也没说,只是全神贯注地刻画着。我走近她的身边,见蜡纸上已经刻了许多字,在空白处,她照一张画稿在刻插图。……我看萧红在为党做秘密宣传工作,心里很激动。表面不动声色地说:'你还会画这些画呢?'她很平静地说:'学着做嘛。剑啸忙不过来,让我帮他做。'我小声说:'你知道刻画,被日本人发现要杀头的吗?''怎么不知道?你没有看到我在窗台上放一面镜子,正对着大门口,谁来了我一眼就能看到。刚才门一响,我就从镜子里看见你迈着八字步进来了。'"

1981年6月27日,时年75岁的方未艾在其本溪南甸铁刹山矿工家属宿舍,同到访的萧军如是说,你们那时住在商市街25号,党的地下省委委员金伯阳说过,你们那里可以说是党的地下机关、联络点、地下印刷所。

对话罗果夫,弘扬中国共产党人

1939年11月7日,萧红和端木蕻良应邀参加了苏联大使馆在重庆枇杷山举行的纪念伟大十月革命节的庆祝活动,在活动中,萧红得以与汉学家、塔斯社重庆分社记者罗果夫相识。应罗果夫之邀,萧红与罗果夫之间进行了两次谈话,回答了罗果夫提出的一些问题。其中,最重要的一次谈话是在1939年12月22日的塔斯社重庆分社。除萧红外,这次谈话还有端木蕻良在座。罗果夫后来在《回忆我收集鲁迅材料的时候》一书中写道:

我和女作家萧红关于鲁迅的谈话也是这样若断若续。当年鲁迅以自己的关怀、忠告并亲自校正手稿帮助这位女作家一举成名。在鲁迅晚年,萧红曾经住在他家(秋石注:在这里罗果夫记忆和汉文表达能力有误,萧红从没在鲁迅家住过,但常去作客是事实)。我正像九年前在哈尔滨那样,在这里请萧红重新担任我的中文老师。在警报的嚎叫和炸弹的爆炸声中,老实说,我们的功课经常是转到我们敬爱的作家(秋石:系指鲁迅)身上去了。我离开重庆后,萧红以回忆录的形式发表了我们的谈话。这是一个篇幅不大的单行本。可惜,印数不多,我没有这本书,而且也不知道它与我的笔记有多少一致的地方。我想,萧红回忆录的材料一定比我的笔记要多得多,也整理得好得多。这里,我仅依据我所保存的笔记,引述几处最饶兴味的地方。

在同罗果夫的谈话中,萧红满含深情地回忆了自己与萧军当年如何逃脱虎口,从沦陷区脱逃最终流亡到上海,与鲁迅先生相识、备受鲁迅关怀的情况。谈话中,萧红还谈到了鲁迅与共产党人瞿秋白、冯雪峰之间的亲密战友关系。

当提及瞿秋白时,萧红引用了鲁迅对瞿秋白的高度评价:"瞿秋白是中国人里面最优秀的一个。他的牺牲是一个永远无法弥补的损失。"萧红认为,鲁迅与瞿秋白之间"关系非常密切,志同道合"。萧红还认为:"对于鲁迅的上海时期及晚年,瞿秋白要比所有的人都更好地了解。瞿秋白本来是可以做一个杰出的鲁迅传记作家的,但他已经牺牲了。现在,比别人更了解上海时期的还有鲁迅的一位老朋友、文学家、共产党员冯雪峰。冯雪峰一直维护鲁迅,使他不致受到资产阶级文人、托派分子及各式各样的'左'的攻击。"

萧红旗帜鲜明地指出,鲁迅的大弟周作人"是一个颓废派资产阶级作家,如今成了叛徒,在北京当了日本华北傀儡政府的教育部长。鲁迅与周作人在思想上早已分道扬镳了。"

后来，萧红在重庆写《回忆鲁迅先生》时，常常会想起鲁迅同共产党人尤其是同瞿秋白的关系，眼前也时常会浮现出在鲁迅家的饭桌上，高大瘦削、理着一头短发茬的冯雪峰，声情并茂地讲述红军长征过藏地的动人故事，于是便有了她至死不渝的"那半部'红楼'"的深深情结……

未能实现书写红军长征："不甘，不甘！"

1942年1月12日，尚未被日本占领军"征用"的香港跑马地养和医院。黄昏时分，从病痛中暂时安宁下来的萧红，倚靠在活动病床上，同骆宾基和端木蕻良说着心里话。萧红说道："我本来还想写些东西，可是我知道我就要离开你们了，留着那半部《红楼》给别人写去了……"

萧红最后极为心酸地说道："这样死，我不甘心……"

还是在此前避难的思豪酒店，以及随后搬迁的民宅里，除了向骆宾基口授《红玻璃的故事》外，萧红谈得最多的乃是她与鲁迅先生的相识，和对他的无限敬仰之心情。与鲁迅无缘交往的骆宾基，则向萧红谈了他与冯雪峰相识的过程，谈他三年前前往冯雪峰写作《卢代之死》的家乡，浙江义乌南乡神坛村的经历和感受，夸张地形容冯雪峰居住的乡间带阁楼的农舍，"是金碧辉煌的皇宫，光辉灿烂的智慧世界的天堂"。骆宾基以崇敬的口吻告诉萧红：冯雪峰尚未创作完的《卢代之死》是一部以红军长征为题材的长篇小说。骆宾基的话，深深地触动了萧红似乎已经松弛下来的那根心弦。沉吟片刻，萧红表示，一俟她病好，并在打败入侵者后，会同丁玲、绀弩、萧军等人一起来完成这部小说。这就是萧红临终前念念不忘的"那半部《红楼》"。

据骆宾基先生在其所著《萧红小传》（黑龙江人民出版社1981年版）第102页引用萧红40年前病榻上所写的"我将与蓝天碧水永驻，留得那半部《红楼》给别人写了"的这句话时，专门作了一个注。其注曰:"这《红楼》是指她曾经谈到过的,将在胜利之后,会同丁玲、绀弩、萧军诸先生遍访红军过去之根据地及雪山、大渡河而拟续写的一部作品。"

1942年1月18日与19日交替更迭时分,见陪伴在床边的骆宾基从似睡非睡中抬起头来,萧红微笑着,向骆宾其作了一个要笔写字的手势。她在拍纸簿上写道:"我将与蓝天碧水永处,留得那半部《红楼》给别人写了。……身先死,不甘,不甘!"

值得一提的是,在20世纪的中国文坛上,很少有人能够像萧红那样孜孜不倦地在贫穷、疾病和疲于奔命的战乱恶劣环境中,如此痴迷于自己的事业,乃至到了生命的最后一刻,仍然是那样坚定不移地献身于中国共产党领导的民族解放事业,和对光明与爱的执着追求。

党和新中国给了她应有的关爱与荣誉

自1956年岁末起至1957年8月,在香港浅水湾躺卧了15年的萧红墓地,由于市政建设的规划,面临着一个何去何从的命运。为此,自内地的北京、广州,到香港的文艺界,发起了一场接力式的保护性迁葬行动。

1957年8月3日上午10时,香港文艺界在红磡永别亭举行了一个简单而隆重的送别会,然后由叶灵凤、曹聚仁等香港文艺界代表护送萧红骨灰至深圳,数十位文艺界人士送到火车站与上水。中国作家协会广州分会委派黄谷柳、陈芦荻及秘书黄绍芬在深圳罗湖桥头恭迎,粤港双方举行了极为庄重的交接仪式。

在深圳罗湖桥头,诗人陈芦荻目睹粤港两地作家交接萧红骨灰这前所未闻的感人场面,回想萧红凄凉的一生,再观今日党和新中国对这位鲁迅忠贞女弟子、爱国抗日热血作家的深切关怀与厚待,他情不自禁地当场吟出了引发在场人共鸣的"故园花放待萧红"的这首诗。

与香港文艺界对萧红骨灰回归彰显的巨大热情相呼应的是,广州文艺界也相应成立了"萧红同志迁葬委员会"。请读者们注意了,祖国给予萧红的,是亲切而又崇高的"同志"这个称号!而铭刻在银河烈士陵园迁葬墓碑上的,同样也有"萧红同志"的字样。

1957年8月15日下午,距在深圳罗湖桥头迎灵12天后,广东文艺界在别有天殡仪馆举行了极为隆重的萧红骨灰迁葬悼念仪式。参加悼念仪式的有广东省人民委员会副秘书长娄光琦,省文化局副局长华嘉、苏怡、李门,市文化局副局长郑达,中国作家协会广州分会副主席周钢鸣等30余人。灵堂布置得庄严肃穆,萧红骨灰安置在遗像下浅赭色的木盒中,四周鲜花环绕。萧红遗像两旁,是中国作家协会和广州分会敬送的一对花圈,此外还有广东省人民委员会、中共广东省委宣传部等敬送的花圈、花篮、挽联、挽诗等,表达了党和新中国政府对这位鲁迅忠贞女弟子、反帝反封建一代才女萧红的哀思、钦敬之情。

次日出版的《南方日报》和《广州日报》同步发表了《萧红骨灰迁葬广州市银河公墓》的消息。消息都着重强调了"最近由于党和人民政府的关怀"这一事实,并又一次以"萧红同志"相称。

迁葬悼念仪式举行完毕后,随即将萧红骨灰安葬于广州近郊的银河革命公墓。2017年12月12日中午,正在广州进行学术交流的笔者,专程前往位于天河区燕岭路394号银河革命公墓烈士陵园区,拜谒了心仪已久的这位文坛女神、师母。

举行如此隆重规模、持续十余天的萧红骨灰迁葬悼念仪式,破格地将其安葬在专设的烈士陵园区,广东省人民委员会、中共广东省委宣传部和中国作家协会参与了整个过程,这在新中国70多年的历史中,是十分罕见的。

1981年5月,就中共黑龙江省委关于举行萧红七十周年纪念大会和给予萧红以何种称号的请示时,时任中宣部副部长的贺敬之同志,受党中央书记处和中宣部委托,回复来京请示的中共黑龙江省委代表关沫南时,给出了令整个东北作家群和 30 年代左翼作家们备受鼓舞的评价:"经请示中央后告诉我,可以给萧红以'三十年代著名左翼女作家'的称号,并希望我们开成一个团结的会。"这是继 1957 年萧红骨灰隆重迁葬以来,党和人民对萧红的又一厚待之举,在中华人民共和国的历史上,同样没有第二人。

注释

[1] 应为"起"。

[2] 秋石注:"一九三七年冬或一九三八年初",此时的萧红尚在武汉。

[3] 1937 年 1 月,高原与萧红自日本同船抵达上海,见到了外号"三郎"的萧军。1997 年 10 月 9 日,高原在其居住的南京虎踞路寓所向笔者证实:他当年去延安,"还是萧军开具的介绍信呢!"后来萧红胞弟张秀珂来到上海,投奔八路军也是萧军"开具的介绍信"。

[4] 本手迹为首次发表,由著名文博专家、黑龙江大学博物馆副馆长臧伟强先生提供,在此表示感谢。

[5] 其北京复外大街 22 号九门寓所,及 2002 年 10 月 8 日至 10 日旅居笔者居住的昆山香樟园寓所。

"笔的战士"：池田大作眼中的鲁迅与巴金

卓光平

绍兴文理学院鲁迅人文学院

作为著名作家和世界桂冠诗人，池田大作不仅对中国文学十分熟悉，而且也深受中国文学的影响。他说："无论是《离骚》的大诗人屈原，还是呼叫'天道是耶非耶'的司马迁，以及《兵车行》的杜甫，近代的鲁迅，都是我所爱好的文学家。"[1]一方面，池田大作非常推崇屈原、司马迁、杜甫等中国古代作家，其文学创作就曾深受《水浒传》《三国演义》等中国古典文学名著的影响；另一方面，池田大作对于鲁迅、巴金、冰心、金庸、王蒙等中国现代作家的文学作品也十分关注，并和巴金、金庸、王蒙进行过当面对话，成为了异国知音。

池田大作对中国文学的关注，特别是他与中国现代作家深厚联系的话题近年来被文化界、学术界所关注。2000年4月16日，香港学者孙立川在香港文化会馆作了一场《与一个世纪的中国文学对话——池田大作先生与鲁迅、巴金和金庸》的专题文化讲座，他以池田大作与鲁迅、巴金和金庸三位中国文学大师的"文学对话"关系进行了梳理和探究。2011年，鲁迅研究专家谭桂林教授在《池田大作与世界文学》一书中分别探讨了池田大作与鲁迅、巴金和金庸三位作家的精神对话和思想碰撞，以及他们在文学创作上的相通性。当然，在中国现代作家中，池田大作最崇敬且佩服的是鲁迅和巴金，他也一直在寻求与他们的精神遇合和思想对话。在他看来，鲁迅和巴金既是典型的现实主义的批判作家，又是典型的反对谎言欺骗的勇敢斗士。

从青年时期起,池田大作就开始阅读鲁迅作品,与之在精神上产生了深深的遇合。在 32 岁时,池田大作在日记中抄录了鲁迅作品中关于"路"的话作为座右铭,他敏锐洞察到这正是鲁迅一生所身体力行的"希望哲学"。他说:"希望靠自己创造。要从荆棘中开路,把希望留给后面的人们。这是鲁迅先生身体力行的'希望哲学'。"[2]从此,池田大作不仅产生了深深的"鲁迅情结",而且还一直秉承着鲁迅"希望哲学"的人生信念,不断开拓新的人生境界。在 1974 年第一次访华期间,他曾特意参观了上海的鲁迅故居和鲁迅墓,并不禁发出感叹:"看来很幸福啊,战斗过来的人……"[3]对鲁迅墓园的参观,也成为池田大作终身难以忘怀的人生经历。他在自述传小说《新·人间革命》中曾深情描述了当时的感受,说:"坚持信念奋战到底的人不会留下后悔。奋战的人生是充实的,是全生命的燃烧。为正义、为他人的奋战与努力之中,才有真正的幸福。"[4]

尽管在年龄上池田大作比鲁迅晚了近两代人,但是在心灵和思想上,他却与鲁迅有着深深的共鸣和相通。他不仅写下过纪念鲁迅的长诗《文学界的巨人 精神界的先驱——为纪念伟大的鲁迅先生》,同时也创作了一些继承鲁迅思想精神的随笔、小说和童话等文学作品。池田大作既在公开演讲、文化讲座、思想对话和文学创作中谈论鲁迅及其作品,也曾对鲁迅的精神、思想和文学作过专门阐述。他不仅在与金庸、饶宗颐、季羡林、章开沅、顾明远和王蒙等著名文化人士的对话中交流过对鲁迅思想的认识和文学的感受,更重要的是他还一直在人性革命、青年教育和文化交流等领域践行着鲁迅的价值精神。鉴于池田大作对传播鲁迅所作出的重大贡献,北京鲁迅博物馆、上海鲁迅纪念馆和绍兴鲁迅纪念馆等机构先后授予其"名誉顾问"的称号。可以说,池田大作从"人性革命"的视域来阐释鲁迅的文学和思想,形成了独树一帜的鲁迅观,而且他还一直致力于鲁迅思想精神的践行与传播,成为了自 20 世纪七八十年代以来传播鲁迅在国际上产生影响最大的人士之一。

池田大作对鲁迅充满了崇敬之情却无缘结识,但却与巴金有过四次见面的机缘。从1980年巴金访日开始,他们共有过四次面对面的聚谈。正因如此,池田大作经常在其文学作品和国际演讲中谈及巴金的人格精神和文学创作,并且将巴金视为自己一生中可以进行心灵对话的友人。特别是他非常崇敬地称巴金为鲁迅之外另一位"笔的战士"。他说:"只要跟他会面,不用话语,我们也能心灵相通。"[5]从巴金身上,他每次都能感到,在巴金谦虚的人品中包含着一种钢铁般坚定的信念。在散文《笔的战士》中,池田大作不仅认为巴金与鲁迅一样是和民众的敌人作斗争的"战士",而且他还特别讲述他与巴金肝胆相照和心灵相通的交往情谊。2005年,在巴金去世之时,池田大作在缅怀巴金的文章《中国文豪巴金先生》中称巴金是鲁迅的学生,继承了鲁迅的精神并一直从事着鲁迅未尽的事业。

池田大作与巴金的第一次会面是在1980年4月。当时,巴金作为访日中国代表团团长在日本访问时与池田大作进行了首次会面。1980年4月11日,巴金在日本京都举办的文化讲演会上发表演讲。此时的中国,改革开放的春天已经到来,巴金在历经磨难后又重回文坛。对池田大作而言,他刚辞去创价学会会长职务已将近一年,在这段时间里,他受到了日本国内各方面的思想迫害,甚至包括野蛮的人身攻击。所以对池田大作来说,他对巴金所经历过的人生苦难,绝不是隔岸观火而是感同身受。池田大作与巴金都曾因坚守自己的信念而倍尝艰辛,这种相似的人生遭遇,使得他们虽然年岁隔代,却仍能心灵相知相惜。1980年4月28日,在池田大作第五次访华之时,巴金特意到上海锦江饭店看望他。这次会见,他们两人就许多文学和人生问题进行了深入而亲切的交流。巴金向池田大作赠送了《寒夜》《爝火集》中文版和《家》的英文版和法文版作为纪念。1984年5月,巴金抱病来到日本,参加在东京举行的国际笔会大会,并在会议上发表演讲。池田大作则在大会举行之前专程到巴金下榻的酒店看望了他,并相约在上海再次会面。1984 年 6 月 10 日,池田大作在第六次访华时,专程又到上海看望了老朋友巴金,巴金再次向池田大作赠送了自己的一套 10 卷本《巴金全集》。

　　人生遭遇困境的相同,特别是对压迫的无所畏惧使池田大作与巴金对彼此都有着敬畏之情。他说:"这世上有暴力所不能夺走的东西,权力越是要摧毁它,它会燃烧得越旺。"[6]正是基于身处逆境依然坚信光明的乐观,遭受打击依然昂首挺立的豁达,池田大作与巴金对彼此的人格极为欣赏,他们在精神思想上也是惺惺相惜。在《笔的战士》一文中,池田大作说巴金是一位像鲁迅一样"笔的战士",他继承了鲁迅直面现实和勇于批判的精神。在池田大作看来,巴金的写作就是"说真话",就是"与谎言作斗争"。"他有着必须要吐出的'心中的火',不得不偿还的'灵魂的血债'。"[7]所以,正是基于二人都是超越了生死的人,他们彼此惺惺相惜,只要二人会面,他们不用话语,也能够有着心灵的交通。

　　正是出于对"笔的战士"鲁迅和巴金精神人格的景仰,池田大作在文学创作上也受到了鲁迅、巴金的影响。在他看来,鲁迅作品最能"逼近民众的原像",并始终贯穿着"对民众的爱",而"在灵魂深处唤醒民众"就是鲁迅创作的根本诉求。他说:"鲁迅有两个面目,一个是'笔的斗士',另一个则是能洞见人的精神内奥并加以发掘的'哲学家',不能只偏重于哪一方面来评估,这也是鲁迅之所以伟大之处。"[8]池田大作指出,鲁迅作品始终都饱含着他对人类灵魂的关注之情,"能触及'人的灵魂'、'人类的普遍命题',就是文学。巴金先生所景仰的前辈鲁迅的文学观,也是基于这一点。而不是'为艺术的文学'、'为文学的文学'。况且,也没有什么'为政治的文学',说到底,只有'为人生的文学'、'为人的文学'"[9]。相反,如果"离开'创造人'、'构筑灵魂'的根本之处,无论怎么对'革命文学'赞叹备至,其目的意识无论怎样突出明显,也不能摆脱'宣传'的范畴"[10]。鲁迅一直关注底层民众的精神痼疾,他的作品就是凝视人们心灵"最深层"的文学,而这也正是鲁迅在今天仍然具有广泛影响的原因所在。鲁迅通过文学创作来致力于国民性的改造和人的思想革命,通过致力于"人性革命"以求实现民众的觉醒。正是从此意义上说:"鲁迅先生是笔的斗士,站在时代的风口浪尖。在接连不断的困难与迫害中,披荆斩棘地开拓'改革人民'、'使民众觉醒'这条从未有过的路。"[11]而池田大作也认为,置身于社会现实,那些令青年鼓起勇气、积极面对人生苦难的文学作品是十分宝贵的。他说:"在作家自己不断磨练、修身、陶冶下写成的作品,能够超越国界、时代,发出不减的光彩。像中国的鲁迅先生,以及曾与我多番对话的巴金先生,他们两位就是最好的例子。"[12]

作为鲁迅晚期的弟子之一,巴金不仅是鲁迅逝世时的抬棺者之一,也是"笔的战士"鲁迅文学精神的继承者。池田大作非常重视作为导师的鲁迅是如何给年轻的巴金以影响的,他也是非常重视巴金又是如何继承鲁迅精神的。他说:"正是在鲁迅的巨大热情的关怀下,有无数的年轻人站了起来,为继承其使命而前赴后继的啊!在前两年逝世的中国现代文学家巴金先生曾亲炙鲁迅先生的熏陶,这成为他的勇气与力量的源泉,这是一个明证。"[13]在与巴金多次会面中,巴金也多次向池田大作谈到鲁迅对待像他这样的青年都是事无大小,不管是自己的事或者别人的事,都一律认真对待,真正做到一丝不苟。巴金初次编辑文学丛书,到鲁迅家中组稿。鲁迅爽快答应了一个无名青年,而且早早就送来了稿子。这种关心和扶持让巴金身为感动,也让池田大作极为感佩。

在《笔的战士》一文中,池田大作指出巴金是一位像鲁迅一样"笔的战士",并继承了鲁迅的斗士精神。巴金与鲁迅一样都曾生活在一个列强环伺,国民贫弱的旧中国,他们对于封建落后的社会现象深恶痛绝,时代呼唤破旧立新,带有强烈批判精神的作家出现。巴金曾说自己的写作既不是为了谋生，也不是为了出名，而是为了同旧的传统观念和不合理的制度的战斗。巴金一生都在致力于通过文学创作进行抗争和斗争，这让池田大作对其充满了崇敬之情。在1980年4月22日于北京大学的演讲《寻求新的民众形象》中，池田大作从巴金身上也看到了与鲁迅相同的、和民众的敌人作斗争的"战士"形象。他说："前些时候我在日本会见了作家巴金先生。他公开声言：'我写文章时为了和敌人作斗争。'我深受感动。巴金先生还说：'我的敌人是谁？是所有的旧传统观念，是妨害社会进步以及人性发展的一切不合理制度；还有一些想把爱彻底粉碎掉的东西都是我的敌人。'我从巴金先生的风范中看到了与鲁迅相同的、和民众的敌人作斗争的'战士'身影。"[14]他认为鲁迅和巴金的作品都是中国现代文学遗产中的最优秀部分，即正视现实，并由此出发来变革现实的精神。池田大作对巴金的文学观念与文学创作产生了深深共鸣。他说："巴金先生的《寒夜》中，在字里行间充满着对世俗之恶，对社会的不合理的强烈控诉和愤怒，凝聚着欲罢不能的'大感情'。"[15]

无论是鲁迅，还是巴金，他们都是以关注人类灵魂为职责的作家，他们的作品不仅深刻批判了旧中国的精神痼疾，而且极具典型性和普遍性。而斗士精神、作家身份和对人的精神内里的关注，使得池田大作在鲁迅和巴金那里找到了共鸣，也让他自觉传承他们"以笔为武器"的精神。如果说鲁迅、巴金是拿"笔的战士"，一生致力于通过文学创作来进行抗争与战斗，那么池田大作则毕生都在倡导中日友好和世界和平并且不断为之努力，都对文化专制和思想迫害深有感触，都对青年充满了关爱和对未来充满了期待。池田大作认为鲁迅的创作是通过对普通民众的聚焦和灵魂的刻画而达到对人本性的透视，巴金也是一位像鲁迅一样"笔的战士"，继承了鲁迅为正义而战斗的精神，而自己也一直在向两位"以笔为武器"的作家致敬，并继承着他们致力于"人性革命"的"人学"思想和"以笔为武器"的斗争精神。

注释

[1] 池田大作:《池田大作答〈世界文学〉编辑部问》《世界文学》1992年第4期,第7页。

[2] 池田大作:《谈革命作家鲁迅》,《上海鲁迅研究》2006年第4期,第170页。

[3] 池田大作:《谈革命作家鲁迅》,《上海鲁迅研究》2006年第4期,第182页。

[4] 池田大作:《新·人间革命》第20卷,(台北)正因文化2012年版,第98页。

[5] 池田大作:《笔的战士》,载《我的中国观》,四川人民出版社2009年版,第184页。

[6][7] 池田大作:《笔的战士》,同上书,第183页。

[8] 池田大作:《鲁迅的烦恼与勇气》,《国外社会科学》1981年第9期,第28页。

[9] 金庸、池田大作:《探求一个灿烂的世纪:金庸/池田大作对话录》,北京大学出版社1998年版,第273页。

[10] 同上书,第274页。

[11] 池田大作:《谈革命作家鲁迅》,第176页。

[12] 池田大作、吴真、符俏琳:《摄影与自然的"内心对话"》,载《大学语文》,东南大学出版社2009年版,第133页。

[13] 池田大作:《鲁迅:首在立"人"——通过阿Q来教育与鼓舞青年》,《紫荆》(香港)2008年第10期,第43页。

[14] 池田大作:《寻求新的民众形象》,载《我的中国观》,第75页。

[15] 金庸、池田大作:《探求一个灿烂的世纪:金庸/池田大作对话录》,第275页。

[本文系2024年度日本创价大学中日友好学术研究资助项目"池田大作与鲁迅——跨越时空的心灵对话"成果]

鲁迅著译编广告辑校(下)

彭林祥　广西大学

40. 鲁迅著《鲁迅自选集》,现代作家自选集丛书之一,1933年3月上海天马书店初版。《中学生》第35期刊载了该书的出版广告:

　　鲁迅自选集　鲁迅著　三三二页　一元二角
　　从《呐喊》《彷徨》《野草》《朝花夕拾》《故事新编》等五集自选二十二篇并附新序。

1942年1月桂林再版。《大公报》(桂林)1942年6月19日刊载了该书的出版广告:

　　鲁迅自选集　最新重版　每册八元
　　鲁迅先生作品,意味精深,为世界读者所推崇,毋庸介绍。本书选自《野草》《呐喊》《彷徨》《故事新编》《朝花夕拾》等书,共十余万言,均为先生生平作品中之精华,洵为一部鲁迅全集之拨萃。

41. 鲁迅的《伪自由书》,1933年10月上海青光书局刊行初版。该书广告载《青年界》第4卷第3号(1933年10月1日):

伪自由书　鲁迅作

　　本书是鲁迅先生1933年所写的第七(本)杂感集,大部分在"自由谈"上发表过,当时曾引起一般人甚深的注意,还有几篇是不曾发表过的,尤为名贵。全书四十三篇,附录十七篇,末附《后记》一篇,长约二万字,也不曾发表过。文中"用剪刀和笔保存些因为自由谈而他而起的琐闻",颇可看出一般,所谓文人的脸谱。其中提到内山书店主人,"我确信他做生意,是要赚钱的,却不做侦探,他卖书,是要赚钱的,却不卖人血。这一点倒是凡有自以为人而真实是狗也不如的文人们应该竭力学学的"。说得最为痛快。

　　作者自论他的文章道:"我的坏处是在……砭锢弊常取类型,与时宜不合,盖写类型者,于坏处恰如病理学上的图,假如是疮疽,则这图便是一切某疮某疽的标本,或和某甲的疮有些相像,或和某乙的疽相同,而见者不察,以为所画的只是我某甲的疮,无端侮辱,于是,就必欲制你画者的死命了。"可见本书自有其社会的意义的。

42.鲁迅郑振铎合编《北平笺谱》,1933年12月北平荣宝斋初版。郑振铎为该书写了出版广告(载《文学》第1卷第5期,1933年11月1日):

　　　　北平笺谱　鲁迅　西谛同编
　　全书六巨册一函　预约价十二元(外加邮费约五角)
　　中国近代木刻画,至为凌替。作者寥寥,刻工亦劣。其仅存之一片土,惟在日常应用之"诗笺"。却亦被卑视,不发大雅。三十年来,诗笺之制作大盛。绘画类出名手,刻印也极精工。民国初元,北平所出诗笺,尤多隽品。抒写性情,随笔点染。每有前人未曾践踏之园地。虽小景短笺,意态无穷。刻工印工,也足以副之。惜尚未有人,加以谱录。而近数年来用毛笔作书者,日益减少其数。制笺业往往迎合外人嗜好,取作乃至丑恶不可言状。中流砥柱,勉维旧业者,全市不及五七家。更过数载,结果恐将不可问。鲁迅、西谛二先生因就平日采访取得,选其尤佳者三百数十种,(大多数为彩色套印者)托各原店用原刻板片,以上等宣纸,刷印成册。画幅阔大(三开大本),彩色绚丽。允为极名贵之文籍。即名曰《北平笺谱》。取印仅百部。除友朋分得外,尚余四十余部,爱以之公于同好。每部预约价十二元,可谓甚廉。此数售出后,续至者只好退款。如定户多至百人以上,亦可设法第二次开印。惟工程浩大(每幅有须印十余套色者)最快须于第一次出书两个月后始得将第二次书印毕奉上。预约期二十二年十二月底截止。二十三年正月内可以出书。欲先观者,以速定为宜。

　　预约处　北平燕京大学郑振铎先生　或由上海拉都路二八六弄十二号本社转交亦可

鲁迅看了这篇广告后,特修改了部分文字,并迅速刊载于《文学》第 1 卷第 6 期(1933 年 12 月 1 日)。因文字与郑所写的广告有些差别,笔者特辑校如下:

　　鲁迅　西谛同编　北平笺谱　全书六册一函　预约价十二元　外交邮费五角

中国古法木刻,近来已极凌替。作者寥寥,刻工亦劣。其仅存之一片土,惟在日常应用之"诗笺"。而亦不为大雅所注意。三十年来,诗笺之制作大盛。绘画类出名手,刻印复颇精工。民国初元,北平所出者尤多隽品。抒写性情,随笔点染。每涉前人未尝涉及之园地。虽小景短笺,意态无穷。

刻工印工，也足以副之。惜尚未有人加以谱录。近来用毛笔作书者日少，制笺业意在迎合，辄弃成法，而又无新裁，所作乃至丑恶不可言状。勉维旧业者，全市已不及五七家。更过数载，出品恐将更形荒秽矣。鲁迅、西谛二先生因就平日采访所得，选其尤佳及足以代表一时者三百数十种，（大多数为彩色套印者）托各原店用原刻板片，以上等宣纸，印刷成册。即名曰《北平笺谱》。书幅阔大，彩色绚丽。实为极可宝重之文籍；而古法就荒，新者代起，然必别有面目，则此又中国木刻史上断代之惟一之丰碑也。所印百部。除友朋分得外，尚余四十余部，爱以公之同好。每部预约价十二元，可谓甚廉。此数售缺后，续至者只可退款。如定户多至百人以上，亦可设法第二次开印。惟工程浩大（每幅有须印十余套色者）最快须于第一次出书两月后始得将第二次书印毕奉上。预约期二十二年十二月底截止。二十三年正月内可以出书。欲快先睹者，尚须速定。

　　发售预约处　北平燕京大学郑振铎
　　　　　　　　上海霞飞路五九三号生活书店
　　　　　　　　上海拉都路敦和里十二号文学社

43. 鲁迅编选《引玉集》，上海三闲书屋，1934年3月初版。《文学》第2卷第6期（1934年6月1日）刊载了该书的出版广告：

　　　　引玉集　最新木刻　原拓精印
　　　　限定版二百五十本　每本实价一元五角
　　敝书屋搜集现代版画，已历数年，西欧重价名作，所得有限，而新俄单幅及插画木刻，则有一百余幅之多，皆用中国白纸换来，所费无几。且全系作者从原版手拓，与印入书中及锌版翻印者，有霄壤之别。今为答作者之盛情，供中国青年艺术家之参考起见，特选出五十九幅，嘱制版名手，用玻璃版精印，神采奕奕，殆可乱真，并加序跋，装成一册，定价低廉，近乎赔本，盖近来中国出版界之创举也。但册数无多，且不再版，购宜从速，庶免空回。上海北四川路底施高塔路十一号内山书店代售，函购须加油费一角四分。

三闲书屋谨白

44. 鲁迅编选并序《一个人的受难》，收录了版画二十三幅木刻，上海良友图书公司于 1934 年 9 月初版，广告载《人间世》第 2 期（1934 年 4 月 20 日），其文字有：

　　一个人的受难　　鲁迅序　　木刻二十三幅　　每册大洋三角
　　　这是麦绥莱勒作品中最著名的一部。共计二十三幅，写一个穷人一生遭遇的经过，由鲁迅先生在书前详述书内的故事，并及连环图画一辞的来源以及作者的历史。

《良友画报》第 121 期（1936 年 10 月 10 日）刊载的广告文字与之有些差别：

　　　鲁迅序　　　　一个人的受难
　　　比国木刻专家麦绥莱勒有四部连环木刻故事由本公司影印出版，内《一个人的受难》由鲁迅先生作序，讲一个穷人的一生不幸的遭遇。鲁迅先生的序文除了详叙书内的故事，并及连环图画一辞的来源以外，并及作者的生平。初版已售完，普及本最近出版。袖珍本每册八分。

45. 鲁迅著《准风月谈》，1934 年 12 上海兴中书局初版。《木屑文丛》第一辑（1935 年 4 月 20 日）刊载了该书的出版广告：

《准风月谈》(鲁迅)出版了!

这是鲁迅先生一九三三年下半年的杂文集,作者在后记里面说:"我的杂文,所写的常是一鼻、一嘴、一毛,但合起来,已几乎或一形象的全体……"在这本杂文集里面,一九三三年下半年的社会情势,尤其是所谓文坛底面貌,有了鲜明的反映。作者用他底战斗的笔锋,把那个时期的各种化装跳舞的"文学家"面目画出了一目了然的脸谱。

46. 鲁迅译《表》(苏联班台莱夫作)最先刊载于《译文》第 2 卷第 1 期(1935 年 3 月 16 日)。1935 年 3 月 16 日,《申报》就刊登了出版广告:

特载　表　　L.班台莱夫著　B.孚克插画　　鲁迅译

这是一本内容簇新,非常有趣,而且很有名声的中篇童话。描写一个流浪儿在一个新的环境之下如何成好孩子,鲁迅先生曾抱了不小的野心译此书。他说:"第一,是要将这样崭新的童话,介绍一点进中国来,以供孩子们的父亲,师长以及教育家,童话作家来参考;第二,想不用什么难字,使十岁上下的孩子们也可以看。"我们将这名贵的译文贡献给亲爱的读者和全国的孩子们的父母,师长,教育家,童话作家以及十岁上下的弟妹们。

1935 年 7 月,上海生活书店推出了《表》单行本。1935 年 8 月 8 日,《申报》又刊出了出版广告,文字与上同,但增加了"玉书纸二十三开大本　实价四角"等信息。1935 年 9 月 16 日,《申报》再次刊载了该书的出版广告:

表　　苏联班苔莱夫作鲁迅译　精装一册四角

这是一本内容簇新,非常有趣的名著中篇童话,描写一个流浪儿在一个新的环境之下如何会变成好孩子,鲁迅失生曾抱了不小的野心翻译此书,贡献给亲爱的读者和全国的孩子们的父母,师长,教育家,童话作家以及十岁上下的弟妹们。

47. 鲁迅著《集外集》(杨霁云编)由上海群众图书公司于1935年5月初版。1935年5月8日,《新闻报》刊载了该书的出版广告:

鲁迅:集外集　今日出版　大洋实价七角

"我佩服会用拖刀计的老将黄汉升,但我爱莽撞的不顾利害而终于被部下偷了头去的张翼德,我却又憎恶张翼德型的不问青红皂白,抡板斧排头砍去的李逵,我因此喜欢张顺的将他诱进水里去,淹得他两眼翻白。"这是鲁迅先生写小品杂感的姿态,青年们要尝辛辣的味儿,请读鲁迅先生的集外集,其中有新诗、旧诗、演讲稿、序、跋文等等。凡五十余篇,全书百六十页,米色到林纸精印。

1935年6月12日,《申报》刊载了该书的出版广告:

鲁迅:集外集　今日出版　实价大洋七角

这集子里面有鲁迅先生的新诗,有鲁迅先生的旧诗,有鲁迅先生的演讲录,有鲁迅先生的序跋文,不待我们来推荐,读者自会认识他的价值的,全书七万字,米色道林纸精印。

48. 鲁迅译《死魂灵》(俄果戈理作)的广告载《译文》第2卷4号(1935年6月16日),系《世界文库》第二册目录中的预告文字:

史海钩沉

死魂灵　俄　果戈理作　鲁迅译

果戈理为俄国第一个写实主义的作家,《死魂灵》为他的最伟大的著作,在尖锐的讽刺里,寓着极沉痛的情绪。

另,文化生活出版社在出版(1935年11月)该书时也曾撰写广告,文字如下(转引自范用编《爱看书的广告》,生活·读书·新知三联书店2004年版,第121页):

果戈理选集五　死魂灵　平装一元　精装一元五角

本书是苦心经营,六年才成的巨著,为俄国写实主义战胜浪漫主义的纪念碑。中国向来只闻其名,今始由鲁迅先生译出,文笔锋利生动,顿时风行,重版七次之多。

《作家》第1卷第2期(1936年5月15日)也刊登了该书第四版的宣传广告:

死魂灵　果戈理著　鲁迅译　译文丛书
　平装实价　一元　精装实价一元五角

本书是苦心经营,六年才成的巨著,不但是俄国写实主义战胜浪漫主义的纪念碑,也是在世界文学史上占了不朽的光荣地位的。中国向来只闻其名,今始由鲁迅先生译出,文笔锋利生动,曲尽其妙,在世界文库陆续发表时,已得读书界热烈赞美。现复由译者大加整理,并增译近两万言长序一篇。贵重附录四种,饰以作者画像一幅,插图十一幅。虽未敢夸为定本,但和英日文直接译本比较,是绝无逊色的,出书未及半年,业已重版四次,造成译书界之新纪录。

文化生活社刊行　本书上海杂志公司有代售

《文艺阵地》第 7 卷第 4 期（1942 年 11 月 20 日）刊载了该书重庆版的出版广告：

死魂灵　果戈理著　鲁迅译　三十一元

本书是作者苦心经营，六年才成的巨著，不但是俄国写实主义战胜浪漫主义的纪念碑，也是在世界文学史上占了不朽的光荣地位的。战前由鲁迅先生据德文本译出，曾销十一版之多，译笔锋利生动，曲尽其妙。虽未敢夸为定本，但和英日文直接译本比较决无逊色，战后复由本社在桂林重排，印出不满三月，亦将售罄，现纸型由桂运到，正加工赶印，十二月准可印出，并印有白报纸本二百本，每本订价八十元，欢迎预定。预订者，得享九折优待。

48. 鲁迅编选《中国新文学大系·小说二集》，上海良友图书印刷公司于 1935 年 7 月初版。1935 年 3 月 8 日，《申报》就提前刊出了《中国新文学大系》的出版预告，其中对《小说二集》的宣传文字如下：

小说二集　　鲁迅编选　　编选感想

这是新的小说的开始时候，技术是不能和现在的好作家相比较的。但把时代记在心理，就知道那时候很少有随随便便的作品。内容当然更和现在不同了。但奇怪的是二十年后的现在的有些作品，却仍然赶不上那时候的。后来，小说的地位提高了，作品也大进步。只是同时也孪生了一个兄弟，叫"滥造"。

小说二集所包含的范围较广，从新青年新潮到语丝沉钟等，五四以来各种重要文艺团体的重要作品，搜罗几称全备，都四十四万字，作家都数十人。书前由鲁迅先生评述中国新小说发展的经过,并及当时各文艺团体的贡献,和各作家的成就。

1935年8月11日,《申报》刊出了《中国新文学大系·小说二集》的介绍:

    小说二集 鲁迅编选
  小说二集所包含的范围较广,从新青年新潮到语丝沉钟等,五四以来各重要文学团体的重要作品,搜罗几称全备,包括作家三十二人,书前导言由鲁迅先生评述中国新小说发展的经过,并及当时各文学团体的贡献,和各作家的成就。

《良友》第121期(1936年10月10日)也刊载了《中国新文学大系·小说二集》的宣传广告,文字如下:

  新文学大系中之小说二集,由鲁迅先生编选精选。当时由鲁迅先生领导之未名社,莽原社,沉钟社,及新潮社,弥洒社,浅草社等诸文艺团体之代表作品五十八篇,内鲁迅先生自选《狂人日记》等四篇。书前并作万言之长文,发挥编者对于五四时代文学运动之意见及对于被选作家之批评。
    纸面精装 四百余页 每册一元

1935年11月17日,《申报》刊载了《中国新文学大系·小说二集》较详细的宣传广告:

    鲁迅编选 小说二集   鲁迅
  小说二集的编选人鲁迅先生,是中国第一个写创作小说的人,他的《狂人日记》在民国七年的新青年上出现时,既没有第二个同样惹人注意的作家,更其找不出同样成功的第二篇创作小说。这部集子选北京新潮社的罗家伦,汪敬熙,杨振声,俞平伯等,上海弥洒社的胡山源,赵景澐等,上海浅草社的高世华,莎子,陈翔鹤等,北京沉钟社的冯文炳,冯沅君等,晨报副刊的蹇先艾,许钦文,王鲁彦,黎锦明等,现代评论社的凌叔华,莽原社的向培良,尚钺,朋其,未名社的魏金枝,李霁野,台静农等共计三十三家,五十八篇。鲁迅先生的导言,就叙述上述的每一个团体结合的经过和他们的特色,更批评每一个团体中几个重要作家的作品和他们的思想。

49. 鲁迅译《俄罗斯的童话》由上海文化生活出版社于1935年8月初版。在该书版权页后刊载了该书的宣传广告:

俄罗斯的童话

高尔基所做的大抵是小说和戏剧,谁也决不说他是童话作家,然而他偏偏要做童话。他所做的童话里,再三再四的教人不要忘记这是童话,然而又偏偏不大像童话。说是做给成人看的童话罢,那自然倒也可以的,然而又可恨做的太出色,太恶辣了。

作者在地窖子里看了一批人,有伸出头来在地面上看了一批人,又伸进头去在沙龙里看了一批人,看得熟透了,都收在历来的创作里。这种童话里所写的却全不像真的人,所以也不像事实,然而这是呼吸,是疿子,是疮痏,都是人所必有的,或者是会有的。

短短的十六篇,用漫画的笔法,写出了老俄国人的生态和病情,但又不只写出了老俄国人,所以这作品是世界的;就是我们中国人看起来,也往往会觉得他好像讲着周围的人物,或者简直自己的顶门上给扎了一大针。

但是,要全愈的病人不辞热痛的针灸,要上进的读者也绝不怕恶辣的书!

51. 鲁迅翻印《死魂灵百图》(俄 阿耿作画 培尔那尔特斯基刻板)由上海三闲书屋于1936年4月印行。《作家》第1卷第2期(1936年5月15日)刊载了该书的出版广告:

阿庚画:死魂灵百图 平装一元二角 精装二元四角
果戈理的《死魂灵》一书,早已成为世界文学的典型作品,各国均有译本。汉译本出,读书界因之受一震动,顿时风行,其魅力之大可见。此书原有插图三种,以阿耿所作的《死魂灵百图》为最有名,因其不尚夸张,一味写实,故为批评家所赞赏。惜久已绝版,虽由俄国收藏家视之,亦已为不易入手的珍藉。三闲书屋曾于去年获得一部,不欲自秘,商情文化生活出版社协助,全部用平面复写版精印,纸墨皆良。并收梭诃罗夫所作插画十二幅附于卷末,以集《死魂灵》画像之大成。读者于读译本时,并翻此册,则果戈理时代的俄国中流社会情状,历历如在目前,介绍名作兼如此多数的插图,在中国实为空前之举。但只印一千本,且难再版,主意非在贸利,定价竭力从廉。精装本所用纸张极佳,故贵至一倍,且只有一百五十本发售,是特供图书馆和佳本爱好者收藏庋的,订购似乎尤应从速也。
文化生活出版社刊行 本书上海杂志公司有代售

52. 鲁迅著《花边文学》由上海联华书局于1936年6月初版,此版为普及本。《现实文学》第1卷第1期(1936年7月1日)刊载了该书的出版广告:

花边文学　　鲁迅著

　　这本书是鲁迅先生在《自由谈》《动向》《太白》等刊物上用种种笔名发表的短文的结集。内容为对于1934年至1935年间随时发生的事象的评论。所以名之曰"花边文学"者,自序上说是一位"青年战友"给取的名字,含义是有趣的。文章辛辣,见解精辟,爱读鲁迅先生文章者不可不人手一编。普及本已出,定价六角。

　　53. 鲁迅编译《苏联作家二十人集》,32开本、白报纸印、纸面精装,共624页,由上海良友图书印刷公司于1936年7月初版。广告载《二十人所选短篇佳作集》(赵家璧编选,良友出版公司1936年12月初版)书末,文字如下:

　　鲁迅编译　苏联作家二十人集　布面精装　每册一元二角
　　　　——良友文学丛书特大本之一——
　　　　这是一部最有系统的现代苏联作家短篇集,从十月革命至今所产生的著名作家,这里都有他们的代表作品。共选二十人,计二十篇,如斐定的果园树,理定的竖琴;凯泰耶夫的物事,毕尔涅克的苦蓬,绥拉菲摩维支的一天的工作,唆罗柯夫的父亲等。书前另有长序,书后另加传记。对现代苏联文学有兴趣的理想的读物。原书分两册,编在良友文学丛书中,书名竖琴及一天的工作,现在为减轻读者担负计,合成一册,减售一元二角,文学丛书本每本九角,照常发售。

　　《文季月刊》第1卷第6期(1936年11月1日)刊载了该书的出版广告:

　　鲁迅编译　苏联作家二十人集　布面精装　每册一元二角

这是一部最有系统的现代苏联作家短篇集,从十月革命至今所产生的著名作家,这里都有他们的代表作品。共选二十人,计三十余篇。书前鲁迅先生,另有专文详叙现代苏联文学发展的经过,书后对于每个作家的生平作品,更作一详尽的介绍,对苏联文学有兴趣的人,鲁迅先生的这本书是最理想的读物。

54. 鲁迅选并序《苏联版画集》由上海良友图书印刷公司于1936年7月初版。1936年7月2日,《申报》刊载了该书的出版广告:

苏联版画集

曾在京沪举行之苏联版画展览会,包含木刻石刻独幅画铜刻水彩粉画铅笔画,观众达百万人,而京沪以外之版画爱好者,则无法一饱眼福!兹商得主持者同意,将展览会出品用无网铜版、铜版、锌版、二色版、三色版、四色橡皮版,由良友公司独家出版。

中苏政府于本年春季在京沪两地举行的苏联版画展览会,所有出品二百余幅,包含木刻,铜刻,石刻,水彩,独幅版画等,由本公司向主持人获得独家印行权,现在已用最新制版术,印成画集一厚册。内彩色版单色版等,共计一百八十除幅,完全单面印,画前由鲁迅先生作序,蔡元培先生题字,另附赵家璧先生《关于苏联之版画》译文一篇,全画四百余面,最近出版,现正售特价中。

道林纸本,摄影较原画缩小九倍。

铜版纸本,瑞典特定百念磅铜版纸单面印,共四百面。布面金脊外加四色封套,实价三元四角,特价二元四角。国内加挂号邮费一角六分,国外加挂号邮费一元三角。

道林纸本,八十磅道林纸印,黑美术纸,封面上烫白银,四百面,单面印。实价二元,特价一元六角。国内加挂号邮费一角六分,国外加挂号,邮费九角。

特价三月　　　上海北四川路八五一号良友图画印刷公司印行

广告又登载于《良友画报》第 121 期(1936 年 10 月 10 日),文字如下:

苏联版画集　鲁迅选并序

鲁迅先生对于版画提倡最力。对于苏联的版画更是第一个介绍到中国来的人,这次苏联版画展览会在京沪二地先后举行。本公司获得独家发行权,在三百余幅作品中特请鲁迅先生挑选二百余幅,又在病中作长序一篇,序中说:"苏联版画展览会对于中国给了不少的益处,我以为因此由幻想而入于脚踏实地的写实主义的大约会有许多人。良友图书公司要印一本画集,我听了非常高兴,所以当赵家璧先生希望我参加选择和写作序文的时候,我都毫不思索地答应了:这是我所愿意做,也应该做的。这一个月来,我每天发热,发热中有时也记起了版画,我觉得这些作者没有一个是潇洒,飘逸,伶俐,玲珑的。他们个个如广大的黑土的化身,有时简直显得笨重,自十月革命以后,开山的大师就忍饥,斗寒,以一个廓大镜和几把刀,不屈不挠的开拓了这一部门的艺术,这回虽然已是复制了,但大略尚存,我么可以看见,有那一幅不坚实,不恳切,或者是有取巧,弄乖的意思的呢?"鲁迅先生现在去世了,鲁迅先生生前是提倡木刻和版画最力的人,这本书是他所认为值得流传的一部,敬仰鲁迅先生的人,请趁机购买,分精平两种,现初版存书不多,请购者从速。

精　铜版纸印金装　三元四角　　平　黄道林印纸装　二元

《文季月刊》第1卷第6期(1936年11月1日)刊载了该书的出版广告：

鲁迅序　苏联版画集　精　铜版纸印金装　三元四角
　　　　　　　　　　平　黄道林印纸传　二元
　　鲁迅先生对于版画提倡最力。对于苏联的版画更是第一个介绍到中国来的人，这次苏联版画展览会在京沪二地先后举行。本公司获得会品独家发行权，在三百余幅作品中特请鲁迅先生挑选二百余幅，又在病中作长序一篇，由本公司用最新式印刷术，最上等之洋纸印成画集。分精平二种，现初版存书无多，购者从速。

在《光明》第1卷12期(1936年11月25日)上也对该书作了介绍，文字如下：

介绍《苏联版画集》，鲁迅序　良友图书公司出版
　　这是《引玉集》之后介绍到中国来的最多彩最丰富的苏联版画集，《引玉集》的画材大多是战争、革命，调子是那么的激越、悲壮。可是在这集子里，已经是和平建设调子，已经是有余裕和愉快了，前有鲁迅先生的序和赵家璧先生翻译的介绍，不问对于美术有没有兴趣，这画里总能使你知觉些新的事象和感受到另一个世界的新的呼吸。

1940年6月18日，《申报》刊出了该书的再版广告：

鲁迅序　苏联版画集　再版出书　每册五元

《苏联版画集》出版于一九三七年，因内容丰富，印刷精美，初版本已全部销尽，后来者均抱向隅。兹特再版五百部，即日发售，惟因成本较昂，故售价略增。内有彩色木刻八幅，单色木刻二百幅，悉属苏联名家之作品，系将中苏文化协会前在京沪举行苏联版画展览会中之出品特摄制版者。

《良友画报》第 162 期（1941 年 1 月 15 日）也刊登了再版广告：

《苏联版画集》出版于一九三七年。因内容丰富，印刷精美，初版本全部销尽。后来者均抱向隅。盖特再版五百部，即日发售，权因成本较昂，故售价略增。内有彩色木刻八幅，单色木刻近二百幅，悉觅苏联名家之作品，乃假中苏文化协会前在京沪举行苏联版画展览会中之出品，特摄制版者。由鲁迅先生选编序，蔡元培先生题字。

55. 鲁迅编《海上述林》（上下卷）由诸夏怀霜社于 1936 年 5 月出版上卷，10 月出版下卷。《中流》第 1 卷第 6 期（1936 年 11 月 20 日）刊载了《〈海上述林〉上卷出版》的推介文字：

《海上述林》上卷出版

本卷所收，都是文艺论文，作者既系名家，译者又是名手，信而且达，并世无两。其中《写实主义文学论》与《高尔基论文选集》两种，尤为煌煌巨制。此外论说，亦无一不佳，足以益人，足以传世。全书六百七十余页，玻璃板插画九幅。仅印五百部，佳纸精装，内一百部皮脊麻布面，金顶，每本实价三元五角；四百部全绒面，蓝顶，每本实价二元五角，函购加邮费二角三分。好书易尽,欲购从速。下卷亦已付印,准于本年内出书。上海北四川路底内山书店代售。

56. 鲁迅著《鲁迅杂文集》由北平的未明出版社于1936年10月初版。《申报》刊出了该书的出版广告:

鲁迅杂文集　一九三五年——一九三六年　每册四角

鲁迅先生从五四运动后,是一员最努力的文化战将。他的作品,已经译成各国的文字了。自从十六年以后,他始终站在文艺思想运动的第一线,一贯地用其辛辣的作风,肃清腐劣,领导青年。以至其最后的一滴墨水。他的作品,十年前的为一时期,十年后的又为一时期,这后一时期的杂感散文,将随其英名,永耀万世。我们要了解周先生的思想,就应该一读周先生近十年来一贯发表的文章。本书就是汇集周先生后十年,尤其是近五年来,用种种不同的笔名所发表的杂感散文,去其无关的应酬文字,存其精华,得三十万言。精印二十八开大本一厚册。实售四角。外埠函购更免寄费,读者只要费这四角钱,就可以读到周先生最精华的全部作品,比盲目地选购其他书籍,多耗金钱,其便宜实会出你意想之外。

内容:《死》,其他要目百余篇不及详载。

57. 鲁迅著《鲁迅:自述》(左群辑校)由上海东壁书屋于1936年11月出版。《申报》1937年11月17日刊登了广告,全文如下:

鲁迅:自述

是:伟大人物的生活画卷! 是:中华民族的思想战史!

鲁迅先生是想中国的唯一的前进著作家和思想家,他的逝世是一个莫大的损失。因为他在这五十六年之间,一向站在生活和思想的前线,过着战士的生活。此书乃其自传的素材,综述他自己从一八八一年(出世年代)到最近几年内的战迹,共二十章。章章可歌可泣,语语惊人动人。凡敬爱鲁迅先生者,必定敬爱其亲笔的自述,以为永久的纪念。本辑附录三种,就中尤以鲁迅氏手撰书目一篇,最为珍贵。左群辑校,全书十五万言近三百页,插图精印。每册特价五角。

58. 鲁迅作《夜记》由上海文生社于 1937 年 4 月初版,上海杂志公司代售。广告载于《中流》第 2 卷 6 期(1937 年 6 月 5 日)上,文字如下:

夜记　　　鲁迅作　　实价三角

本书为鲁迅先生最后一本杂文集,从一九三四年起至逝世前止,重要著作均搜集于此,中有《题未定草》数则,对于二三文坛名人如幽默大师林语堂、摘句家"朱光潜"、"文艺预言家"张露薇等,均会随意提及,加以驳斥。

59. 许广平编《鲁迅书简》由上海三闲书屋于 1937 年 6 月初版(实际出版时间应该在 7 月),上海文生社代售。出版预售广告载《中流》第 2 卷 6 期(1937 年 6 月 5 日)如下:

鲁迅书简

大家所切望的《鲁迅书简》现已由许广平先生编成付印,由文化生活出版社总代售,不久就可和读者诸君相见了。鲁迅先生给朋友的信是多方面的,现从各方面珍藏的遗札中,选出一部分照原迹影印成书,因为是原迹影印,使人见了更有一种亲切之感，内容方面有治学方法，谈翻译，论新诗，说木刻、文坛情形、关于出版界、病中通信等，读之不啻一本好书，而且对于鲁迅先生可得到更深刻的认识了解，本书版式为十六开，共分三种。甲种用重磅铜版纸印刷，真皮脊皮面金字金口，储以坚韧纸函，实价四元，预约二元八角；乙种用上等海月笺纸印刷，双丝线装订，瓷青纸面，储以蓝色布函，实价四元，预约二元八角。丙种用特种米色印书纸印刷，硬纸面布脊银字，实价一元八角，预约一元二角。预约自六月五日起七月四日止，外埠展期半月，书印无多，欲购从速，样张请向上海四马路文化生活出版社索取。

该书广告还可见《文丛》第1卷第5期（1937年7月15日），文字如下：

鲁迅书简　影印真迹　许广平编　发售特价二月
　　本书系许广平女士纂鲁迅先生遗书而成，十六开本，分甲乙丙三种本子。甲种铜版纸印，皮脊布面金口加纸函；乙种海月笺印，双丝线本装，加布函。均实价四元。丙种米色道林纸，布脊纸面，实价一元八角。现因出售伊始，特价八折发售，以两个月为限。挂号邮费每册加一角五分，样张及预约简章备索。书印无多，欲购从速，以免向隅。
　　本书也已出版预约，自取者即日凭券向本社取书。邮寄者已一律挂号寄奉。外埠预约展期至本月十九日止（预约价：甲乙两种均二元八角，丙种一元二角，邮购费一角五分）
　　　　　　　　　　　文化生活出版社总代售

《烽火》第16期（1938年6月1日）又刊载了该书的出版广告：

鲁迅书简　甲乙两种各实价国币四元　丙种实价国币一元八角
本书为许广平先生所编。鲁迅先生给朋友的信是多方面的,现从各方面珍藏的遗札中,选出一部分,照原迹影印,因为是原迹影印,使人见了更有一种亲切之感。内容方面有治学方法,谈翻译,论新诗,说木刻,文坛情形,关于出版界,病中通信等,读之对鲁迅先生可得到更深刻的印象。书印无多,欲购从速。

60. 鲁迅著《且介亭杂文》由三闲书屋于1937年7月初版,《且介亭杂文二集》由三闲书屋于1937年7月初版,《且介亭杂文末编》由三闲书屋于1937年7月初版。广告载《中流》第2卷10期(1937年8月5日):

鲁迅先生自1934年至1936年逝世前的杂文集,前两集先生自行编定,后一集已编定一部分,先由许广平整理完全。凡先生生前未收专集之文字尽行汇集,并有期刊上未有发表者多篇,现经上海三闲书屋出版,印书数不多,欲购从速。

61. 鲁迅著《鲁迅全集》由鲁迅先生纪念委员会编印,1938年6月初版。预告文字率先刊登于《文艺阵地》第1卷第3期(1938年5月16日)上,辑校如下:

中华民族的火炬
　　　鲁迅全集　　　鲁迅先生纪念委员会编印
全书五百万字　　　分订二十厚册　　　三十年著作网罗无遗
文化界伟大成就　　新文学最大宝库　　出版界空前巨业
　　鲁迅先生对于现代中国发生怎样重大的影响,是谁都知道的。他的作品是中华民族的大火炬,领导着我们向光明的大道前进。只是他的著译极多,未刊者固尚不少,易刊者亦不易搜罗完全,定价且甚高昂。鲁迅先生纪念委员会为使人人均得读到先生全部著作,特编印鲁迅全集,以最低之定价,(每一巨册预约价不及一元)呈现于读者。

　　　复社出版　征求预约

　　　全书计六十种　共五百万余字　三十二开版本插图二百余幅

　　　精装二十巨册　另附序文传记年谱

　　　出书日期　分三期

　　　第一期(五册)六月十五日;第二期(七册)七月五日;第三期(八册)八月一日

　　　定　　价　每部国币二十五元

　　　预　约　价　每部国币十四元　另加邮运费二元

　　　预约截止　二十七年六月底

　　附　启　本书另印纪念本。皮脊精装,外加柚木书箱,每部售加一百元。由各地鲁迅先生纪念委员会直接发行。

　　　地址:汉口全民周刊社;香港立报馆茅盾先生;广州烽火社巴金先生。

　　　备有精美样本　请向各地生活书店索取

　　　总预约处:各地生活书店

《大公报》(汉口版)也刊载了《鲁迅全集》的预约广告。与《文艺阵地》上的内容相比,这则广告增加了全集总目部分,以《坟》开始,《死魂灵》为最末。定价、预约价格和截止时期与《文艺阵地》上的内容均同。在介绍纪念本上,则有如下内容:

　　另印纪念本二种,印数绝对限制。甲种用道林纸精印,布面皮脊,外加柚木书箱,每部收价连邮运费一百元。乙种布面精装，书脊烫金，连邮运费五十元。由鲁迅先生纪念委员会直接发行。订购地址：香港立报馆茅盾先生转鲁迅先生纪念委员会。

1946年10月，许广平为法人的鲁迅全集出版社再版《鲁迅全集》。1946年9月8日，广告载《申报》（上海），内容如下：

敝社此次重印鲁迅全集一千部，自八月二十日起开始预约，蒙海内人士，纷与赐助，不及兼旬，即已将原定数目预约一空，足见爱好文学者于鲁迅先生著作对中国文化影响的关切，我们铭谢之余，特此致歉。鲁迅全集出版社谨启。

1948年年底，作家书屋以鲁迅全集出版社名义再次重版《鲁迅全集》。1948年10月1日，《大公报》（上海）刊载了《鲁迅全集》的预约广告，内容如下：

全书二十巨册·布面精装银字　　　上等纸张精印·旧版错字改正

十月一日起，二十日止，特价预约一千部，每部金圆一百元，外埠寄费加一成，（惟昆明贵阳成都重庆西安五边远城市，须加寄费四成），预约完随时截止，后到奉还原款，准十二月十五日出售。

预约处：鲁迅全集出版社，作家书屋，光明书局，开明书店，大中国图书局，上海书报杂志联合发行所，长风书店，上海杂志公司，联合书报社，利群书报社，东方书店。

两个半月后，1948年12月16日，《大公报》（上海）又刊出了《全集》出版通告，文字如下：

前承读者预约之第三版《鲁迅全集》,适逢改革币制,原料极度困难,复以装订费时,不得已两期出售,今日为第一期出售,请预约户凭预约券向原预约处先取一至八卷,其余九至二十卷,约下月中旬装订完毕,届时当再登报通告,诸希鉴亮("谅"之误)是幸。鲁迅全集出版社启

那时东北解放区大连的光华书店比作家书屋重印《全集》的时间稍早。为了满足广大群众、士兵和文艺工作者等的需要,1948年,光华书店也开始重印《鲁迅全集》,在《东北日报》(1948年8月18日)刊出了售书预约广告,原文如下:

光华书店为印行《鲁迅全集》谨告读者

鲁迅先生留给我们的宝贵遗产——他的全集二十大卷,一直是革命战士、文艺工作者和广大青年们在其中吸取斗争经验、学习创作方法和追求真理时取之不尽用之不竭的源泉,这二十卷全集一九四六年曾在上海再版过一次,本店亦展转设法运来过一部分,但终因来数太少而不敷分配。由于解放区的广大读者对鲁迅先生有着无限敬仰爱戴,所以很多读者都渴望得到一套鲁迅先生的全集,于是纷纷要求本店印行全集的东北版。目前在东北解放区经济既日益繁荣、印刷所需的物资亦非常丰富,本店在各方帮助之下,决定将鲁迅全集加以翻印,但因能力有限,虽想使东北版的鲁迅全集尽力作到能与原版并无二致,但恐仍旧不免有若干缺点,尚希望各界读者鉴谅是幸。

定价每部 120 万元　预约 90 万元,各地同业机关团体(限持有介绍信)

特价 85 万元

预约九月十五日截止,九月起每月出版两卷

62. 鲁迅著《鲁迅三十年集》由鲁迅全集出版社于 1941 年 10 月出版。1941 年 8 月 3 日,《申报》提前刊出了预约广告:

鲁迅全集出版社印行《鲁迅三十年集》预告
今天是鲁迅先生六十一周诞辰纪念,本社为纪念先生不朽功绩起见,业与鲁迅先生纪念委员会合作印行先生生前手订创作三十年集。全书三百万字,分订三十巨册,准于九月发行预约,十月初出书,谨此预告。

1941 年 9 月 4 日,《申报》又刊出了《〈鲁迅三十年集〉发售预约》的消息:

鲁迅三十年集　发售预约
鲁迅先生纪念委员会暨鲁迅全集出版社,为纪念并应广大读者殷切之要求起见,特出版《鲁迅三十年集》。该书为鲁迅生前手订,包括全部创作,全书共计三百万字,分订三十巨册。该社为减轻读者负担起见,并特价发售预约。原定价每部为六十元、预约四十二元。闻该书自九月一日起至十月五日止为预约期限、准于十月十日出书,现在本埠各大书店均有特约代理处。

1941 年 9 月 23 日,《申报》又刊载了预约广告:

鲁迅三十年集　　鲁迅生前手订　有三百万字订三十巨册
　　　　　　　　　发售预约　预约四十二元

中秋节截止预约双十节准期出书代制锦盒收费五元 美术样张欢迎索阅　预约处分布全市　光明新新兄弟中国读者亚美青年五洲康健

1941年10月1日,《申报》又再次刊登预约广告:

　　　　鲁迅三十年集　预约最后六天
　　　　十月五日预约截止　双十节出售
　　鲁迅先生生前手订全部创作搜罗无遗
　　　　全书三百万字分订三十巨册
　　定价:每部六十元　预约价:每部四十二元特制锦匣收费五元(要否听便)
　　预约处　光明书局　新新公司　兄弟图公司　中国图公司　美国书店　五洲书报社　大陆书报社　康健书店　珠林书店　亚美书社　青年书店　青年图文商店　读者书店　中兴文化服务社　女青年书店
　　美术样张欢迎索阅　鲁迅先生纪念委员编行鲁迅全集出版社发行

1941年12月1日,《申报》刊出了《鲁迅全集出版社启事》,内容如下:

　　　　　　鲁迅全集出版社启事

　　(一)本社印行之鲁迅全集单行本,除已出《呐喊》等二十种外,现在又印行《坟》《集外集》《二心集》《华盖集》《华盖集续编》等五种,定价十六元二角,预约价十一元,十二月一日起发售预约,至十五日截止,二十日准期出书。备有广告目录,请读者向就近书店索阅。

（二）本社印行之《鲁迅三十年集》，前因预约者踊跃，以致门市批发供不应求，深为抱歉，兹又装帧若干部应市，惟存书无多，本外埠同行批发，每次五部为限。又因迩来纸张等成本激增，照原定价暂加四成发售，藉资挹注，诸希　鉴谅，是幸！

63. 鲁迅著《且介亭杂文末编》系《鲁迅全集》单行本之一，由鲁迅先生纪念委员会编纂，重庆峨眉出版社于1942年7月初版。该书广告载《新华日报》1942年8月2日，文字如下：

本书为鲁迅先生毕生著作之最后一部，包括先生手自编订之一九三六年所作什文及许广平先生所辑之附集，全书约八万言。

本单行本以当络续刊行，以向读者预告者有《两（地）书》《且介亭杂文杂文初集》等。本社以力量微薄，故全集之刊行只能以单行本之形式出之。然为纪念先生之事业及精神起见，当勉力以赴，尚希全国人士亮（"谅"之误）察。

该书广告还刊载于《文艺阵地》第6卷第6期（1942年7月30日），文字如下：

且介亭杂文末编　　鲁迅著　　每册六元五角

且介亭什文共三编，一九三四和一九三五年的两本，曾由先生于三五年最末的两天亲自编就。本集为末编，作于一九三六年。先生全部什文，此为最后一集。亦即先生晚年之思想发展抵臻晶纯阶段时之作，行文博大精湛，犀利深刻，公认为先生什文之最佳者。

64.《鲁迅先生著译十种》发售预约,广告载 1942 年 12 月 30 日《新华日报》,文字如下:

作家书屋启事

敝书屋受鲁迅先生纪念委员会托,刊行先生遗作,以纪念此当代伟大之文学家,第一辑计著译十种。第一本《华盖集》即将出版(价或为十元),在明年出齐,希望爱好先生著作及爱护敝书屋者,能踊跃参加预约户。

第一辑书目:
彷徨(小说集)　　野草(散文诗集)　　热风(杂文集)
华盖集(杂文集)中国小说史略(文学史)　　华盖集续编(杂文集)　　而已集(杂文集)　　坟(杂文集)　　苦闷的象征(翻译小说)　　毁灭(翻译小说)

《鲁迅全集》的化整为零,预约便是集零为整

预约办法

一　预约户请先交定费一百五十元,款到即函奉预约券。
二　战时印刷成本难预估,预约户以出版时书价八折。
三　订户以上一次联合预订者,更给以七五折特别优待。
四　平寄邮资奉送(遗失无责),挂号照加,不收包费。
五　预约户姓名地址必须详明,更动时请告预约券号码。
六　预约户临时添购数册,在出版时能享一次折扣优待。
七　第一辑出齐时来款结算多退少补,预约券仍请保留。
八　预约户凭预约券购本版图书,随时享受九折。

65. 鲁迅著《且介亭杂文二集》系《鲁迅全集》单行本之一,由鲁迅先生纪念委员会编纂,重庆峨眉出版社于 1943 年 1 月出版,广告载 1943 年 2 月 28 日《新华日报》,文字如下:

鲁迅先生遗著(1935年作)且介亭杂文二集　出版

编纂者:鲁迅纪念委员会　发行者:峨眉出版社　地址:重庆天主堂街

定　价:报纸本　四十元；土纸本　二十元　外埠函购：邮费　一元二角

《且介亭二集》说明

这是鲁迅先生一九三五年所作的杂文集,共有四十八篇短评和杂文,大部分是评论文化思想和文坛方面的。

在令人窒息的一九三五年,尤其是在中国的文坛出现了各色的帮闲和一些失了骨气的文人,张着不同的旗帜卖弄着文化,对于这一辈么丑,鲁迅先生寄与了莫大的憎恨,而以犀利的笔锋,像利刃一样地划开了他们的假面具。先生自己说:"我不想在言论界求得胜利,因为我的言论有时是枭鸣,报告着大不吉利的事,我的言中,是大家会有不幸的。"这个"不幸",即是对那辈丑类的投枪。在今天,虽然已经隔了七个年代,但当我们读它时,觉得先生所说的仍如昨日一般地亲切。

定价　　报纸本　四十元　　土纸本　二十元

另,在1943年9月5日的《新华日报》上,峨眉出版社又为该杂文集刊出了广告,文字如下:

鲁迅著　二十二元　且介亭杂文二集(图子二一八五号)

这本杂文集是先生最后第二个集子。内中所集文章大部是有关文艺理论和文坛批评的,如《论文人相轻》者达七篇。我们知道一九三五年(民二十四年)是个阴霾而不晴朗的时代,因此先生的文章所到之处也越见其有力而可贵。杂文十一个时代的文化的尖兵,从这本集子里,我们可以知道许多并且也可学习到许多对目下中国的战斗前途上有益的东西。

66. 鲁迅著《花边文学》系《鲁迅全集》单行本之一,由鲁迅先生纪念委员会编纂,重庆峨眉出版社 1943 年 6 月初版。广告载 1943 年 9 月 5 日的《新华日报》上,文字如下:

虽然时代隔了十个年头,也曾有过不小的历史变动,可是在这一个批评集里所触到的,仍和今日一样的亲切。有人说鲁迅先生是个杂文家,——那么他是只看到了一面,如果没有伟大的远见,深湛的观察,和从对人类有强烈的爱憎的出发而刻划的文章,绝不会使十年后的我们看了觉得同今天所作的一样。在这里,读者会知道先生是怎样辛苦地把它遗留给我们而值得我们深思。

定价 十七元五角 安图字一八〇号

67. 鲁迅著《且介亭杂文集》系《鲁迅全集》单行本之一,由鲁迅先生纪念委员会编纂,重庆峨眉出版社 1943 年 9 月初版。广告载 1943 年 9 月 25 日的《新华日报》上,文字如下:

《且介亭杂文集》(即《且介亭杂文初集》) 即日出版

《且介亭杂文》共计三集。本集为其首集,系集鲁迅先生一九三四年所作杂文而成,计共三十九篇,每篇均为精湛之作,现正赶印中,日内出版。

《且介亭杂文二集》及《且介亭杂文末编》均已由本社出版于先,刊印以来,供不应求,现正再版中,不日亦可出书。

图审证二一八三—二一八五号

68. 鲁迅著《三闲集》系《鲁迅全集》单行本出版之一，由鲁迅先生纪念委员会编纂，重庆峨眉出版社 1944 年 5 月初版，广告载《新华日报》1944 年 5 月 1 日，文字如下：

  这一本杂感集是鲁迅先生继《而已集》后的一个集子，所作年月在一九二七至一九二九年。那时正当中国经过一个大的动荡时期，先生一方面受着旧势力的迫害，而另一方面又受着当时文坛上文豪们的"围剿"，而被目为"有闲"，因此，这时所作各文也就更加趋于锋利而深湛。其中如《无声的中国》《在钟楼上》《醉眼中的朦胧》《文艺与革命》《与 Y 君通信》《我的态度气量和年纪》《现今的新文学概观》《我和语丝的始终》等篇。均为当时的力作，即在现在读之亦倍觉亲切。

  书末附有先生撰的《鲁迅著译书目》颇富参考价值。

  审查证忠图字三八四号 定价 乙六十元 甲八十元

69. 鲁迅著、丁聪绘制插画的《阿 Q 正传插画》由文化生活出版社于 1945 年 1 月初版。1945 年 1 月 21 日，《新华日报》刊载了该书的出版广告：

阿 Q 正传插画 鲁迅原著 丁聪插画 价 一百五十元

  我们曾经有过两本以上的《阿 Q 正传》插画出现过了，但我们不能满足于过去的成绩，这也许由于阿 Q 这人物在鲁迅先生的笔下是那样复杂而又多样的性格吧，作者这本插画是被誉为最好的一本阿 Q 正传插画的，我们诚意地献给读者，同时在印刷、选纸、装订上也尽了我们的努力了。

1945 年 3 月 1 日，《新华日报》又刊载了该书的出版广告：

阿Q正传插画　鲁迅原著　丁聪插画

　　阿Q是鲁迅先生笔底不朽的典型,替阿Q正传插画的人已经很多。但我们却可以夸耀地说:这无疑的是目前较满意的一本,全书的印刷选纸,制版,装订都尽了我们的努力,我们诚意地奉献给爱读鲁迅先生的作品和丁聪的画的读者。

70. 鲁迅著《鲁迅小说选集》由新新出版社于1946年10月初版,上海书报杂志联合发行所总经售。1946年10月17日,《申报》刊载了该书的宣传广告:

《鲁迅全集》之精华　鲁迅小说选集

　　鲁迅先生是现代中国最伟大的思想家,他的创作对于我们"可以得到很多有益的宝贵的东西"是无庸介绍的。

　　本书是当代名作家,也是鲁迅先生生前的好友集体编辑而成。在选的方法上,兼顾了历史,思想,技巧等各方面,并选有"附录"五篇,以帮助读者了解先生写作的态度及其身世,本书均选自《鲁迅全集》中,可称为全集之精华。

　　本月十九日是鲁迅先生逝世十周年纪念;纪念鲁迅先生应如何向先生学习,本书就是一本值得精研的读物。

　　定价伍仟元　总经售　上海书报杂志联合发行所

71. 鲁迅译《霍善斯坦因论》由上海水沫书店拟出。《新文艺》第1卷第1期(1929年9月15日)刊载了该书的出版预告:

霍善斯坦因论　卢那卡尔斯基著　鲁迅译

　　霍善斯坦因是欧洲最进步的艺术批评家,卢那卡尔斯基一边批评他,一边发挥自己的意见,读此书,可知道霍善斯坦因的主张,也可知道卢那卡尔斯基的主张。

附录

1. 1912年8月23日,《申报》刊载了一则命令《八月二十一日临时大总统命令》,原文如下:

八月二十一日临时大总统命令

教育总长范源濂呈请任命:汤中为参事,梅光羲为秘书,范鸿泰、金殿勋为技正,吴震春、陈任中、严葆诚、陈问咸、顾澄、林启一、柯兴昌、白振民、张邦华、谈锡恩、陈清震、谢永、许寿裳、陈懋治、洪达、王家驹、徐敬熙、陈文哲、王之瑞、蒋履曾、朱炎、路孝植、程良楷、王焕文、杨曾诰、张谨、周树人、沈彭年、高步瀛、王章祜、徐协贝、毛邦伟为佥事。应照准此令。

2. 1932年2月3日,《申报》刊载了《失踪》一则消息:

失踪

周豫才,前北京大学教授周豫才,原寓北四川路。自上月二十九日事变后,即与戚友相隔绝,闻有人曾见周君被日浪人凶殴。周君至戚冯式文,因不知周君是否已脱险境,深为悬念。昨晚特来本馆,请求代为登报,征询周君住址。冯君现寓赫德路嘉禾里一四四二号,如有知周君下落者,可即函知冯君。

3. 1936年10月20日,《申报》刊载了一则《讣告》,原文如下:

讣告

鲁迅(周树人)先生于一九三六年十月十九日上午五时二十五分病卒于上海寓所,即日移置万国殡仪馆。由二十日上午九时至下午五时,二十一日上午九时至下午二时,为各界人士瞻仰遗容和礼祭的时间。二十一日下午三时入殓。二十二日下午二时在虹桥万国公墓下葬。依先生的遗言,"不得因为丧事,收受任何人的一文钱"。除祭奠及表示哀悼的挽辞花圈以外,谢绝一切金钱赠送。谨此讣告。

  鲁迅先生治丧委员会 马相伯 宋庆龄 蔡元培 内山完造 沈钧儒 茅盾 A.史沫特莱 萧参

4. 1936年11月4日,《申报》刊载了《孙祖基律师代表北新书局警告翻印鲁迅及出售各家紧要启事》,内容如下:

孙祖基律师代表北新书局警告翻印鲁迅及出售各家紧要启事
  兹据上海四马路第三七一号北新书局委称,鲁迅所著《呐喊》《彷徨》《野草》《朝花夕拾》《两地书》《热风》《华盖集》《华盖集续编》《而已集》《三闲集》《鲁迅杂感选集》《坟》《苦闷的象征》《出了象牙之塔》《壁下译丛》《思想山水人物》《近代美术思潮论》《中国小说史略》等书,早经订阅委托本局出版,并经呈奉内政部核准注册,领有执照。近查市上剽窃以上著作,翻印成书,公然出售,实属侵害著作权,除依法委由贵律师分别提起刑诉外,特再请代为登报警告,等语前来,合为公告如上。

5. 1936年11月25日,《申报》刊登了《孙祖基律师代表北新书局通告贩卖同业》,具体内容如下:

孙祖基律师代表北新书局通告贩卖同业
  兹据北新书局当事人委称:鲁迅先生遗著本局出版之《热风》、《华盖集》、《华盖集续编》、《而已集》、《三闲集》、《两地书》等书因内容优良,素为各界所爱读,致仿制翻印层见叠出。现在龙虎书店出版《鲁迅书信选集》及《鲁迅论文选集》,其内容之大部分即系翻自上项各书。业经本局查明,由该店自承翻印即将纸型及存书等送本局销毁。除由该店登报道歉外,特委请贵律师代表通告本埠各同业,以后对于该店出版之《鲁迅书信选集》《鲁迅论文选集》一律不许发售。否则一经查明,定当依法究办。再(应系"在"之误)本局出版各书,均经依法注册,取得著作权。本外埠贩卖同业应直接向本局及各地分店特约经销处批发,其有向各同业跌价兜销者,概属违法翻印之书,各同业倘为销售,应与违法翻印者负同等之责任,查明后当依法诉办,特为通告如上。

6. 1936年11月1日,《申报》同时刊出了《张志让律师代表鲁迅继承人关于遗著私印翻印警告》和《张志让律师接受鲁迅继承人委托经管遗著版权通告》,原文分别如下:

张志让律师代表鲁迅继承人关于遗著私印翻印警告

鲁迅先生继承人兹委托本律师代表登报,对于书业中之私印翻印鲁迅先生遗著者,予以严重警告,并于继承人权利受有损害时,为之依法保障,合为登报警告如上

张志让律师接受鲁迅继承人委托经管遗著版权通告

本律师兹受鲁迅先生继承人之委托,代理经管鲁迅先生著作物版权之一切事务。凡因该项事务须与继承人接洽者,可径向本律师为之。如继承人之权利受有侵害时,本律师当尽依法保障之责,特此通告。

事务所上海北京路二八〇号　电话一六〇五〇

7. 1936年11月20日,《申报》刊载了《张志让律师代表鲁迅

继承人关于〈鲁迅：自述〉之警告》，原文如下：

> 张志让律师代表鲁迅继承人关于《鲁迅：自述》之警告
> 兹据鲁迅先生之继承人声称报载东壁书屋出版《鲁迅：自述》一书，该所谓东壁书屋未经鲁迅先生或其继承人同意擅将其生前著作辑印成书，名曰自述，实属侵害继承人之权利，违反书业界之规律，应请贵律师亟代登报警告，即日停止发行，一面查明负责出版之书店，再行依法诉究。同时尚请告诫沪上及外埠各书店，该侵害版权之书勿得代为经售，免滋纷纠，并希望读者勿予购买，藉以表示文化界之惩警，等语合代登报如上。

8. 1944年9月10日，《申报》刊载了《陶爱成律师代表鲁迅周树人先生家属许广平周海婴启事》，全文如下：

> 陶爱成律师代表鲁迅周树人先生家属许广平周海婴启事
> 兹据鲁迅先生家属许广平周海婴来所声称，据八月二十五日《新中国报》载《鲁迅先生在平家属拟将其藏书出售且有携带目录向人接洽》，阅后甚为惊异。按鲁迅先生终身从事文化事业，死后举国哀悼，故其一切遗物应由我全体家属妥为保存，以备国人纪念。况就法律言遗产，在未分割前，为公同共有物，不得单独处分，否则不能生效律。有明文规定如鲁迅先生在平家属确有私擅出售遗产事实，广平等决不承认，并深恐外界不明真相予以收买，而滋纠纷。为特委请贵律师代表登报声明，等语前来，合代启事如上。
> 正信法律会计事务所　江西路四〇六号四二七室　电话一四四二九号

李霁野笔名考略

朱 博

李霁野(1904—1997)，原名李继业，号霁野，父亲李经纬(号子久)，母亲朱氏。他出生在安徽霍邱县叶集镇(今安徽省六安市叶集区)的名门望族，8岁入私塾读书，10岁转入新式学堂。李霁野曾回忆自己在小学读书时，同学给他起了一个号"谪仙"，还用过一些时候。后来自己认为这个号太过狂妄，就改为"泽先"。作为深受五四运动影响的一代文学翻译家，李霁野在其一生的文学活动中，保留着许多具有中国文化气质的写作与出版习惯，使用笔名便是一例。

对于李霁野究竟使用过哪些笔名，早在1986年出版的苗士心编的《中国现代作家笔名索引》中就有所提及，但仅收录"任冬"一个。[1]2004年上海鲁迅纪念馆为李霁野百年诞辰出版了《李霁野纪念集》，所附由张素琴编订的《译著年表》则提到了"任冬""里予"两个署名。[2]2022年9月，钦鸿、徐迺翔、闻彬编《中国现代文学作者笔名录》增订版出版，被学者誉为"目前关于中国现代作家笔名收录最齐全、内容最翔实、检索最方便的一部工具书"。在"李霁野"词条下，除了提及原名"李继业"、曾用名"李寄野""李季野"外，还收录"寄野""季野""任冬""霁野""李霁野""里予"笔名6个。[3]2004年和2014年，《李霁野文集》《李霁野文集补遗》(以下简称《文集》和《补遗》)先后出版，这为理清和较为全面了解李霁野的文学贡献提供了重要的依据。笔者在对这些收录的作品做进一步考证时发现,李霁野从其文学活动肇始,在创作、翻译,以及与亲友往来通信中使用过 10 余个笔名或化名,且在不同时期的使用也有所侧重。与之相对比,1949 年后他几乎没有再使用除"李霁野"之外的其他署名发表文章或出版作品。有些笔名已经被读者和学界关注到,另有一些笔名则"犹抱琵琶半遮面",罕有人知晓。本文依笔名或化名出现的先后顺序逐一作简略的介绍。

1. "李寄野"。五四运动爆发后几年,李霁野的文学活动开始起步。作为一名默默无闻的进步青年,他开始学着那些新文化运动的先行者的模样,与同乡好友共同创办、编辑文学期刊。1922 年,李霁野与同窗韦丛芜在安庆组织刊行了一种《微光》周刊,先作为《评议报》副刊,后作为《皖报》的副刊,另外印行若干单张散发。当年二人曾联名给新文化运动的主将之一胡适写信,希望得到他的"赐教帮助",信的落款为"微光编辑部　韦丛芜　李寄野合启"[4],这也是李霁野收进文集时间最早的一封书信。"李寄野"这个名字在北京鲁迅博物馆藏鲁迅致李霁野信稿的正文中出现过多次,如 1927 年 4 月 20 日、1929 年 3 月 22 日,还有几次则出现在信封收信人处,如 1925 年 2 月 17 日、1926 年 11 月 23 日。[5] 据"鲁迅博物馆资料查询在线检索系统"(以下简称"检索系统")统计,《鲁迅日记》中使用"寄野"指代李霁野的词条多达 28 次,最早一次出现在 1924 年 12 月 26 日:"……午后往北大讲。晚收李寄野信。……"不仅在通信和《鲁迅日记》中出现,在 1924 年《妇女杂志》第十卷第十二号上,李霁野发表了一篇译述文章《易卜生戏剧中的妇女问题》,署名"李寄野"。"李寄野"可被认为是已知李霁野最早使用的笔名。

2. "棘垈"。在发表上述易卜生戏剧译文的同一时期,李霁野和几位安徽同窗正在北京靠写文章、编译文字赚稿费谋生。李霁野曾有一段回忆:"在春节前一两天,我意外收到三十元稿费……我记得这是商务印书馆《妇女杂志》寄来的,所登的一篇短篇小说是我译的屠格涅夫的《胜利的恋歌》。"[6]这段文字牵涉出另外一个鲜为人知的笔名"棘埜"。在 1925 年 1 月 1 日商务书馆发行的《妇女杂志》第十一卷第一号"新性道德号"上发表了李霁野翻译的小说《胜利的恋歌》；同年 8 月 1 日发行的《妇女杂志》第十一卷第八号和 9 月 1 日发行的第十一卷第九号中，"棘埜"翻译的另外一篇屠氏短篇小说《梦》分两期登完。不仅如此，上海商务印书馆发行的《东方杂志》1924 年第二十一卷第十六期上另有一篇同样署名"棘埜"的创作小说《A 城的故事》后被李霁野收录小说集《影》[7]，不过更名为《革命者》，作品写于 1924 年 7 月 16 日的北京，是其当时创作的一系列短篇小说中较早的作品。

3. "霁野""霁"。李霁野的大部分译著在发表时均署名"李霁野"或直接用其号"霁野"。他的第一部译作《往星中》于 1924 年 7 月译完，1926 年 5 月第一次出版时署名为"李霁野"。最早使用"霁野"发表的文章是在 1925 年 3 月 17 日至 19 日《京报副刊》上分三次刊登的散文《死婴》。同年 12 月 8 日，他使用"霁野"在《国民新报副刊》第 4 号上发表屠格涅夫散文诗《访问》。加上前述翻译小说《胜利的恋歌》和《梦》，李霁野当时对屠格涅夫作品的译介可说相当努力。同样以"霁野"名义发表却未收录文集的文章还有他在 1928 年至 1933 年翻译的几篇文艺理论作品，包括译述文《"烈夫"及其诗人》《现代英国诗人 W. H. Davies》，美国人维克托·弗朗西斯·卡尔弗顿（Victor Francis Calverton）的《英国小说中的性表现》《罗曼主义与革命》《英国复政时代文学中的性表现》《清教徒美学中的性》《社会变迁与感伤的喜剧》，以及后文中详述的《近代文艺批评断片》中的多篇。李霁野与他人交往中，也多以"霁野"或单用"霁"字自称，如 1934 年 12 月 4 日李霁野致鲁迅信稿（收藏于上海鲁迅纪念馆）的落款为"霁"，此信也是现存唯一李霁野致鲁迅信手稿。同样，他的师友们在书信中也大多称李霁野为"霁野兄"或"霁兄"。在现存北京鲁迅博物馆的鲁迅致李霁野信中,最早的一封写于1925年2月17日,信的抬头为"霁野兄",这个称呼可见于大部分鲁迅书信;1934年6月28日、1935年8月3日,鲁迅致李霁野信的抬头分别为"转霁兄"和"霁兄"。另据检索系统统计,《鲁迅日记》中最早使用"霁野"两字指代李霁野的记录出现在1925年3月22日:"……长虹来。目寒、霁野来。高歌、培良来。有麟来。……"

4. "任冬"。这是最早被外界认定为李霁野使用过的笔名。李霁野在文集《总序》中明确提到:"1925年7月,北京出版了《民报》。……我那时已经译完了美国房龙(Hendrik William Van Loon)所著的《上古的人》(Ancient Man),便用笔名任冬将译文在上面陆续发表。"[8]由韦素园负责编辑、1925年8月5日创刊的《民报副刊》共发行15期,从第1号开始,连续15期发表了这篇房龙作品的译文。由于《民报》被张作霖查封,这个只存活了半月的期刊也不得不在8月19日出版最后一期后偃旗息鼓,译文没有在刊物上全部发表。直到1928年4月上海亚东图书馆发行了《上古的人》单行本,全文才得以完整面世,后被收录《补遗》。李霁野并非仅用笔名"任冬"发表过这一部翻译作品。《晨报副刊》曾在1924年12月29日至31日分三次刊完了"任冬"的另外一篇译述文章《安特列夫与其象征剧》。李霁野结识鲁迅正是通过安特列夫剧作品《往星中》,之后还有针对性地对安特列夫文学进行系统研究,并接连翻译了戏剧《黑假面人》(1928年出版,下同,"未名丛刊之一"),小说《笑》(1925年)、《马赛曲》(1925年)、《小天使》(1925年)等作品。"任冬"这篇文章的发表符合李霁野当时文学活动的着力点。1926年3月20日和3月23日,李霁野发表了另一篇"任冬译述"的文章《文学的遗产》,分两次刊登在《国民新报副刊》第95、98号上。由于1926年4月该刊物被北洋军阀查封停刊,译文也因此未能登完。《文学的遗产》作者阿什利·霍勒斯·桑代克(Ashley Horace Thorndike)是一位美国的莎士比亚研究专家。

5. "C.""于若""里予"。1925年8月,现代文学社团未名社在鲁迅的倡导下成立,很大程度上支持了李霁野等文学青年作品发表及图书的出版。未名社曾先后出版《莽原》半月刊(1926—1927)和《未名》半月刊(1928—1929)两种文艺期刊,刊发的作品涵盖诗歌、散文、小说、翻译等多种文学门类。据笔者统计,李霁野曾在《莽原》半月刊发表文章20篇,在《未名》半月刊发表23篇,合计43篇。这些文章大多署名"李霁野"或"霁野",但仍有8篇使用了其他笔名,包括"C."2篇、"于若"2篇、"里予"4篇。8篇作品中,包含译诗5首,分别是《年青的爱》[9](C.译)、《寄Dianeme》[10](里予译)、《伟大的冒险者》[11](里予译)、《像许多处子一样》[12](里予译)、《在青春时爱》[13](里予译),全部收录李霁野的抒情译诗集《妙意曲》中;译作2篇,分别是《艺术箴言》[14](C.译)和《近代的诗人》[15](于若译),均收录1929年未名社出版的《近代文艺批评断片》;散文《幻影》[16](于若作)未被收录文集。《近代文艺批评断片》是李霁野早年译介欧美文艺批评文章的结集,共收录13篇,除英国人J.高尔斯沃西(J. Galsworthy)的《六个小说家底侧影》和美国人A.克拉顿—布罗克(A. Clutton-Brock)的《艺术家和他底听众》外,其余11篇译自刘威松(Ludwig Lewisohn)所辑的《道世文学批评》[17]。考虑到参与编辑《莽原》和《未名》的均为未名社同人,同一笔名不应有第二人使用过,因此将与《近代的诗人》同署"于若"的《幻影》也列为李霁野作品。散文用诗意的语言表达了失恋者"孤寂""绝望"的心绪,与同一时期李霁野的其他作品所流露的情感是相互呼应的。

6. "季野"。鲁迅在书信和日记中多次称呼李霁野为"季野",《鲁迅全集》还专门备注加以说明。[18]1927年2月7日鲁迅致李霁野信中首次出现"季野兄"。据检索系统统计,《鲁迅日记》中使用"季野"指代李霁野的词条有35次之多,最早的记录出现在1927

年 10 月 8 日："……午后往黎明中学讲。往山本医院诊。夜季野来。得吕云章信。"不过，"季野"只是由他人称呼，并未发现李霁野用此名发表过作品。

7."王元"。全面抗日战争爆发后，李霁野仍和妻子留在华北沦陷区，在北平的辅仁大学西洋语言文学系任教，并参加了"华北文化教育协会"（简称"华北文协"）。华北文协的主要任务是宣传抗日，为留在北平的文化教育界人士谋工作维持生活，不做汉奸。据《辅仁大学校史（1925—1952）》记载，辅仁大学中许多知名教授，如沈兼士、英千里等均为该协会委员会干部。[19]后来，日寇开始抓捕华北文协负责人，李霁野也不得不在 1943 年初紧急逃离北平，与妻子分离，独自辗转到了当时的"大后方"重庆。李霁野刚到重庆便与未名社同仁曹靖华取得联系。当时的曹靖华在周恩来直接领导下参加中苏文化协会工作，主编过《中苏文化》月刊、"苏联文学丛书""苏联抗战文艺连丛"等杂志和书籍鼓舞全国抗战。李霁野在那里得到了十多篇写苏联卫国战争的英译短篇小说，译出后由曹靖华主编、中苏文化协会编译委员会编辑发行，作为"苏联文学丛书"之一于 1944 年 3 月出版。不过，出版时书名为《死后》，译者化名为"王元"。1950 年 6 月，《死后》被更名为《卫国英雄故事集》重新出版。在书中的"重版小引"中，李霁野提到，"当时的出版者不肯照我的意见，用现名加'苏联'二字，而用其中一篇的名字名集，大概是为了避免反动统治的禁阻，使本书多点和读者相见的机会。译者当时也用了一个假名，因为我的家属还在沦陷区，我重新走出去，后面又常有几个人追随。"[20]其实，李霁野最早使用化名"王元"的时间还要追溯到更早。1943 年 11 月，由茅盾主编的"文阵新辑"第一辑《去国》登载的《乌克兰木屋里发生的事》（苏联 W. 瓦西列夫斯卡娅著）正是《卫国英雄故事集》中的另外一部短篇小说。

8."朱梦云""梦云"。在重庆这段时间，李霁野仍以教学和发表作品维持生计,他怀着强烈的思恋家人之情创作了《思念》《给大儿》等散文作品,署名"朱梦云"。文集有一篇回忆文章《在重庆和北碚》提到:"《东方杂志》的编辑约我写稿,我想到鲁迅先生所译的《与幼小者》,便写了一篇《给大儿》,控诉日寇侵略者给我们和全国人民带来的痛苦和灾难。我当然只用了笔名。"[21]李霁野还翻译了英国作家吉辛的名作《四季随笔》,连同"原序"和"后记",分为五期发表在重庆的《时与潮文艺》上,其中较早发表于1943年二卷四期、1944年二卷五期的两篇《春》和《夏》均署名"梦云",其余发表各篇署本名"李霁野"。李霁野曾回忆:"有一个杂志的编辑约稿,我已经开始译英国吉辛的《四季随笔》,便寄给他分期发表。首先用的是化名,因为妻和孩子还在天津,怕用真名给她引起麻烦。"[22]

9."雨"。1944年3月,李霁野离开重庆,到四川的白沙女子师范学院英语系任教,而妻子已经带着两个孩子回到李霁野的安徽老家。那段时间里,李霁野给妻子写过不少书信,有些还寄给同乡好友、解放后担任过北京鲁迅博物馆馆长兼鲁迅研究室主任的李何林在刊物上发表。李何林于1940年抵达"大后方"后,在昆明参与恢复成立了"昆明文协",主编过《云南日报》文艺周刊《南风》、《云南晚报》副刊《夜莺》《黎明》等抗战时期的进步刊物。[23]李霁野在《夜莺》副刊上发表的七封家书署名为"雨",而妻子则化名为"温"。[24]"文革"时期,李霁野和家人往来的书信都被"抄家",不知所终,幸好这七封信因曾在报纸上发表,才得以保存下来。李霁野十分珍视这些书信,为找到当时发表的原稿,从1982年8月26日到1983年4月25日,他给受时任北京鲁迅博物馆鲁迅研究室主任陈漱渝委托、经办此事的云南石屏图书馆强英良先后写了8封信,最终才在云南省图书馆找到了当时的《云南晚报》《夜莺》副刊。李霁野为表示谢意,在4月25日信中写道:"英良同志:接到所抄各稿,感谢之至!这事费你时间精力不少,心甚不安,但多言反显生疏,就不说了。"[254]

李霁野在其文字中并未对笔名的使用做出更多特别的说明,也许只是"信手拈来",但笔者还是发现某种规律和联系。例如,有些笔名的发音与李霁野本名相近,如"寄野""季野"或"棘垏";有的笔名则是将本名中的字分拆,如"里予"是将"野"拆成两字而成,这与老舍的本名"舒舍予"似有异曲同工。在化名的使用上,李霁野先生首先考虑到安全因素,不要给家人"引起麻烦",更饱含他对家人的挂念。这种朴素的情感在动荡的岁月是完全可以理解的,"王元""朱梦云""梦云""雨"都属此情形,而且有意思的是,其文字的选择也反映出李霁野先生与生俱来的浪漫气质。至于化名"朱梦云"为何单单取"朱"姓,笔者认为,这很可能与他母亲的姓氏有些联系。李霁野曾表示母亲病逝未能见上最后一面,希望自己能葬在母亲身边。还有一类笔名,如"C.""于若""里予"都是李霁野在未名社创办刊物时使用的。这类同一人在同一刊物使用不同笔名的情况十分常见,如周作人在《未名》半月刊上发表的四篇文章就使用了"岂明""难明"两个笔名,这既是译作者个人的偏好,也有避免重复的考虑。

更值得关注的是那些最初使用笔名发表却未出现在文集中的佚文,包括3篇原创作品:《死婴》《幻影》和《思念》,译述或翻译作品19篇:《易卜生戏剧中的妇女问题》《胜利的恋歌》《梦》《访问》《安特列夫与其象征剧》《文学的遗产》《近代文艺批评断片》等,合计共22篇。这些佚文译著对于全面了解和认识李霁野的文学活动具有不可或缺的作用。例如,以"李寄野"之名发表的文艺论述《易卜生戏剧中的妇女问题》是他早年接受西方文艺思想的例证。刊发所在的《妇女杂志》是当时最有影响力的妇女期刊,它为响应《新青年》1918年推出的纪念"易卜生"特集号,曾在杂志上大力译介易卜生思想等女性主义作品,而"李寄野"的这篇论述文被放在了这期杂志的首位。署名"棘垏""霁野"翻译的屠格涅夫两篇短篇小说和一篇散文诗,完善了李霁野早期译介活动的内容,也使得屠氏作品在中国的译介传播脉络更加清晰明确。"任冬"译述的文章《安特列夫与其象征剧》则说明,当时的李霁野对安特列夫的作品已经开始从单纯的翻译转向深入研究。《文学的遗产》以及《近代文艺批评断片》的翻译则体现了他将文学研究的触角向着更广阔边界延伸的尝试。南开大学外文系常耀信教授认为,20世纪二三十年代英国和欧洲文学批评的发展已经很有深度,美国文学批评尚在起步。李霁野能够较早从事这方面文章的译介,是难能可贵的,对于他日后到大学担任西方文学方面的教学打下了坚实的理论基础。

综上所述,对李霁野先生笔名或化名的考证增加了一个观察这位文学翻译家的视角,也体现了他多个不为人知的侧面,并为进一步发掘、整理和研究他的文学作品建立了基础。

初稿写于 2019 年 4 月 25 日
2023 年 9 月 15 日修订

注释

[1] 苗士心:《中国现代作家笔名索引》,山东大学出版社 1986 年版,第 238 页。

[2] 张素琴编订:《李霁野译著年表》,《李霁野纪念集》,上海文艺出版社 2004 年版,第 369—371 页。

[3] 钦鸿、徐迺翔、闻彬编:《中国现代文学作者笔名录》增订版,南开大学出版社 2022 年版,第 314—315 页。

[4] 耿云志主编:《胡适遗稿及秘藏书信》第 30 卷,黄山书社 1994 年版,第 649—650 页。

[5] 北京鲁迅博物馆编:《北京鲁迅博物馆藏中国近现代名人手札大系》卷一,高等教育出版社 2016 年版,第 215、256、196、205 页。

[6] 李霁野:《滚滚长江水送我到北京》,《李霁野文集》第二卷,百花文艺出

版社 2004 年版,第 473 页。
[7] 李霁野:《影》,未名社 1928 年版。
[8] 李霁野:《总序》,《李霁野文集》第一卷,百花文艺出版社 2004 年版,第 4 页。
[9] C. 译:《年青的爱》,《未名》半月刊,1929 年第 2 卷第 8 期;后更名为《爱情》,收录《李霁野文集》第八卷,百花文艺出版社 2004 年版,第 365 页。
[10] 里予译:《寄 Dianeme》,《未名》半月刊,1928 年第 1 卷第 3 期;后更名为《致黛安》,收录《李霁野文集》第八卷,第 398 页。
[11] 里予译:《伟大的冒险者》,《未名》半月刊,1928 年第 1 卷第 4 期;后更名为《爱情将找出道路》,收录《李霁野文集》第八卷,第 343 页。
[12] 里予译:《像许多处子一样》,《未名》半月刊,1928 年第 1 卷第 5 期;后更名为《歌》,收录《李霁野文集》第八卷,第 513 页。
[13] 里予译:《在青春时爱》,《未名》半月刊,1928 年第 1 卷第 5 期。
[14] C. 译:《艺术箴言》,《莽原》半月刊,1927 年第 2 卷 14 期、第 16 期。
[15] 于若译:《近代的诗人》,《莽原》半月刊,1926 年第 1 卷第 20 期。
[16] 于若:《幻影》,《莽原》半月刊,1926 年第 1 卷第 9 期。
[17] Ludwig Lewisohn ed, *A Modern Book of Criticism*, Modern Library, 1919.
[18]《250217 致李霁野》,《鲁迅全集》第十一卷,人民文学出版社 2005 年版,第 458 页。
[19] 北京辅仁大学校友会编:《北京辅仁大学校史》,中国社会出版社 2005 年版,第 40 页。
[20] 李霁野:《重版小引》,《卫国英雄故事集》,知识书店 1950—1956 年版。
[21][22] 李霁野:《在重庆和北碚》,《李霁野文集》第二卷,第 566、568 页。
[23] 田本相:《李何林传》,河北教育出版社 2003 年版,第 109 页。
[24] 雨:《寄妻书》,《云南晚报·夜莺副刊》,1944 年 8 月 14 日、8 月 25 日、9 月 9 日、9 月 13 日,云南省图书馆藏。
[25] 李霁野致强英良信,《李霁野文集》第九卷,第 175 页。

纪念《祝福》发表100周年

鲁迅笔下绍兴的烟霭与希望
——纪念《祝福》发表100周年

尉　加　绍兴鲁迅纪念馆

2024年,鲁迅经典作品《祝福》迎来了付梓百年的纪念。这部作于1924年2月的短篇小说,次月刊载于上海《东方杂志》半月刊第21卷第6号。1926年8月鲁迅小说集《彷徨》问世,《祝福》被收录为首篇。

历经百年,《祝福》仍熠熠生辉。鲁迅以其冷静审视的笔锋,描绘了故乡绍兴的化身——"鲁镇",记述了"鲁镇"生活中形形色色的、迷惘并且固执的、不幸而不自知的人们。这部作品,不仅是鲁迅文学成就的重要里程碑,更是中国现代文学史上的璀璨星曜。

鲁迅曾说:"我是绍兴人,所写的背景又是绍兴的居多。"[1]诚如其言,绍兴,这座历史悠久的城市不仅以"卓苦勤劳"[2]"坚确慷慨"[3]的精神特质滋养了鲁迅的童年和少年,更以各种意象,深深地烙印在鲁迅的文学创作中。绍兴的河流、桥梁、古宅在鲁迅的笔下成为凝滞或流淌的风景,成为整个故事不可或缺的一部分,为人物和故事晕染出一个既缥缈又熟悉的氛围,也映射出了旧时代的社会风貌。鲁迅笔下"S城""鲁镇"等无一不是虚构的故事发生地和现实中生于斯、长于斯的故乡的杂糅。所有这些,读者都可以从如今绍兴的风景名胜、人文历史、建筑群落、市井生活中获得印证;而在求证的同时,读者也能明确地体悟到鲁迅用意精妙的艺术加工。他有取舍、有分寸、有层次地运用着他所熟悉的故乡绍兴的一切景、物、人、事,赋予以生命、温度和灵魂。

《祝福》的开篇就以寥寥数笔勾勒出了"鲁镇"的气象。这是绍兴典型的冬景,"灰白色的沉重的晚云"[4]和送灶爆竹的闷响、准备"福礼"的忙碌,一静一动,构成了烟霭混沌的叙事基调。

在祥林嫂出场之前,鲁迅闲闲地描写了一些鲁镇人:"讲理学的老监生"[5]鲁四老爷,没有留下名姓的本家和朋友,忙于准备祝福仪式的居民……他们的共同点是"都没有什么大改变,单是老了些"[6]。这些叙述,为彻头彻尾改变了的祥林嫂,做了铺垫。

鲁迅笔下的祥林嫂,甫一出场,形如鬼魅:头发全白,瘦削不堪,脸色黄中带黑,连悲哀的神色都消尽了,如木刻一般,唯一的生气,"只有那眼珠间或一轮"[7]。遇见"我"后,她那几句关于魂灵、地狱的问话更有阴森悲恻之气,让"我"不由自主地想逃离。此后不到一天,祥林嫂便死去了。由此,鲁迅借由"我"这个叙述主体,开始将"先前所见所闻的她的半生事迹的断片"[8]渐渐拼凑成祥林嫂惨苦凄绝的一生。

祥林嫂初到鲁镇时,是卫老婆子推荐给鲁四老爷家的女工。那时的她,安分耐劳,虽是个寡妇,但心中仍存着希望,想通过劳动来养活自己。鲁四老爷是个典型的封建礼教信奉者,毫不掩饰对祥林嫂寡妇身份的鄙夷,但四婶却中意祥林嫂的"实用价值",留下了她。就这样,祥林嫂在鲁镇,有了一段勤快而满足的日子,一切仿佛在向好的方向发展。

打碎幻梦的是一艘来历不明的白篷船。祥林嫂的夫家闻讯而来,掳走了她,将她"卖"给他人。而在这场突如其来的变故中,原本受益于她的勤劳能干的鲁四老爷一家,并未施以援手。因为他们固守着礼教的准则,理所当然地觉得,丈夫死后,寡妇的命运应当由夫家掌控,私自逃出来做工,自然是不对的。鲁四老爷的"可恶!然而……"[9],四婶的"愤愤的说"[10],便体现着这种矛盾心态,在他们的"理所当然"之外,依然有一些微弱的反对的声音。

尽管这些反对多半是出于自身利益受损的愤懑。失去能干的祥林嫂后，他们生活立刻有了不便："这一天是四婶自己煮午饭；他们的儿子阿牛烧火。"[11]名声也受了损："闹得沸反盈天的，大家看了成个什么样子。"[12]后来雇来的女工"大抵非懒即馋，或者馋而且懒，左右不如意"[13]，更让四婶耿耿于怀。

变故中出场的其他人，也各有各的算盘。作为"中人"的卫老婆子，对于祥林嫂的遭遇，没有表现出丝毫的怜悯，只觉得上了当、被愚弄。祥林嫂的夫家只把祥林嫂当成一件货物，待价而沽，对于"货物"的私逃，他们的处理方式是一面强行"劫"走"货物"，一面编了一个看似合理的理由，向雇主家赔罪。而此间"货物"创造的价值，夫家和雇主家默契地达成了一致——自然应该归属于"货物"所附庸的夫家："于是算清了工钱，一共一千七百五十文，她全存在主人家，一文也还没有用，便都交给她的婆婆。"[14]想来旧时一位女工的薪水也不过是个微薄的数字，但它毕竟承载着祥林嫂改善自己生活的希望，她未舍得花掉一文，此时却连同她自己的自由一并被掠夺。

这已经是祥林嫂遭受的第二场悲剧了。第一场悲剧在鲁迅笔下只是一笔带过。严厉的婆婆，小十岁的丈夫，十多岁的小叔子，这样的家庭结构，暗示着祥林嫂的"童养媳"身份。也许她在夫家的日子过得十分艰难，相较而言，鲁镇的生活虽也辛苦，却有盼头。祥林嫂逃离夫家时，丈夫亡故，小叔子长大成人，正是急需"一注钱来做聘礼"[15]的时候。这也为祥林嫂失败的逃离埋下了伏笔。这场悲剧的收尾，是祥林嫂被卖到了"贺家墺"。祥林嫂也嚎过，骂过，拼死抵抗过，最终却仍屈服于命运。关于这场抵抗，鲁迅通过卫老婆子之口，以一种戏谑的语气谈起。对于祥林嫂最终屈服于新的夫家，卫老婆子的评价是"她真是交了好运了"[16]，语气中甚至都有一丝艳羡，完全不顾及前任夫家是怎样强行违背了祥林嫂的意愿，将她从鲁镇捆回来再一路捆到新夫家的。

唯一的慰藉大概是，这家的境遇比前任夫家好得多，没有严厉的婆婆了，丈夫能干，自家又有房子。祥林嫂最终还是安顿下来，好好过日子，还有了子嗣。此前，在人生的十字路口上，祥林嫂激烈的沾染血色的反抗，恍惚如梦，对现实的走向毫无影响。祥林嫂渐渐消失在鲁镇人的视线和谈资中，此时的她，连同她的反抗，都不过是一粒石子投入池中，涟漪散去，归于静寂。

祥林嫂再次出现时，精神状态已然堪忧。她的第二任丈夫死于伤寒，儿子死于豺狼，此时的她仿佛是一个不幸和不祥的符号，在鲁镇格格不入。卫老婆子再次将她推荐至鲁四老爷宅中做工，但主人们很快察觉了她的不同，"她手脚已没有先前一样灵活，记性也坏得多，死尸似的脸上又整日没有笑影"。[17]原先对她的离去耿耿于怀的四婶，也"颇有些不满了"[18]。鲁四老爷对她的鄙夷和戒备也重了许多，只是出于雇佣一位合格的女工难度太大，才心不甘情不愿地留下了她，并暗暗告诫四婶，"祭祀时候可用不着她沾手"，[19]因她是"不干不净"[20]的。

鲁镇上的人们，则将鲁迅笔下的"看客"心理演绎得淋漓尽致。鲁迅曾这样描述戏剧的看客们："牺牲上场，如果显得慷慨，他们就看了悲壮剧；如果显得觳觫，他们就看了滑稽剧。"[21]祥林嫂受了精神刺激后开始疯癫，到处絮絮叨叨她的遭遇，反反复复说着同一段话。而鲁镇的居民则消费着祥林嫂的悲苦遭遇，一开始还觉得是"悲壮剧"，次数多了，他们竟从她的精神失常中咂摸出了"滑稽剧"的意味，再久一些，人们把这段故事听得纯熟，开始"烦厌到头痛"[22]，眼泪没有了，笑容不再敛起，甚至偶尔还有逗弄。"又冷又尖"[23]的"笑影"[24]里，祥林嫂渐渐也开始信奉起沉默是金，"单是一瞥他们，并不回答一句话"。[25]

鲁四老爷家雇佣的帮工柳妈是打碎祥林嫂生之希望的第一人。她以一种诡秘的语气，预测着祥林嫂在"阴司"的遭遇，会被两个死鬼男人争抢，会被阎罗大王锯开……直到祥林嫂那张木讷的、毫无表情的脸上开始显现出"恐怖的神色"[26]来,她才慢吞吞地摆出一副智者的神态,提出了一个貌似合理的解决方案:"你到土地庙里去捐一条门槛,当作你的替身,给千人踏,万人跨,赎了这一世的罪名,免得死了去受苦。"[27]柳妈提出的这个"及早抵当"[28]的办法,在恐惧至极的祥林嫂看来,不啻为福音。"她整日紧闭了嘴唇,头上带着大家以为耻辱的记号的那伤痕,默默的跑街,扫地,洗菜,淘米"[29]攒了快一年,终于成功地捐了一条门槛。自以为赎清罪孽的祥林嫂,"神气很舒畅,眼光也分外有神",[30]原先的精气神似乎又回来了。

然而,冬至祭祖时,四婶慌慌张张的一句"你放着罢,祥林嫂"[31],如平地惊雷炸响,祥林嫂的幻梦又碎了。至此,她彻底没了神采,整日惴惴不安。雇主们终于失去了耐心,打发走了她。而小说开头,"我"那句模棱两可的回答"究竟有没有魂灵,我也说不清"[32],成为将祥林嫂推向万劫不复的深渊的最后一把推手。

《祝福》结尾的所有着墨,都落在大欢喜的全景里,冷静的旁观者和叙述者——"我",在"一天音响的浓云"[33]和"团团飞舞的雪花"[34]里,"懒散而且舒适"[35]地听着祝福的鞭炮声,幻想着"天地圣众歆享了牲醴和香烟,都醉醺醺的在空中蹒跚,豫备给鲁镇的人们以无限的幸福"[36]。此时,终身被各种不幸裹挟着、最终孤苦死去的祥林嫂,在鲁镇居民、天地圣众的眼中,早已轻飘飘如一粒灰尘,湮没进漫天喜庆的空气里,悄无声息。但真的是这样吗?掩卷沉吟,在欢喜的氛围里,属于祥林嫂的那一点暗调,"从白天以至初夜的疑虑",[37]却如同白纸上渗出的一点墨痕,越来越清晰。

鲁迅在《这样的战士》一文中,提出了"无物之阵"的概念:"那些头上有各种旗帜,绣出各样好名称:慈善家,学者,文士,长者,青年,雅人,君子……。头下有各样外套,绣出各式好花样:学问,道德,国粹,民意,逻辑,公义,东方文明……"[38] 这是一片混沌不明的迷雾,处于阵中的人们,愚昧无知,并且固执,认定"他们的心都在胸膛的中央,和别的偏心的人类两样。他们都在胸前放着护心镜,就为自己也深信心在胸膛中央的事作证"。[39]

《祝福》中的鲁镇不正是这样一座"无物之阵"吗?鲁四老爷、四婶、卫老婆子、柳妈、看客们……或囿于封建礼教、夫权神权,或因于贪婪、自私、冷漠等精神状态,每一个人都在坚守自己认定的道德准则,每一个人又都在成为杀死祥林嫂的那把刀。甚至于祥林嫂自己也坚信着这些准则,甘愿成为夫权、神权的附庸和牺牲。她的逃离有绝望的无奈,她的反抗有悲壮的迷惘。她逃到鲁镇只是因为求生本能的驱使,她在"贺家墺"的抗争,也不过是因为"一女不事二夫"的封建礼教式的刚烈。她的精神先于肉体死去,也是因为对柳妈预言的恐慌、对捐门槛洗罪孽抱有不切实际的希望,以及幻灭后失魂落魄的绝望。

对于祥林嫂这样的女性形象,鲁迅始终抱有"衷悲所以哀其不幸,疾视所以怒其不争"[40]的态度。他热切呼唤"要有这样的一种战士"[41],来冲破无物之阵的束缚。即使没有"雪亮的毛瑟枪"[42]和"盒子炮"[43],没有"牛皮和废铁的甲胄"[44],仅有"脱手一掷的投枪"[45],但他义无反顾地举起投枪,"偏侧一掷,却正中了他们的心窝"。[46] 即使"终于在无物之阵中老衰,寿终"[47],也仍要"举起了投枪"[48]。

鉴湖女侠秋瑾正是这样的战士。她是绍兴胆剑精神实实在在的继承者。"一腔热血勤珍重,洒去犹能化碧涛"的豪言铿锵在耳,"秋风秋雨愁煞人"的绝唱更令人动容。如果说祥林嫂是旧时绍兴女性隐忍、蒙昧的化身,祥林嫂的命运是无数个旧式妇女悲剧命运的缩影,那么秋瑾便以其东渡扶桑的胆魄、龙泉夜鸣的壮心,吹响了绍兴女性向旧世界宣战的号角,也让中国乃至世界看见了绍兴女性的智慧、勇气与决断。至今,在绍兴古城的繁华街市中心,她的故居和纪念碑依旧屹立如山。

在鲁迅笔下,"秋瑾"化身"夏瑜",是一位牺牲的革命者。鲁迅从侧面,从群众的愚昧来写革命与牺牲的悲壮。与《祝福》中的鲁镇一样,《药》的故事发生的地方,同样也是一座"无物之阵"。鲁迅选择了华老栓作为切入点,让愚昧的华老栓拿着馒头去蘸革命者夏瑜的鲜血,并笃定地认为这是可以疗愈自己儿子疾病的"药"。而华老栓是从何得知这一"偏方"的呢?自然是来自口口相传的"人血馒头"的传言。其中的吊诡,实在耐人寻味。革命者勇敢地掷出投枪,刺向阵中的憧憧鬼影,即使不能获胜,也希望由此来唤醒世人,不要沉湎。他们的牺牲,本该成为治疗黑暗社会的痼疾的药。但在愚昧的大众看来,却完全变味了:生理意义上的"鲜血"才是他们眼中的"药"。这些战至最后一刻的革命者,最后仍未能冲破无物之阵,牺牲后的残躯,竟成为无物之阵的新的养料。

尽管如此,革命者的觉醒、抗争、战斗和牺牲,终究是值得歌颂的。鲁迅"不恤用了曲笔,在《药》的瑜儿的坟上平空添上一个花环"[49],这便是他的态度。在《祝福》中,鲁迅也表达了这种立场。已经完全沉沦的鲁镇的居民们,对于祥林嫂的死是麻木的,她是一副被"弃在尘芥堆中的"[50]的形骸,"现在总算被无常打扫得干干净净了"[51]。鲁四老爷的反应相对激烈一些:"不早不迟,偏偏要在这时候,——这就可见是一个谬种!"[52]这份怒意的由来,是他认定"当临近祝福时候,是万不可提起死亡疾病之类的话的"[53],而祥林嫂偏偏在祝福前夕死去,这属于对神明的赤裸裸的蔑视和亵渎,是晦气的。

"我"这个鲁镇上的外来客仍有觉醒的可能。在面对祥林嫂的悲剧时,这个"我"仍抱有同情,会"诧异的站着"[54],会"很悚然,一见她的眼钉着我的,背上也就遭了芒刺一般"[55],会"极短期的踌躇"[56],会思考了如何回答才能让祥林嫂更好过一些,自觉"人何必增添末路的人的苦恼"[57],而"吞吞吐吐的"[58]"支梧着"[59],甚至事后还会觉得"不安逸"[60],揣测"我这答话怕于她有些危险"[61]。所有这些,都证明着"我"并没有完完全全被"无物之阵"所裹挟而失去理智、放弃思考,不论是否出于自觉,祥林嫂的悲剧对"我"而言,是有触动的。在往后的日子里,它总能成为长在肉里的一根刺,时不时地警醒着"我",也警醒着读者。

鲁迅晚年在《病后杂谈之余》中写道:"轩亭口离绍兴中学并不远,就是秋瑾小姐就义之处,他们常走,然而忘却了。"[62]此时的他也是百感交集的。对于这些"孤独的精神的战士,虽然为民众战斗,却往往反为这'所为'而灭亡"[63],"白骨在野碧血还腥"[64],复又被蒙昧的民众当作习以为常的事物,渐渐淡忘,这又令他感到无限悲凉。

那么,如何才能彻底冲破无物之阵呢?鲁迅给出了这样的答案。"我们的第一要著,是在改变他们的精神,而善于改变精神的是,我那时以为当然要推文艺,于是想提倡文艺运动了。"[65]而这正是鲁迅为之坚守一生的事业。

鲁迅的作品,之所以能够穿越百年,触动人心,是因为他关注的问题触及了人类社会的普遍困境。虚构的文字与现实的社会,藉由鲁迅的创作,形成了密切的深层联系。在以《祝福》为代表的鲁迅作品中,对人性的挖掘和拷问,对封建礼教的批判,对阶级压迫、道德沦丧、社会不公的揭露和抨击,俯拾皆是,铿锵有力。而这些思考与讨论,至今仍具有深刻的现实意义,激励着我们正视与解决。

鲁迅不仅是中国的,也是世界的;不仅属于过去,也属于现在和未来。在纪念《祝福》发表百年之际,我们要做的,不仅是回顾鲁迅的文学成就,更要继承他的精神遗产,要关注底层民众的生活、精神和命运,勇于并善于面对社会的阴暗面,推动社会正义与进步。

百年后,我们重读《祝福》,不仅是对鲁迅先生的致敬,也是对绍兴文化和中国乡土社会变迁的深度思考。鲁迅的笔触,如同一道穿越时空的光芒,照亮了历史的角落,也启迪着未来的方向。让我们跟随鲁迅的脚步,继续探索文学与社会的深层联系,共同书写属于这个时代的《祝福》。

愿鲁迅笔下的"绍兴",烟霭尽散见长空,希望恒存如晨星。

注释

[1] 鲁迅:《答〈戏〉周刊编者信》,《鲁迅全集》第六卷,人民文学出版社 2005 年版,第 149 页。

[2][3] 鲁迅:《〈越铎〉出世辞》,《鲁迅全集》第八卷,人民文学出版社 2005 年版,第 41 页。

[4][5][6] 鲁迅:《祝福》,《鲁迅全集》第二卷,人民文学出版社 2005 年版,第 5 页。

[7] 同上书,第 6 页。

[8][50][51] 同上书,第 10 页。

[9][10][11][12][14] 同上书,第 12 页。

[13][15][16] 同上书,第 13 页。

[17][18][19][20] 同上书,第 16 页。

[21] 鲁迅:《娜拉走后怎样》,《鲁迅全集》第一卷,人民文学出版社 2005 年版,第 170 页。

[22][23][24][25] 鲁迅:《祝福》,《鲁迅全集》第二卷,人民文学出版社 2005 年版,第 18 页。

[26][28] 鲁迅:《祝福》,《鲁迅全集》第二卷,第 19 页。

[27][29][30][31] 鲁迅:《祝福》,《鲁迅全集》第二卷,第 20 页。

[32][54][55][56][57][58][59][60][61] 同上书,第 7 页。

[33][34][35][36][37] 同上书,第 21 页。

[38][39][41][42][43][44][45][46] 鲁迅:《这样的战士》,《鲁迅全集》第二卷,第 219 页。

[40]鲁迅:《摩罗诗力说》,《鲁迅全集》第一卷,第82页。

[47][48]鲁迅:《这样的战士》,《鲁迅全集》第二卷,第220页。

[49]鲁迅:《呐喊·自序》,《鲁迅全集》第一卷,第441页。

[52]鲁迅:《祝福》,《鲁迅全集》第二卷,第8页。

[53]同上书,第9页。

[62]鲁迅:《病后杂谈之余》,《鲁迅全集》第二卷,第195页。

[63]鲁迅:《这个与那个》,《鲁迅全集》第三卷,人民文学出版社2005年版,第150页。

[64]鲁迅:《且介亭杂文·附记》,《鲁迅全集》第六卷,人民文学出版社2005年版,第217页。

[65]鲁迅:《呐喊·自序》,《鲁迅全集》第一卷,第439页。

细节的隐喻
——《祝福》阅读笔记三则

谷兴云　阜阳师范大学文学院

鲁镇的河

鲁迅描写故乡风情、叙述乡土故事,总要写到河或船。比如,在《呐喊》中,写到鲁镇的河——"临河的土场上,太阳渐渐的收了他通黄的光线了""面河的农家的烟突里,逐渐减少了炊烟"[1],故乡的船——"冷风吹进船舱中,呜呜的响""我躺着,听船底潺潺的水声"[2];未庄的河和城里的船——"三更四点,有一只大乌篷船到了赵府上的河埠头""据探头探脑的调查来的结果,知道那竟是举人老爷的船"[3];母家的河,鲁镇的船——"那地方叫平桥村,是一个离海边不远,极偏僻的,临河的小村庄""夹着潺潺的船头激水的声音,在左右都是碧绿的豆麦田地的河流中,飞一般径向赵庄前进了"[4]。

与《呐喊》诸篇相似,《彷徨》的首篇《祝福》中也多次出现对于河(船)的描述,而且分量更重。《祝福》第一次写河,是"我"回到鲁镇的次日和祥林嫂的意外相遇,特地提示,"遇见"处是镇东头的"河边":"那是下午,我到镇的东头访问一个朋友,走出来,就在河边遇见她;而且见她瞪着的眼睛的视线,就知道明明是向我走来的。"[5]

第二次写河是祥林嫂在"河边掏米":"新年才过,她从河边掏米回来时,忽而失了色,说刚才远远地看见一个男人在对岸徘徊,很像夫家的堂伯,恐怕是正为寻她而来的。"[6]

接下来,还有第三次写河:"四叔踱出门外,也不见,直到河边,才见平平正正的放在岸上,旁边还有一株菜。"[7]

第四次写河与船(卫家山的船):"看见的人报告说,河里面上午就泊了一只白篷船,篷是全盖起来的,不知道什么人在里面,但事前也没有人去理会他。待到祥林嫂出来淘米,刚刚要跪下去,那船里便突然跳出两个男人来,像是山里人,一个抱住她,一个帮着,拖进船去了。祥林嫂还哭喊了几声,此后便再没有什么声息,大约给用什么堵住了罢。接着就走上两个女人来,一个不认识,一个就是卫婆子。窥探舱里,不很分明,她像是捆了躺在船板上。"[8]

综上,《祝福》写河和船相比于《呐喊》诸篇,相同之处在于:一是显示水乡特色(河渠密布,出行靠乘船);二是适应叙事需要(人物活动、情节变化,离不开河和船)。而相异之处更明显:从内容看,鲁镇的河是祥林嫂的生命线,攸关其生死存亡的命运;从艺术构思看,没有河和船,就没有苦命女人的悲惨故事,没有文学典型祥林嫂。

《祝福》对于河的描写,蕴含多重意义,与主人公的生命历程密切相关。

1. 求生之河。山村女人祥林嫂,在"二十六七"之后,两次面临绝境,都是经由这条河(但没有明写),到鲁镇寻求活路。一次是从卫家山出逃:祥林嫂遭遇丈夫夭亡,婆婆贪图彩礼,随即把她卖进深山。为反抗逼嫁,她瞒着婆婆逃到鲁镇。经卫老婆子介绍,进鲁四老爷家做工,得以自主谋生,为时三个多月。一次是被赶出"贺家墺":祥林嫂被逼嫁进深山,可嫁的是会过日子又心疼自己的贺老六,还顺利生育了儿子阿毛。她因而享受两三年的美好日子。但随后接连遭受致命打击,丈夫病死,儿子被狼吃,大伯收屋赶她走。无处容身的祥林嫂,唯一去处还是鲁镇。她再求卫老婆子介绍,二次进鲁四老爷家做工,而终于在鲁镇存活至"四十上下"。如果没有鲁镇的河,祥林嫂想出逃,真是寸步难行。

2. 关注之河。祥林嫂来到"河边淘米"(第二次写河),她留心观察,婆婆家的人会不会沿这条河,来鲁镇追寻她?对文本的有关描述应注意:第一,事情发生时间,是"新年才过"——相距祥林嫂"冬初"逃到鲁镇,已过去三个月。急于逼嫁的婆婆,这时才想起鲁镇,请堂伯来侦查,可谓婆媳"智差三个月"。第二,祥林嫂是"远远地看见",那男人在对岸徘徊,很像夫家堂伯。"远远地"看见,表明其警觉性之高,观察之细。第三,祥林嫂"忽而失了色",对主人说,那人很像夫家堂伯,恐怕为寻她而来。如此惊慌失措,是因为她深知大祸即将降临。鲁四老爷到这时才如梦初醒:"这不好。恐怕她是逃出来的。"主人的迟钝,反衬出女仆"智高一筹"。

3. 恐怖之河。第四次写河与船,细述人物遭受的暴力恐怖:"突然跳出两个男人",接着是"抱住""帮着""拖进""堵住""捆了"等一连串行为动作,表现绑架者的急迫、粗暴和凶狠。尽管祥林嫂奋力抗争,却只能"哭喊了几声"。同时表现出不同人物的不同性格:祥林嫂对逼嫁的激烈反抗;祥林嫂婆婆的"精明强干"(精心筹划,细密安排:白篷船上午就停在河边,船篷全盖起来,耐心等至中午,只待祥林嫂来河边淘米,二男二女相互配合,"两个男人"负责绑架,"两个女人"相伴,去主人家赔罪,算工钱,取衣服);卫老婆子的世故圆滑(既为祥林嫂荐了地方,又给四婶介绍了佣人,终于和祥林嫂婆婆"合伙劫她去"。)

4. 期盼之河。再回看第一次写河——祥林嫂最后在河边的活动。她与"我"的相遇,为什么是在镇东头的"河边"?祥林嫂为什么"瞪着的眼睛",是"明明是向我走来"?这显示祥林嫂对"我"

的期盼和等待。祥林嫂深知，作为"出门人"的"我"，或将从这条返乡必经的水路，回到鲁镇。她的神情、动作（"瞪着的眼睛""明明是向我走来"），以及语言（"这正好""我正要问你"），显示其期盼之殷。她认定，"我"是"识字的"，而且"见识得多"，只有"我"可以回答久存心底的问题：有没有魂灵，有没有地狱，乃至"死掉的一家的人，都能见面的？"而一家人在地狱见面，就是祥林嫂最后的期盼。

《祝福》对于河与船的描写，源于作者的真实生活。文中所写的河，名"张马河"，位于鲁迅故居之南，相隔一条街；祥林嫂淘米、洗菜（"远远地看见"堂伯）之处，叫"小船埠头"，离鲁四老爷家最近（参见周建人《鲁迅故家的败落·晚清东昌坊口示意图》）。"我"借住的鲁四老爷家，是"新台门周家"，其东为"老台门周宅"（参见周作人《鲁迅小说里的人物·鲁四老爷》）。"我""到镇的东头访过一个朋友"，是说从"新台门"（位置在西边），前去"老台门"（位置在东边），看望那里的本家。因此，"我"是在镇的"东头"，遇见祥林嫂，从而发生一场"河边"对话。

鲁四老爷的宅子

返乡游子"我"，离开五年后重回鲁镇。因为故乡已没有家，就借住在族叔鲁四老爷的宅子里。这宅子，既是"我"的临时栖身处，也是读者认识鲁四老爷的视角。

关于这所宅子，有两个观察和思考点。

一是对书房的描写。读者随"我"来到宅子，进入眼帘的首先是书房：叔侄见面寒暄不一会，"我便一个人剩在书房里"。此为书房第一次出现（回到故乡的第一夜），却没有对它说什么；是在书房第二次出现时（回到故乡的第三天夜晚），才描述了房里的景象："我回到四叔的书房里时，瓦楞上已经雪白，房里也映得较光明，极分明的显出壁上挂着的朱拓的大'壽'字，陈抟老祖写的；一边的对联已经脱落,松松的卷了放在长桌上,一边的还在,道是'事理通达心气和平'。我又无聊赖的到窗下的案头去一翻,只见一堆似乎未必完全的《康熙字典》,一部《近思录集注》和一部《四书衬》。"[9]

其实只写了两样东西:壁上的字幅和案头的旧书。鲁四老爷是监生,属于读书人,这两样东西就是明证。写大"寿"字的陈抟是道教重要人物,被道家尊为"老祖";"事理通达心气和平",语出理学经典《论语集注》(《近思录集注》和《四书衬》都是理学著作)。对两者的关系,周作人作了解释:"讲理学的大都兼信道教,他们于孔孟之外尤其信奉太上老君或关圣帝君的。"[10] 书房的字幅,显示一种精神追求,但"一边的对联已经脱落,松松的卷了放在长桌上",表明主人并不怎么重视,真正把它放在心上,所谓"精神追求"也就打了折扣,不过是曾经的附庸风雅。那"一堆似乎未必完全的《康熙字典》",更似乎诉说着:主人并非真正读书的读书人。

当思考者:为什么对书房的描写,安排在它第二次出现时(第三天夜晚),而不是第一次?这与人物的心情变化密切相关。"我"回鲁镇后看到,不仅鲁四老爷"没有什么大改变,单是老了些",其他本家和朋友,"他们也都没有什么大改变,单是老了些",就连鲁镇"祝福"的繁文缛节,依旧"年年如此,家家如此",也毫无变化。经过两三天的活动,"我"对故乡的保守、落后和停滞十分失望,感到郁闷、无聊和不安。最为揪心的是与祥林嫂相遇,看到她的悲惨境遇,而自己无能为力,徒呼奈何。为此思前想后,才在第三天夜晚有了更深感触:"无论如何,我明天决计要走了。""在阴沉的雪天里,在无聊的书房里,这不安愈加强烈了。"[11]

二是宅子的构成。鲁四老爷的宅子除书房外还有:"内室"是四叔和四婶的起居室,也是他们日常说话处——"我竟听到有些人聚在内室里谈话,仿佛议论什么事似的"[12];"堂前"是接待客人、外来者及商谈事情的地方——"又过了两个新年,她竟又站在四叔家的堂前了"[13];"堂屋"是祭祀祖先的场所——"四婶装好祭品,和阿牛将桌子抬到堂屋中央"[14];"下房"和"灶下"——"她想了一想,便教拿圆篮和铺盖到下房去"[15]"她在这一天可做的事是不过坐在灶下烧火"[16]。整个宅子的构成大约只有这些房屋。可以印证的是,祥林嫂被绑架后,"寻淘箩"所到之处:"于是大家分头寻淘箩。她(四婶)先到厨下,次到堂前,后到卧房,全不见淘箩的影子。"宅子内各处寻遍,于是有"四叔踱出门外,也不见,直到河边,才见平平正正的放到岸上,旁边还有一株菜"[17](第三次写河)的事情。

可见,鲁四老爷的宅子谈不上是"豪宅",甚至相当逼仄、窘迫。不妨和《彷徨》的末篇小说《离婚》做一点参照,此篇写到庞庄的乡绅慰老爷:他属于当地的"高门大户",其宅第有"黑油大门",来客走进大门,"便被邀进门房去",有"工人搬出年糕汤"招待,并稍作停留;"喝完年糕汤"后,由"一个长年"领着客人,"经过大厅,又一弯,跨进客厅的门槛去了";"客厅里有许多东西",令人"不及细看"[18]。如此宅院,这等场面,之于鲁四老爷及其宅子,是后者无法相比的。

还可以参照其日常生活与用人情况。如四叔到河边寻淘箩,见到的是"旁边还有一株菜",而没有更多荤素食材;常年只雇一个女工,年底忙不过来时才添短工;雇不到合适女工,四婶就自己煮饭,儿子阿牛烧火;冬至祭祖时,四婶装祭品,和阿牛将桌子抬到堂屋中央,等等。

以上种种无不显示出主人并非称霸一方的巨富豪绅,他也不具备卫老爷那样的威势和影响力。从艺术构思看,小说无意渲染鲁四老爷如何残暴凶狠,或极力压榨剥削,他对祥林嫂的伤害,在于精神领域的控制,是思想观念的高压,从而陷被害者于万劫不复的境地。周作人说:"这位道学家在这里的地位不怎么重要,他的脚色只是在给祥林嫂以礼教的打击,使她失业以至穷死,所以关于他的个人不再着力描写的吧。"[19]此言符合小说题旨,和文本内容一致。

祥林嫂的"财物"

1. 竹篮、破碗、长竹竿

《祝福》开篇写"我"在送灶之夜回到鲁镇,暂寓在鲁四老爷家,连日里看望本家和朋友,人们忙于准备"祝福",等等。在这些人物、情节铺垫下,祥林嫂随之出场:

我这回在鲁镇所见的人们中,改变之大,可以说无过于她的了:五年前的花白的头发,即今已经全白,全不像四十上下的人;脸上瘦削不堪,黄中带黑,而且消尽了先前悲哀的神色,仿佛是木刻似的;只有那眼珠间或一轮,还可以表示她是一个活物。她一手提着竹篮,内中一个破碗,空的;一手拄着一支比她更长的竹竿,下端开了裂:她分明已经纯乎是一个乞丐了。[20]

这是一段内含丰富的文字,值得细细品味。其中细节包括提着竹篮,空的破碗,长竹竿下端开裂等,尤其引人深思。祥林嫂在与"我"见面、谈话后,当晚或次日就"老了",陪伴主人多年的乞讨工具:竹篮、破碗、长竹竿,自然成为她留存于世的三样物件。祥林嫂出身山村穷苦人家,做了20多年童养媳,后在鲁镇做女佣,一生勤劳节俭,为什么临死没有留下一点钱财,或者一件有价值、有意义的东西?

祥林嫂勤俭的本性,在小说中有鲜明表现。如她逃到鲁镇,第一次进四叔家做工,就先经过四婶的严格"面试":"看她模样还周正,手脚都壮大,又只是顺着眼,不开一句口,很像一个安分耐劳的人,便不管四叔的皱眉,将她留下了。"[21]接着在试工中,她整天地干活,闲不下来,而且有的是力气,抵得过男子,因此顺利通过考核,如愿成为正式女工,每月工钱五百文。在此后的日子里,她一点也没有松懈，不挑食物，不惜力气，比勤快的男人还勤快。年底最忙时，扫尘、洗地、杀鸡、宰鹅、彻夜煮福礼等各种活计，一人全包，主人没有添短工。

祥林嫂不怕苦、不怕累，连续数月，所挣工钱一文也还没有花，全存在主人家，开始有了自己的积蓄。哪里料到三个半月后，她的婆婆探知情况，来鲁镇把她绑走；积存下的一千七百五十文工钱，也成了婆婆的"战利品"。祥林嫂辛苦挣来的第一笔钱，全被婆婆抢掠而去；在鲁镇做工几个月，什么也没剩下。

2. 荸荠式的圆篮和小铺盖

祥林嫂第二次进四叔家，与第一次不同。第一次是出逃鲁镇，卫老婆子领着进四叔家时，她只带一双手；第二次是："有一年的秋季，大约是得到祥林嫂好运的消息之后的又过了两个新年，她竟又站在四叔家的堂前了。桌上放着一个荸荠式的圆篮，檐下一个小铺盖。""她（四婶）想了一想，便教拿圆篮和铺盖到下房去。卫老婆子仿佛卸了一肩重担似的嘘一口气；祥林嫂比初来时候神气舒畅些，不待指引，自己驯熟的安放了铺盖。她从此又在鲁镇做女工了。"[22]

这里反复提到所带"圆篮"和"铺盖"，具有一定的强调性，意义非同寻常，它们与祥林嫂前一段幸福生活密切相关。

婆婆绑架祥林嫂，是为了强逼她嫁给"贺家墺"的贺老六。这反而促成命运的一次转机，如卫老婆子说的"她真是交了好运了"：她到年底就生了一个孩子，男的，新年就两岁了。我在娘家这几天，就有人到贺家墺去，回来说看见他们娘儿俩，母亲也胖，儿子也胖；上头又没有婆婆；男人所有的是力气，会做活；房子是自家的。——唉唉，她真是交了好运了。[23]

这样的生活，是祥林嫂过去不敢奢望的。卫老婆子特别提到"房子是自家的"，显示房子的重要性，更是夫妻二人最大一笔财产。因此在贺老六死于伤寒,孩子被狼吃,祥林嫂"只剩了一个光身"之时,其大伯就紧盯着房子,造成"大伯来收屋,又赶她"的结局。类似情节也见于《彷徨》中的另一篇小说《孤独者》:主人公魏连殳没有娶亲,他在老家寒石山有一间"破屋子"——继承祖母的遗产,借给女工居住了。其堂兄领着小儿子找到他,要求将那小儿子过继给他。父子的目的,其实是要过继给魏那一间寒石山的"破屋子"。魏说:"他们父子的一生的事业是在逐出那一个借住着的老女工。"[24]

祥林嫂带着的"圆篮"和"铺盖"是再嫁到"贺家墺"两三年时,她和贺老六及孩子共同生活的余存和见证。所带"铺盖",本是平日生活不可少的物品;她第一次进鲁四老爷家做工,自己没有带,所用铺盖是四婶提供给她的。所以,她婆婆和四婶结算工钱后,"那女人又取了衣服,道过谢,出去了",并没有带走铺盖。(取走的"衣服",也是主人给祥林嫂的:祥林嫂挣的工钱,"一文也还没有用"。)第二次做工带着"铺盖",一则此时的境况不同于上次,自己有了;二则她准备好,想长期在四叔家做工。

3. 八十千与十二元鹰洋

说到祥林嫂的"财物",不能不关注两笔钱:"八十千"和"十二元鹰洋"。两者与祥林嫂的命运息息相关。

"八十千"是祥林嫂的身价,她婆婆把她卖进里山,从贺老六手里赚取的。卫老婆子说:"阿呀,我的太太!你真是大户人家的太太的话。我们山里人,小户人家,这算得什么?她有小叔子,也得娶老婆。不嫁了她,那有这一注钱来做聘礼?他的婆婆倒是精明强干的女人呵,很有打算,所以就将她嫁到山里去。倘许给本村人,财礼就不多;惟独肯嫁进深山野墺里去的女人少,所以她就到手了八十千。现在第二个儿子的媳妇也娶进了,财礼只花了五十,除去办喜事的费用,还剩十多千。吓,你看,这多么好打算？……"[25]

按照卫老婆子说法，婆婆强迫寡妇儿媳再嫁（即转卖儿媳），在山村是再正常不过的事，无须大惊小怪。特别处在于，祥林嫂婆婆精于算计，把儿媳卖进深山野坳，可以捞取更大价钱，既解决了给小儿子娶媳妇的花费，还可以赚到十多千的余钱。这实在是一笔好买卖，何况，她已经事先掠取了祥林嫂一千七百五十文工钱。

祥林嫂和她的婆婆是一对生死冤家。祥林嫂做童养媳的一二十年，受尽婆婆的"严厉"，即虐待，成为寡妇后，依然不放过她，成为婆婆的发财工具。祥林嫂的第一个克星，其悲剧的源头就是她的婆婆。

"十二元鹰洋"也是祥林嫂的身价——赎罪的身价。事情的起源是柳妈的一套说辞：

"再一强，或者索性撞一个死，就好了。现在呢，你和你的第二个男人过活不到两年，倒落了一件大罪名。你想，你将来到阴司去，那两个死鬼的男人还要争，你给了谁好呢？阎罗大王只好把你锯开来，分给他们。我想，这真是……""我想，你不如及早抵当。你到土地庙里去捐一条门槛，当作你的替身，给千人踏，万人跨，赎了这一世的罪名，免得死了去受苦。"[26]

作为山村女人的祥林嫂，思想和认知都十分单纯，她听信柳妈的话，即刻去土地庙求捐门槛。庙祝认准她的虔诚和迫切，乘机狠敲一把，大吊其胃口，好说歹说才松口，竟然索要大钱十二千——"庙祝起初执意不允许，直到她急得流泪，才勉强答应了。价目是大钱十二千。"[27]所谓"大钱"，就是足数的钱，没有折扣，而且不要成串的零碎铜钱。为了凑够钱数，祥林嫂又干了近一年，才从四婶手里支取历来积存的工钱，换成十二元鹰洋，送到庙祝手中，完成捐门槛的心愿。

这里不妨略谈关于"十二元鹰洋"的疑问。有论者说，"祥林嫂第二次做工的工钱竟然比第一次还多""这应该是《祝福》情节的一个瑕疵与纰漏"。意思是,祥林嫂只干"快够一年",挣不了十二元鹰洋。其实,问题的答案在那个"荸荠式的圆篮"中:这种圆篮适用于盛放物品,包括值钱东西或钱币。祥林嫂带着它到鲁镇,其中除装有衣服外,不排除还有节省下的钱,请四婶代为保存备用。文中没有交代圆篮里的东西,给读者留出想象空间。

回溯上文,一生勤俭的祥林嫂,为什么没有留下一点钱或物,只剩几样讨饭工具?原因在于,穷苦而孤独的再嫁寡妇,是强势者(无论山里人或鲁镇人,她的婆婆、大伯或庙祝)欺凌、压榨的对象,他们贪欲无止境,榨取不手软,到弱势者被榨干夺净方休。

伤害、压迫是全方位的,既有精神暴力,又有物质剥夺。可贵的是,尽管鲁镇冷酷,山村无情,在精神和物质双重夹击下,祥林嫂从未屈服,她努力活着,奋力抗争,直至最后一刻。

注释

[1] 鲁迅:《呐喊·风波》,《鲁迅全集》第一卷,人民文学出版社 2005 年版,第 491 页。

[2] 鲁迅:《呐喊·故乡》,《鲁迅全集》第一卷,人民文学出版社 2005 年版,第 510 页。

[3] 鲁迅:《呐喊·阿 Q 正传》,《鲁迅全集》第一卷,人民文学出版社 2005 年版,第 537 页。

[4] 鲁迅:《呐喊·社戏》,《鲁迅全集》第一卷,人民文学出版社 2005 年版,第 590—592 页。

[5] 鲁迅:《彷徨·祝福》,《鲁迅全集》第二卷,人民文学出版社 2005 年版,第 6 页。

[6] 同上书,第 11 页。

[7][8] 同上书,第 12 页。

[9] 同上书,第 6 页。

[10] 周遐寿:《鲁讯小说里的人物》,人民文学出版社 1981 年版,第 104 页。

[11] 鲁迅:《彷徨·祝福》,《鲁迅全集》第二卷,人民文学出版社 2005 年版,第 8 页。

[12] 同上书,第 8 页。

[13] 同上书,第 15 页。

[14] 同上书,第 20 页。

[15] 同上书,第 16 页。

[16] 同上书,第 17 页。

[17] 同上书,第 12 页。

[18] 鲁迅:《彷徨·离婚》,《鲁迅全集》第二卷,人民文学出版社 2005 年版,第 151—152 页。

[19] 周遐寿:《鲁讯小说里的人物》,人民文学出版社 1981 年版,第 104 页。

[20] 鲁迅:《彷徨·祝福》,《鲁迅全集》第二卷,人民文学出版社 2005 年版,第 6 页。

[21] 同上书,第 10 页。

[22] 同上书,第 15—16 页。

[23] 同上书,第 14 页。

[24] 鲁迅:《彷徨·孤独者》,《鲁迅全集》第二卷,人民文学出版社 2005 年版,第 95 页。

[25] 鲁迅:《彷徨·祝福》,《鲁迅全集》第二卷,人民文学出版社 2005 年版,第 13—14 页。

[26] 同上书,第 19—20 页。

书评

书评

抗战版画的一个宝库

黄乔生　北京鲁迅博物馆

北京鲁迅博物馆(以下简称"鲁博")有一个"胡风文库",专收著名诗人、文艺理论家胡风的生前旧藏,其中包括近500幅创作于抗日战争时期的木刻版画原作,历经几十年风云变幻、坎坷波折,奇迹般地保留到今天。

北京鲁迅博物馆文物资料保管部"胡风文库"的保管员常楠女士于2022年在湖北人民出版社出版了一本研究胡风文库藏品的专著《读简录——胡风友朋来札撷解》,以北京鲁迅博物馆胡风文库中的胡风旧藏友人书信为重点研究对象,从20世纪30年代至80年代胡风与其中国作家友人林辰、曹禺、吴组缃、杨刚、华岗、胡今虚、陈波儿、徐中玉、孔厥、欧阳凡海、黎烈文等以及美国华侨飞行员等的交往中窥见时代风貌,阅世事变迁,叹人间真情。

胡风先生的女公子张晓风老师在为《读简录》所作的序言中简略介绍了胡风文库藏品的保存过程,特别提到书信部分,约3000多封,最早的写于20世纪20年代,最多的是20世纪30年代到1955年,以文化界人士以及爱好文学的青年们的来信为多,这与胡风的文艺批评家和报刊编辑的身份分不开。

我本人对收藏信件中有关中国新兴版画,特别是抗日战争时期版画的部分感兴趣,因为这些藏品与鲁博若干年来的工作密切相关。多年前,鲁博"胡风文库"保管员于静女士对胡风家属捐赠给博物馆的第一批资料做过整理和研究,出版了《旧物记》(中华书局 2008 年版）。而对版画文献进行整理和研究的任务就落到常楠女士肩上。于是有了《淬火成锋——抗战版画十家漫谈》这部专门解读胡风文库所藏抗战版画作品和抗战版画家来信的著作。

二

2015 年,我和常楠女士陪同张晓风老师去武汉参加抗战版画展览开幕式。在武汉举办这个展览,一个原因是湖北是胡风的故乡,更主要的原因是胡风曾在武汉参与举办过一个抗战版画展览——这正是让展品回到"原地"。鲁博胡风文库所藏 50 余位版画家的近 500 幅抗战版画中,有一部分就是胡风在武汉办展期间搜集保存的。

1937 年,随着平津、上海、南京等地相继沦陷,中国政府向内地撤退,做持久抗战的准备,武汉一时成为全国抗战的重镇。各地木刻工作者纷纷来到武汉。胡风等文艺界人士在武汉创办《七月》杂志,大量刊载木刻作品,并联合江丰、李桦等于 1938 年 1 月 8 日至 10 日在武汉民众教育馆举办了"全国抗敌木刻画展览会",展出作品 300 余幅,是全面抗战爆发后第一个大型的抗战木刻展。此后,1938 年 6 月,中华全国木刻界抗敌协会在武汉成立;7 月,中华全国木刻界抗敌协会举办了"第一回木刻展",并出版了《全国抗战木刻选集》。

2015 年在湖北省博物馆举办的抗战版画展,展品中就有十多幅当年"全国抗敌木刻画展览会"原展品,甚至有的还粘连着那时工作人员手写的说明条,十分珍贵。

《淬火成锋》的作者正是这类项目的参与者,而且是不可或缺的参与者,因为库房由她管理,每次取用展品,编写图书目录和展陈大纲,她都要在场和参与。武汉展览结束后,博物馆同仁对展陈品进行了整理、出版、研究和展示等工作。随后,这个展览陆续在天津美术馆、北京清华大学美术馆、淮安周恩来故居纪念馆等地举办。鲁博因此形成了一个专业团队,负责搜集资料,编辑图册,策划展览,进行社教活动。

我还记得我们最初在筹备湖北博物馆的展览时,坐在资料室的会议室,大家感到展览的题目不够吸引人,"抗战版画展"的总题是用在哪里都可以的,显得笼统。忽然,我在一堆展品中发现一本书,书名《中国战斗》,是一位叫万湜思的版画家在抗战时期出版的木刻集。"万湜思"是版画家姚思诠的笔名,是世界语"献出"的音译。这位英年早逝的版画家为抗战文艺献出了心血和生命。抗战版画,是艺术作品,也是武器;抗战版画家,是艺术家,更是战士。中国的抗战是全民抗战,人不分老幼,地无论南北。这位战斗在敌占区的版画家,用中文和世界语刻写自己作品的题名,更昭示了中国的抗战既是为中国,也是为世界和平和各国同胞的福祉,有力地证明了中国的抗战是世界反法西斯战争的重要组成部分。在这场战争中,中国人民由沙聚而凝结,爆发出巨大的力量。正是这种团结,成为抗战胜利的根本保证。这个题目意思完全契合展览主题,音声响亮,我提议展览的正题就叫"中国战斗",就用万湜思手刻红印在书面上的四个大字,得到大家的一致赞同。

武汉展览的成功,引发了鲁博在版画收藏、研究和展览方面的更多行动:收藏抗战版画资料,编辑抗战版画作品,甚至收藏了一些晋察冀抗日根据地时期的木刻原版。几年间,我们陆续编辑出版了《怒吼》《铭刻》和《中国新兴版画(1931—1945)》等图书。

三

虽然鲁迅在全面抗日战争爆发前夕去世,但他是抗战版画的先驱者,而且,他也是中国现代新兴版画的倡导者。1929 年,鲁迅与柔石、崔真吾、王方仁等人以"朝华社"名义出版了《近代木刻选集》《新俄画选》等书籍,介绍欧洲木刻艺术。鲁迅积极介绍外国版画优秀作品，自费出版或为图书公司编选了近十部国外优秀版画家作品，并举办展览，向中国艺术界和民众介绍。20世纪30年代初，为了促进中国艺术青年学习外国版画原作，他与友人多次合办外国版画展，展出了德国、比利时、苏联等国家十几位版画家的作品。

1931年8月，鲁迅在上海举办"木刻讲习会"，被视为中国现代版画兴起的标志。鲁迅在木刻讲习班课堂上展示的珂勒惠支的《农民战争》等作品，后来成为中国木刻工作者的范本。抗战时期一些版画作品表现的战斗场面、反抗精神明显带有珂勒惠支艺术风格的影响。鲁迅去世后，抗战版画沿着他所指引的现实主义道路继续发展，并在抗战的烽火中，迅速达到成熟，完成中国化、民族化，形成中国现代版画史上第一座高峰。

鲁迅敏锐地意识到木刻创作者会在反抗帝国主义侵略和专制统治的斗争中发挥作用，称木刻"是正合于现代中国的一种艺术"[1]。他认为，发展新兴木刻，既要"绍介欧美的新作"，也要"复印中国的古刻"："采用外国的良规，加以发挥，使我们的作品更加丰满是一条路；择取中国的遗产，融合新机，使将来的作品别开生面也是一条路。"[2] 他在给版画家李桦的信中提出具体建议："倘参酌汉代的石刻画像，明清的书籍插画，并且留心民间所赏玩的所谓'年画'，和欧洲的新法结合起来，许能够创出一种更好的版画。"[3]

武汉集结后，随着抗日战争艰苦阶段的到来，在鲁迅教导下成长的版画青年担负起抗战版画创作的重任。1937年9月15日，"木刻讲习班"学员江丰携带为第三届全国木刻流动展所征得的作品200余幅，沿途展览，到达汉口；同年10月，现代版画会在广州举行"抗战木刻展览"，作品由鲁迅的另一学生赖少其带到广西柳州、南宁、梧州和桂林巡展。整个抗战期间，一方面，国统区抗战版画作品表现了民众在战争中的苦难生活，以及日寇的残暴和战争带给人民的灾难和痛苦,刻画出人民面对暴行的挣扎和反抗;另一方面,延安的木刻作品表现了革命根据地的生产、生活和战斗场面,如大生产运动、拥军爱民等,表达了根据地人民对抗战胜利的信念和对幸福生活的渴望。

在艺术上,抗战版画也致力于民族性发展方向。在延安等地,艺术家们还热心搜集和借鉴传统木刻版画书籍插图、年画、皮影、民间灶画、门神、窑洞窗花剪纸等,使版画更加贴近普通民众。木刻版画在延安成了最大、最有吸引力的美术形式。1938年4月10日,延安鲁迅艺术学院成立,设文学、音乐、美术、戏剧四个系。美术系事实上成了"木刻系",木刻成了全体学员的必修课。

从左联到抗战,中国现代的木刻版画家们艰苦探索,吸收古今中外和民间的艺术营养,密切联系社会现实,贴近人民大众,创作了大量优秀作品,走出了民族化的独特道路,极大地推动了中国现代版画的发展。抗战版画代表了中国抗战时期美术的最高水平。

抗战期间,版画家们牢记鲁迅的教导,为继承和发扬鲁迅的文艺理念,时时刻画鲁迅的形象,缅怀鲁迅倡导版画的功绩,用鲁迅的精神鼓励战友和同志。抗战胜利后,木刻协会总结成就,举办展览,编辑出版《抗战八年木刻选集》,书名集鲁迅手迹,在扉页上用红色字体庄重地印上"仅以此书纪念木刻导师鲁迅先生逝世十周年"(Dedicated to the late Mr. Lu Hsun, the Arch — sponsor of woodcutting in China, on the Occasion of the Tenth Anniversary of His Death.)

胡风收藏的抗战版画最终入藏北京鲁迅博物馆,看似机缘巧合,实是后代师承鲁迅的必然。

四

胡风在弘扬鲁迅文艺思想、推进版画事业发展过程中做出了不可磨灭贡献。

《淬火成锋》以胡风与版画家的通信为切入点，展示抗战版画史上的重要节点和主要代表作家作品。

这样的题目看似微小和具体，却需要有很深的学术修养。对鲁迅和胡风的文艺思想的了解自不待言，对中国现代历史、文学史、版画史也需要做充分的功课。本书选定的10位版画家，多与鲁迅、左翼美术运动有密切的联系。他们与胡风的通信即便在不提到鲁迅的时候，字里行间也闪烁着鲁迅的影子。他们的共同特点是尊崇鲁迅，服膺鲁迅的文艺思想，维护鲁迅的精神传统。读者从中也能看到胡风在抗战时期，以鲁迅的文艺理念为旨归，在版画的发展和进步道路上发挥的促进作用。

在鲁迅精神熏陶下成长的胡风及其周围的文艺人士，相互之间有一种天然的亲近，有温情和热情，有交流和共鸣。抗战版画以勇武的精神、壮阔的场面，是历史，是绘画，更是诗篇。在前辈的崇高理念和感人风范的感召下，同事们做这些工作，就不只是日常和完成任务交差，而是带着一种责任感。

因为负责胡风专库，作者在编辑图录、策划展览的过程中，对有些版画家和作品做了系统深入的研究，发表文章和出版专著。尽管这些书信和作品的解读不是什么宏大的题目，但对相关文献的熟悉，具体地说，对抗战版画的历史的了解，是必备条件。只有对一部抗战版画了然于胸，再来解读藏品，才有全局观，对具体藏品的认识才能更加清晰，对意义的解读才能更加生动和深刻。书中这些文章，正是在有了对新兴版画的整体认识以后，才形成对胡风所藏版画作品的历史地位、社会意义和艺术价值的客观把握。作者从藏品解读和分析出发，努力在广阔的视野和丰富的资料基础上探讨深层的内涵意蕴，以写卢鸿基版画的《木刻诗人的不懈吟唱》一篇为例。卢鸿基在上海中华艺术大学听过鲁迅的题为《绘画杂论》的讲演，认识到木刻这一新兴艺术的特点和作用；

书评

抗战期间,日军袭击他的家乡海南,得到消息,卢鸿基怀着悲愤创作了《故乡消息——海南岛的抗战》,流传甚广,深受好评。作者引用了卢鸿基回忆创作过程的文字,分析其艺术特点,并更进一步介绍卢鸿基担任"中华全国木刻界抗敌协会"常务理事的情况,及与胡风等文化界人士的交往,进而介绍他的其他杰作,如《朗诵诗》《儿呀,为了祖国,勇敢些!》《母与子》《朱德将军及其伙伴》《谁使你们流亡》等。卢鸿基的木刻《朗诵诗》给人的印象尤深,画面右上刻有"1938 Louhonky 朗诵诗"的字样,下方印有副标题"抗战中诗人的任务"。一位高大而瘦削的青年,背向观众,打开一本诗册朗读,青年们簇拥在他身边,凝神聆听。正如本书作者所描绘的:"这幅木刻作品无声胜有声,以传神的现场感表现出抗战诗歌朗诵运动的浩大声势和强烈反响,因而也成为了抗战木刻运动中的名作。"在抗战中,诗人和木刻家的形象正是这样。卢鸿基刻出这样的作品,与其诗人兼画家的身份契合。关于卢鸿基在创作上得到胡风的鼓励和指导,文章引述了胡风回忆录中的一些情节:虽然卢鸿基的海南口音让他们之间交流并不顺畅,但胡风及其弟子路翎和阿垅对卢鸿基绘画艺术的赞赏让后者找到了精神寄托和前进的动力。尤其是胡风对卢鸿基诗才的认可,也让卢鸿基有找到"知音"之感,文章引述卢家荪的《诗情永绕海之涯》(《苦瓜棚诗词》,长征出版社 2007 年版)的一段是点睛之笔:

> 抗战期间,作为"文协"会员,他常有作品在"文协"主办的《抗战文艺》上发表。其中有篇题为《海》的散文,在发表时放在刊物的诗歌栏中,且排在第一篇,这使鸿基公有些迷惑,便向胡风提起,不料胡风说,"本来是诗嘛!雪峰也这么讲。"鸿基公听后顿觉释然:我本来就是写的散文诗,还真让你们看出来了。从此,鸿基公的写诗热情更为高涨。

木刻本来就是诗,抗日战争也是一部伟大的史诗。因为这些经历,1939年10月,重庆文化界举行纪念鲁迅逝世三周年大会,胡风特地请卢鸿基前来协助布置会场并绘制大幅鲁迅像,以及后来卢鸿基生病回到海南休养期间写信给胡风细诉情感和思绪,就可以理解了。

鲁迅和胡风为推动版画发展所做的贡献,提醒我们注意文学与版画的关系。抗战版画是整个文艺抗战的一部分,抗战文艺协会下有一个木刻协会,后来发展成全国木协,做了很多实际的工作,影响很大。胡风将鲁迅的文艺理念通过版画贯彻到实际的抗战宣传中。在抗战时期,报刊更需要这种直观的艺术作品,作为题头和插图,黑白分明,表达立场,具有视觉冲击力。鲁迅在上海编辑文艺刊物时建立的优秀传统——他编《译文》等杂志,注重采用图画、照片、绘画包括木刻作品,竭力使版面生动有趣。胡风编辑刊物,秉持鲁迅的编辑理念,注重采用插图,与版画家保持密切联系。作为文艺批评家的胡风,周围团结了很多美术家、诗人、小说家、批评家,彼此之间交往频繁。本书作者在解读这些信件时是充分注意了胡风周围的文艺团体和时代风尚的。因此,可以说这本书不但具有"抗战版画特色""博物馆特色",而且具有"胡风特色""鲁迅特色",有一个以胡风为关键链条的鲁迅传统的清晰脉络。

作者注意搜集抗战版画的历史乃至抗战历史资料,对当时的文化氛围、社会形态、民众心理等都有比较贴切的把握,故能体会版画家的创作意图,认识作品风格和民众的欣赏习惯。为了做好这项工作,她查阅和整理了大量文献资料。我看到她做的《七月》插图目录,从杂志第一期到最后一期,从月刊到周刊,都有详细统计。如第一期(民国26年10月16日出版,25日再版)的插图有:

    1. 全民一致的力量(木刻,1页)沃查;

2. 最后关头(木刻,8 页)许生;

3. 鲁迅的一生(木刻,23 页)鹜百。

从列表中可以看到,除了艾青的雕塑、李可染的墨画、钟灵和陈烟桥的漫画等少数几幅其他艺术形式作品,《七月》采用的大多是木刻版画。

作者不但注意史实的梳理,也注重对具体作品进行艺术分析。一幅成功的抗战版画的创作,必然结合了时代的风潮、画者的个性与艺术的表达能力。因此解读抗战版画,从解读整体时代氛围和画家本人的生平经历入手,理解作品的创作缘由、实际内涵意蕴和艺术价值。将文史和艺术融合起来,将画家的经历与其作品的关系、画家的艺术修养与创新的关系,以及抗战版画的丰富内涵更生动地讲给读者和观众,是鲁博人的使命,也是秉持"学术立馆"宗旨的鲁博人的追求。

注释

[1] 鲁迅:《南腔北调集·〈木刻创作法〉序》,《鲁迅全集》第四卷,人民文学出版社 2005 年版,第 626 页。
[2] 鲁迅:《且介亭杂文·〈木刻纪程〉小引》,《鲁迅全集》第六卷,第 50 页。
[3] 鲁迅:《书信·350204 致李桦》,《鲁迅全集》第十三卷,第 372 页。

"一束朴实无华的'野草'"
——对孙玉石《〈野草〉研究》与鲁迅《野草》的联评

崔绍怀　惠州学院文学与传媒学院

1982年6月,中国社会科学出版社出版了孙玉石的《〈野草〉研究》,主要包括《野草》的产生、《野草》的思想与艺术、《野草》与中国现代散文诗、《野草》研究五十年等十章内容,还有《〈野草〉修改蠡测》和《〈野草〉研究索引》两篇附录,以及一篇《后记》等。在《后记》中,孙玉石交代了本书的主题,"《野草》的精神与艺术的光辉始终萦绕在我的脑海中"[1]。《〈野草〉研究》面世后,引起了较为强烈的反响,一些研究者纷纷撰文予以评论,阐释其得失及其特点等。吴小美说:"孙著中《〈野草〉研究五十年》上下两章,正确总结了有关的历史教训。重要的一条是:不能把鲁迅视为洞察一切的幻想中的神去顶礼膜拜,而要把鲁迅当作脚踏在中国大地上的人去科学评价。"[2]孙玉石的研究,以历史的眼光看问题,首先吸取历史长河中遗留下来的种种教训,端正学术史研究的态度,力求客观公正;同时采取科学方法评价鲁迅个人及其作品,既不神化鲁迅也不贬抑鲁迅,而是从现实生活出发,从中国国情出发来认识鲁迅。就是说,鲁迅是食人间烟火的,既具有普通人的七情六欲等情感特征的一面,也具有高于常人的无私奉献不求索取的人性美、人情美的一面。鲁迅对青年人的奖掖扶持、对弱势群体的热心帮助,就属于此种情况。

一

　　《〈野草〉研究》呈现诗学、美学、史学等方面的研究特色。首先,不论从形式上看,还是从内容上看,《〈野草〉研究》自始至终都具有浓郁的诗学色彩。这既体现了散文诗《野草》文本自身的体裁意蕴,也反映了孙玉石本人对中国现代诗学研究的思考等。《〈野草〉研究》的第一章中引用了20世纪20年代初期介绍到中国来的日本女作家与谢野晶子的《野草》小诗,该诗依次抒写了野草的聪明、公正、有情、可尊等,在诗情画意中歌颂了野草的生机与活力。第八章的结尾引用的冯至的《十四行集·十一》(文化生活出版社1948年版)这首诗,既叙写了鲁迅为青年人、为时代"甘为孺子牛"的高尚品格,又抒发了青年人对鲁迅的感激之情与时代对鲁迅的深切呼声。在《野草》中,除《我的失恋——拟古的新打油诗》具有一般诗歌分行的特点外,孙玉石将《影的告别》中的影和人对话的一段散文诗改写成了分行的诗歌,影与黑暗同归于尽的决绝态度与奋进行动也是明显的。抒情的特色仍然很浓郁。

　　孙玉石认为《野草》的艺术构思,具有"浓郁的抒情诗意与深邃的哲理思想紧密结合"[3]的特点。鲁迅在《求乞者》中写道:"我将得不到布施,得不到布施心;我将得到自居于布施之上者的烦腻,疑心,憎恶。"[4]这既写出了鲁迅对布施的痛恨之感,又写出了求乞者因得不到布施而对鲁迅们的"烦腻,疑心,憎恶"之情。同时,"得到"与"得不到"又辩证统一、相互交织在上述情感中。《复仇(其二)》写道:"他没有喝那用没药调和的酒,要分明地玩味以色列人怎样对付他们的神之子,而且较永久地悲悯他们的前途,然而仇恨他们的现在。"[5]耶稣精神中强烈的复仇之情远远超出了肉体上的疼痛之感,临刑前的喝酒或醉酒而带来的麻木可以减轻痛感,但耶稣行刑前的不喝酒是对这种肉体痛感的深刻蔑视,表达了耶稣对曾经受过他帮助的围观者的爱恨交织的复杂情感。

而其中的"悲悯"与"仇恨"之情,同样充满辩证的意味。

《〈野草〉研究》的第八章从诗学的理论高度论述了《野草》与中国现代散文诗之间的历史渊源、鲁迅创作散文诗的足迹、《野草》的地位和影响等内容。孙玉石从诗学角度研究《野草》,与其研究课题密切相关。在此之前,"孙玉石学术生涯中发表的第一篇论文是《鲁迅对中国新诗运动的贡献》"[6]。1983年出版的《中国初期象征派诗歌研究》,1990年与他人合作出版的《中国现代诗导读(1917—1938)》,1992年出版的《中国现代诗歌艺术》,1999年出版的《中国现代主义诗潮史论》等,均与诗学密切相关。因此,孙玉石将诗学与《野草》研究结合在一起也就不足为怪了。

其次,《野草》的美学特色与其诗学色彩有紧密联系。纵观整部《野草》,散文诗集描绘了自然美,歌颂了心灵美,传达了艺术美、提倡"战斗文学"。

第一,自然美。孙玉石解读《雪》时认为:"大自然这番壮美的景象,引起了鲁迅美好的回忆和辽远的遐想。"[7]鲁迅身处黑暗现实的北国,与敌人进行着顽强的斗争,又常常毫无结果,于是起笔便回忆起令人向往的南国雪景。现实很让人们窒息,于是在梦境中出现了美好的人和事。《好的故事》写船上所见和岸上所见,"描写的是睡梦中自然景物的变幻,抒发的却是现实中内心感情的追求,寄托了鲁迅更幽远的思绪"[8]等。此外,《野草》中还有一些关于自然美景的描绘。如《秋夜》中猩红的栀子花开花的情景,《风筝》中回忆故乡春二月之际杨柳与山桃吐蕾的美景,《腊叶》中庭前枫树上的红枫叶等,都描绘了优美的自然景色,同时表达了鲁迅追求美好的情感。

第二,心灵美。孙玉石认为:"鲁迅在《野草》中,不仅毫无情面地解剖自己思想黑暗的阴影,也不加藻饰地抒写自己高尚的情操。读过这部分内容的散文诗,人们都会深深地为鲁迅心灵的高尚优美所吸引和感动。"[9]在《风筝》中,鲁迅视风筝为"没出息孩子的玩艺",于是有意损坏小兄弟即将做成的风筝,多年后知道这是"精神虐杀"时,便接连寻求"补过的方法",其根本目的是求得自己内心宁静,得到小兄弟的宽恕。改过是向善的表现,是追求美好,是心灵美使然。"鲁迅歌颂'傻子'的行为,恰好体现了他一贯肯定抗争的人道主义的美学理想。"[10]"傻子"具有朴素的心灵美,单方面认为"奴才"和他都是受苦受难者,同是社会最底层的被压迫者,便天真地认为,只有帮助"奴才"摆脱困境,才能实现他们的基本的生活需求。但在严酷的现实面前,这种朴素的心灵美是行不通的。从心理学角度看,这不过是鲁迅的一种美好愿望罢了。从《野草》中,还能找出一些反映心灵美的散文诗篇。如《秋夜》中小青虫们追求光明与美好的心理,《颓败线的颤动》中的老妇人不惜卖身而养育女儿的纯洁心灵,《这样的战士》中的战士尽力揭露假丑恶,全心歌颂真善美的心灵等,都如此。

第三,艺术美。艺术美包含的内容是丰富多彩的,其表现形式是多种多样的。孙玉石指出:"探索这种精神世界的光辉,研讨这部散文诗集艺术美的特质,从中总结出一点点有益于我们民族文学发展繁荣的经验来,是鲁迅研究工作中面临的一个颇为有益的课题。"[11]化丑为美是艺术美的一种表现形式。大家熟知的断臂的维纳斯的雕像就具有艺术美的风格,其美之为美的根本原因,就在于在缺失的双臂处,观赏者可以补充上无数种多姿多彩的两臂。有多少游客就能想象出多少种双臂的造型。丰富的想象空间蕴藏着无穷无尽的艺术美。孙玉石指出,《聪明人和傻子和奴才》《狗的驳诘》和《墓碣文》等散文诗中的对话,就具有艺术美的价值。象征主义方法与现实主义方法的结合,是艺术美的另一种表现形式。"《野草》的一些优美诗篇,是象征与写实方法相结合的抒情散文诗。"[12]孙玉石认为,《颓败线的颤动》《死后》等篇既充满丰富的象征的内涵,又具有明显的现实生活画面色彩。另外,《野草》中其他描绘梦境的诗篇也是象征主义方法与现实主义方法相结合的典型诗篇,散文诗中的意象既有象征的意蕴又有特殊的现实意义。

第四,"战斗的美学"。《野草》中有一部分散文诗充满了战斗的色彩,描绘了革命者与反革命者之间血淋淋的战斗场面。"敢于斗争和反抗的灵魂,才是最美的'人的灵魂'。这就是鲁迅在散文诗《一觉》中所阐明的一条美学原则。"[13]战斗的目的是推翻旧社会建立新社会,是为了打倒压迫者解放被压迫者。《一觉》中青年们的"魂灵被风沙打击得粗暴"了,才有"人的灵魂"意识的觉醒。这意味着"人本"地位得到重视。"《求乞者》和《秋夜》可以说是表现了鲁迅战斗的美学观念相得益彰的两个方面:一方面,歌颂枣树所象征的坚忍不拔的反抗斗争精神,一方面,憎恶求乞者所概括的安于命运的乞怜哀呼的态度。"[14]枣树反抗夜空是值得肯定的,鲁迅反抗求乞者的求乞同样值得肯定,但求乞者心理注定以求乞为生的寄生意识是令人"憎恶"的。

最后,《野草》呈现历史的特点。"《野草》和鲁迅一样,是时代和历史的产物。就像要用历史来说明鲁迅而不能用鲁迅来判断历史一样,我们应该把《野草》的产生放在当时的历史条件下去认识和考察。"[15]《野草》是一面观照历史、现在和未来的镜子,在这面镜子中,鲁迅反映了历史的本来面目,描摹了现实的人生百态,折射了未来的理想图景。正因为一些青年写了许多"阿呀阿唷,我要死了"式的失恋诗,为了反映他们毫无斗志的面目,鲁迅才要以《我的失恋——拟古的新打油诗》来回击他们。正因为"正人君子"之流充当帮闲、帮忙、帮凶的角色,为了"使麒麟皮下露出马脚"[16]来,鲁迅写了《我的战士》来与他们战斗。《复仇》《希望》《淡淡的血痕中》《一觉》和《失掉的好地狱》等,均反映了当时的时代环境和历史特点。

《〈野草〉研究五十年》上下两章的史学色彩最为鲜明。这两章先后论述了川岛、许广平、章衣萍、高长虹、沈雁冰、钱杏邨、刘大杰、得钊、冯雪峰、李素伯、李长之、石苇、赵艳如、赵真、夏丏尊、叶圣陶、聂绀弩、荃麟、雪苇、杜子劲、胡风、王士菁、胡绳、欧阳凡海、巴人、孙机、卫俊秀、思基、吴奔星、许钦文、别尔查·克列布索娃(捷克)、胡炳光、秦德林、王瑶、孙龙父、徐文斗、吴小美、陈鸣树、何家槐、章石承、李何林、洁泯、一白、许杰、李正平、曲辰等人的《野草》研究。他们的研究以时间为经,以作品为纬,纵横交错,但史学线索极为分明。

"几十年《野草》研究的历史证明了一条真理:鉴赏高度的艺术作品必须有高度的美学眼光。"[17]这是孙玉石在该书最后得出的结论。这一结论,高度概括了《野草》具有诗学、美学和史学的特点。孙玉石高瞻远瞩,以简洁、扼要的史家笔法,勾勒了《野草》研究五十年的主要轮廓,给后来的研究者理清了这期间《野草》研究的基本线索。虽为两章,但将其作为第一部《野草》研究史,当之无愧。这也是《〈野草〉研究》最为新颖之处。

二

《〈野草〉研究》的新看点,首先是其凸显的理论探索意识。第一,该书总结了鲁迅提出的韧战理论或壕堑战理论。论述《秋夜》中枣树的韧战精神时,孙玉石引用了1925年3月18日鲁迅写给许广平的《两地书·四》中的"所以我想,在青年,须是有不平而不悲观,常抗战而亦自卫,倘荆棘非践不可,固然不得不践,但若无须必践,即不必随便去践,这就是我之所以主张'壕堑战'的原因,其实也无非想多留下几个战士,以得更多的战绩"。这段话后,紧接着分析道:"鲁迅这里对他所主张的'壕堑战'的原因的理论说明,正是《秋夜》中枣树与小青虫的对比中所要揭示的形象的内涵。"[18]在敌方力量异常强大而己方相对弱小的情况下,以卵击石是一种不明智之举,采取韧战或壕堑战的战斗方式不失为一条上策，毕竟这样的损失是最小的。枣树独战的结果是伤痕累累的，小青虫撞进灯罩后在"烈火中永生"了，革命力量遭到了损失。当革命力量还很弱小时，这是不值得的。因此，及时采取韧战或壕堑战的战斗方式就显得迫在眉睫了。

第二，该书折射出作者深刻的理性思考。《野草》文本自身写得很深刻，富于深邃的哲理，研究者对此进行了哲学意义层面的理论探索，认为《淡淡的血痕中》"既不是对杀人的统治者的直接谴责，也不是对喋血的牺牲者的至深悼念。鲁迅把人们愤怒和哀恸的心境引向更加深沉的思索"。[19]爱国青年的遇难，进步学生的被杀，促使被压迫者的内心积聚着反抗的怒火，思索着战斗的计划，寻找着杀敌的时机。鲁迅描写他人内心充满愤火的同时，也探索了自己内心深处的矛盾思想。"实际上，鲁迅在新的一年到来时写下的这篇《希望》，已经远远超出了一般对青年消沉的不满和批评，而蕴含了更深远的思想和心境。"[20]随着北洋政府行将解体，封建军阀势力继续做最后的挣扎。面对青年阵营的急剧分化，自己以何种方式战斗，如何与进步力量结合才能取得最大的战绩，这是鲁迅日思夜想难于索解的问题。因此，在《希望》中鲁迅表面上批判了青年的消沉，实则道出了自己内心这种深刻的理性思考。

第三，该书丰富了新文学的人物画廊。孙玉石认为鲁迅笔下的过客，具有优美的象征色彩，以一个坚韧的革命探索者的形象丰富了新文学的人物画卷。[21]再如《立论》中的师生就完全是一副"哈哈论"者的形象。"鲁迅为'哈哈论'者的画像就成为现代文学讽刺画廊里的一个重要创造。"[22]此外，《影的告别》中的影、《求乞者》中的求乞者、《墓碣文》中的死尸、《聪明人和傻子和奴才》中的"聪明人"和"傻子"等形象，在中国新文学中都给读者留下了深刻的印象。

其次，《〈野草〉研究》用三章的篇幅论述了《野草》的艺术构思、艺术探源及其语言风格等,并且探索了《野草》中的艺术形象、艺术构思、艺术经验等艺术理论方面的知识。第一,孙玉石重视《野草》文本的艺术特质,特别是散文诗中的艺术形象。如研究《复仇》和《复仇(其二)》时,他指出:鲁迅以一个伟大思想家特有的敏感和深邃,形象地把精神麻木的群众概括为"戏剧的看客",并一再通过艺术形象对这一典型的精神现象进行批判。[23]灵魂空虚的看客为了满足自己观感上的一时需要,绝不顾及被看者的尊严与耻辱,毫无廉耻地围观着受难的被看者。同样,孙玉石站在艺术理论的高度也批评了《颓败线的颤动》中母亲的形象:"母亲的艺术形象中,显然熔铸进了鲁迅对忘恩负义青年'祸延自己'的痛愤感情,自己也概括了当时社会的现世相。"[24]这里,母亲的形象,可以看作就是鲁迅自己。母亲遭受着女儿女婿等人的斥责,鲁迅不也同样遭受着亲人和朋友的背叛吗?这种痛苦,唯有类似这样的经历者才能体会到。因此,这里母亲的艺术形象已不是"个"的含义了,而是上升到了"类"的层面。

第二,艺术构思是离不开"个"的。"所谓的描写个别是艺术构思的起点,是指作者要通过独创的有个性特征的艺术形象和意境来表达自己的思想情怀。"[25]《秋夜》《影的告别》《求乞者》的开篇分别以枣树、影、灰土等"个"的形象起笔,接着展开行文的思路,或精雕细刻,或粗线条勾勒,来抒写各篇散文诗。而孙玉石研究《野草》,首先理清了各篇散文诗的写作思路,以此切入诗篇内部。在论述现实与梦境之间的关系时,他说:"《野草》追求诗意和哲理相结合的艺术构思,是通过丰富多彩的方法表现的。描写梦境,就是其中之一。"[26]梦境本身就具有朦胧的诗意。鲁迅写梦,充满了辩证的哲学:表面在说梦,实际上是借梦表达自己在现实中无法言说或不能实现的某种思想感情。这也切合了《野草》散文诗文体的特点,即散文诗长于表达隐晦的情绪,但这并不妨碍鲁迅想要表达某种或肯定或否定的战斗思想感情。在论述《野草》的艺术探源时说:"事实上,《野草》的诞生,和鲁迅的写小说、杂感、新诗一样,在开拓新的艺术领域这一方面,同样具有鲜明的战斗意义。"[27]即散文诗的艺术形式和其他各类文体的艺术形式一样都具有战斗价值,而且有时或更加深入读者心里,或刺得敌人深入骨髓。如《秋夜》中的枣树直刺向天空,《这样的战士》中的战士揭露了敌人的虚伪,《淡淡的血痕中》中的猛士引领被压迫者积聚革命力量等,都以散文诗的形式表达了战斗思想。

第三,艺术探索既有艺术理论的高度又有研究讨论的深度。孙玉石认为,散文诗集《野草》的创作主要取法于外国文学。其中,法国的波特莱尔和俄国的屠格涅夫对鲁迅的散文诗创作影响较大。就这两位外国诗人所创作的散文诗如何影响《野草》的研究来说,孙玉石的认识独具特色,其分析深入,论理透辟。更为重要的是,他发现了鲁迅的散文诗创作的特点:(一)表现了彻底的革命民主主义的思想境界,(二)采取象征主义方法和现实主义方法相结合的艺术方法,(三)形成了民族化抒情散文诗的抒情风格。[28]这是鲁迅高于波特莱尔和屠格涅夫之处,这也是孙玉石高出其他研究者的新见。不过,20多年前,章石承在1961年第11期《扬州师院学报》上发表的《试论〈野草〉的艺术特色及其渊源》一文中不仅论述了《野草》的艺术渊源,而且论述了《野草》的艺术特色,不仅论述了波特莱尔等外国作家对鲁迅的影响,也论述了中国作家对鲁迅的影响,涉猎范围之广,研究面之宽是前所未有的。这确实践行了鲁迅所倡导的"洋为中用"和"古为今用"等以"拿来主义"为方式的创造新文艺的原则。如果能将孙玉石的"深"和章石承的"广"有机地结合起来,研究《野草》的艺术本质,那将会推动《野草》艺术价值的研究走上一个新台阶。

最后,《〈野草〉研究》于正文的十章之后,又收录了《〈野草〉修改蠡测》和《〈野草〉研究索引》两篇附录。《〈野草〉修改蠡测》虽属于语言范畴的论题,对《野草》语言问题谈论的人也比较多,但将

书评

在《语丝》期刊上最初发表的《野草》连载稿找来与《野草》成书公开发行后的定稿之间进行比较和分析,在《野草》研究史上是第一次。孙玉石发现"《野草》全书修改大约近二百处","这些修改,大体上有四类情况:一、订正《语丝》发表时排印的错误;二、句子分行和标点符号的改动;三、个别篇增加了副标题;四、多数的则是在语言上的加工和润色。我们这里要介绍和研究的,主要是最后一方面的情况"。[29]把《野草》放在鲁迅的思想发展历程中、鲁迅的全部作品中、当时的社会环境中来加以考察和研究,这是很多学者自觉遵守的学术研究规范,这样得出的研究结果偏差更小也更接近真实面目。孙玉石不仅坚守这样的规范,还找来《野草》的最初发表稿,"沉浸"在《语丝》所处的特定的社会环境中,细心核对,深入思考,发现问题,对鲁迅做出的修改给予合理的解读。

此外,孙玉石重视《语丝》上的相关信息,引发后人的思考。"如在《好的故事》一篇发表的时候,曾有几个脱漏的字。在下一期(即一九二五年二月十六日《语丝》周刊第十四期)的《语丝》杂志上,便出现了这样一条《更正》:'《好的故事》正误:十二行乌下脱柏字;十五行桨误浆;廿六行缕上脱如字;末行的下脱夜字。'《更正》所列的几个内容,在《野草》成书时都已改正过了。唯'如屡屡的胭脂水'一句,仍缺'如'字,一直延续至今。"[30]孙玉石的《〈野草〉研究》一书初版已是1982年6月的事情。1981年版的《鲁迅全集》第二卷早已出版完毕,《好的故事》一文中"缕缕的胭脂水"[31]一句也"仍缺'如'字"。但在《〈野草〉研究》初版发行的23年后,2005年出版的《鲁迅全集》中第二卷《好的故事》一文中不再"仍缺'如'字"了,已经变成"如屡屡的胭脂水"[32]了,彻底恢复了鲁迅写作这篇散文诗的原貌。即使今天,鲁迅对《野草》的"近二百处"修改仍有再研究的价值,也有再研究的空间。孙玉石有他的理解,我们也有自己的理解。鲁迅为什么修改,能讲出令人信服的理由即可。面对同一个问题,每个研究者所选取的角度不

205

同,自然也允许存在相应的理解。

此外,根据1981年版《鲁迅全集》,1982年6月孙用编写了《〈鲁迅全集〉校读记》,其中的《〈野草〉校读记》,将鲁迅修改后的《鲁迅全集》中的《野草》23篇散文诗与修改前最初发表在《语丝》周刊上的这23篇散文诗一一对照,分别列举出增删调换的字词句。如《鲁迅全集》的《秋夜》中有"他仿佛要离开人间而去,……"一句,而在《语丝》周刊上"'仿佛'前有'高到'二字"。[33]由此可见,这两位研究者所做的语言文字方面的比较研究,有益于后人深入细致地品味鲁迅修改后所要表达的思想感情、深刻意蕴等。

《〈野草〉研究索引》主要收录了1925年3月至1980年1月有关《野草》研究论文和著作的目录,"鉴于解放前研究《野草》专门性论文著作较少,有些材料又难以查找,所收范围较宽,凡涉及《野草》的文章著作尽量收入。解放后则收入较严,除专门研究评介《野草》的著述外,其他均未收录"。[34]这篇附录呈现三个特点:一是择取研究材料、圈定研究范围宽严有度。解放前的《野草》研究资料搜集的较全,解放后则选取有代表性的材料。二是在不同的时代背景下,反映了人们对《野草》的认识和接受规律。解放前既因处于旧社会,又因距离《野草》发表时间较短,因而研究成果较少。解放后,随着新社会新思想新生活的到来,加之前人积淀下来的研究成果的影响,以及后人认识的不断加深,因而研究成果较前丰富。三是扩大了查找的范围,便于查询。对同一篇论文,孙玉石给出了不止一个出处,既有原始出处,也列举了后来所收录的版本。这份研究索引,既极大方便了后来的《野草》研究者在查阅资料方面节省了时间,也为深入一步研究《野草》奠定了坚实的文献基础。

三

孙伏园任《晨报副刊》的编辑时,曾想编发鲁迅的《我的失恋》

一诗,但该诗被刘勉己撤销了。孙玉石在转述孙伏园谈《我的失恋》被换掉的经过时说:"抽去这稿,我已经按捺不住自己的火气,再加上刘勉己又跑来说那首诗实在要不得,但吞吞吐吐又说不出何以'要不得'的理由来,于是我气极了,就顺手打了他一个嘴巴,还追着大骂他一顿。"[35]在这里,孙玉石认定孙伏园"打了"刘勉己"一个嘴巴",也"大骂"了刘勉己"一顿"。但如果读者翻阅1925年12月5日刊发于《京报副刊》上的孙伏园的《京副一周年》,定会进一步了解孙伏园与刘勉己二人之间的关系。对于刘勉己抽掉《我的失恋》,孙伏园自然非常气愤。孙伏园说:"这时我的少年火气,实在有些按捺不住了,一举手就要打他的嘴巴。(这是我生平未有的耻辱,如果还有一点人气,对于这种耻辱当然非昭雪不可的。)但是那时他不知怎样一躲闪,便抽身走了,我在后面紧追着,直追到编辑部。别的同事硬把我拦住,使我不得动手,我遂只得大骂他一顿。"[36]在这句话中,一个"要"字说明孙伏园很想打刘勉己的嘴巴,但事实上是没有"打他的嘴巴",而"大骂他一顿"则是有的。此外,《〈野草〉研究索引》中的个别标题存在一字之差的问题。如《谈谈〈好的故事〉》[37],正确的标题是《试谈〈好的故事〉》,何家槐在1960年第4期《语文学习》上发表了该文。再如《略论鲁迅〈野草〉的艺术特色》[38],正确的标题是《论鲁迅〈野草〉的艺术特色》,许杰在1980年第1期《文艺理论研究》上发表了该文。

　　研究者在论述鲁迅最早的一组散文诗《自言自语》时说:"在中国新文学中,第一个写散文诗的不是鲁迅。但鲁迅却是第一个把象征主义的方法引进散文诗的人。"[39]而在论述鲁迅对散文诗辛勤探索的足迹时又说:"早在《野草》出现以前,一些散文诗就注意运用象征主义的表现方法来抒情写意。"[40]两相对比,"一些散文诗"的作者在鲁迅之前就已经有意识地在散文诗中"运用象征主义"的方法了。由此看来,鲁迅并不是"第一个把象征主义的方法引进散文诗的人"。但是,孙玉石认为"《野草》是新文学初期一部象征主义的作品"[41]这样的说法,还是较为客观公允,更易于读者理解的。

　　孙玉石在评论卫俊秀的《鲁迅〈野草〉探索》时,未能将该书前面张禹先生所写的序文单独评论,结果应属评论张禹的文字,却让卫俊秀替张禹代过;但绝对多数的读者都会认为这是研究者在评论卫俊秀的《野草》研究。如"作者还在总体上探寻了《野草》思想的主要倾向,提出了与有些人把《野草》误解为鲁迅的'悲观之作'观点迥然不同的看法"。[42]又如"在艺术分析方面,作者竭力主张要把《野草》当成为'革命人'在战斗中的抒情诗来看待,而反对脱离诗歌形象性的特点去寻章摘句索解微言大意的倾向"。[43]细读关于《鲁迅〈野草〉探索》的评论文字,不熟悉卫俊秀《鲁迅〈野草〉探索》的读者,一定认为"作者"就是卫俊秀,而绝不是其他人。然而,此处研究者所谈论的"作者"确实就是张禹先生。因为张禹先生在《〈野草〉札记(代序)》中有这样的话,"那些人把《野草》误解为悲观之作"[44]和"它是'革命人'在战斗中的抒情诗"[45]很明显,这不是卫俊秀的话。这种误解,使用作者的实名就可以消除了。

　　上述问题在2007年出版的孙玉石的《〈野草〉研究》中,尚未纠正。

　　此外,战争是残酷的,战斗是流血牺牲的。哪里有压迫,哪里就有反抗。哪里有战斗,哪里就可能有生命的终结。而在第三章的最后,即《惊喜青年觉醒的深情歌唱——〈一觉〉》和第四章的开篇《向可怜的求乞投出憎恶的目光——〈求乞者〉》中,孙玉石提倡"战斗的美学观念"的字样。这是否确有"提倡'战斗'"的嫌疑呢?这是一个值得商榷的极端重要的思想意识问题。

　　即便有些许的瑕疵,仍然挡不住该书在《野草》研究史进程中散发出的理论光芒。

结　语

　　《〈野草〉研究》运用的研究方法给后人留下了许多有益的启示。鲁迅的《野草》代表了中国散文诗艺术的最高成就。孙玉石认为："《野草》是鲁迅对散文诗艺术探索的一个高峰，并不意味着他对散文诗的实践到这里就终止了。高峰不等于终点。此后鲁迅确实没有像创作《野草》那样集中写过散文诗，但却仍不时有充满诗意的散文和小品产生。"[46]孙玉石对《野草》在中国现代文学史上的地位做出了一个比较客观、公正的评价，对鲁迅的散文诗创作也给出了一个较为科学、准确的判断。但我们应该清楚一点：鲁迅创作《自言自语》和《野草》之前，中国就已经有一些学者开始翻译、创作小品或散文诗了。这对鲁迅创作散文诗不可能不产生影响，甚至为《野草》走到中国散文诗创作的巅峰提供了前提条件，奠定了坚实的物质基础。孙玉石既对《野草》的生成过程作出了文学分析，也对《野草》的研究方法作出了有益的艺术探索。这些分析与探索，给人们带来了许多有益的启示。《〈野草〉研究》能够站在学术的制高点上审视《野草》文本，开阖有度，宏观系统。在《野草》研究著作中，这确实是一本有认识深度和理论高度的上乘之作，确实是"一束朴实无华的'野草'"[47]。

注释

[1] 孙玉石：《〈野草〉研究》，中国社会科学出版社1982年版，第374页。

[2] 吴小美：评孙玉石著《〈野草〉研究》，《文学评论》1984年第2期，第130页。

[3] 孙玉石：《〈野草〉研究》，第139页。

[4] 鲁迅：《野草·求乞者》，《鲁迅全集》第二卷，人民文学出版社2005年版，第172页。

[5] 鲁迅：《野草·复仇（其二）》，同上书，第178页。

［6］刘继业:论孙玉石先生的《〈野草〉研究》,《鲁迅研究月刊》2007年第8期,第73页。

［7］孙玉石:《〈野草〉研究》,第56页。

［8］同上书,第61页。

［9］同上书,第67页。

［10］同上书,第97页。

［11］同上书,第374页。

［12］同上书,第227页。

［13］同上书,第84页。

［14］同上书,第87页。

［15］同上书,第1页。

［16］鲁迅:《华盖集续编·我还不能"带住"》,《鲁迅全集》第三卷,人民文学出版社2005年版,第260页。

［17］孙玉石:《〈野草〉研究》,第344页。

［18］同上书,第22—23页。

［19］同上书,第36页。

［20］同上书,第51页。

［21］同上书,第31页。

［22］同上书,第93页。

［23］同上书,第100页。

［24］同上书,第112—113页。

［25］同上书,第158页。

［26］同上书,第147页。

［27］同上书,第203页。

［28］同上书,第223—229页。

［29］同上书,第345页。

［30］同上书,第346页。

［31］鲁迅:《野草·好的故事》,《鲁迅全集》第二卷,第191页。

［32］鲁迅:《野草·好的故事》,同上书,第191页。

［33］孙用:《鲁迅全集》校读记,湖南人民出版社1982年版,第147页。

［34］孙玉石:《〈野草〉研究》,第373页。

[35] 同上书,第 107 页。
[36] 中国社会科学院文学研究所鲁迅研究室编:《1913—1983 鲁迅研究学术论著资料汇编第一卷(1913 年—1936 年)》,中国文联出版公司 1985 年版,第 107 页。
[37] 孙玉石:《〈野草〉研究》,第 369 页。
[38] 同上书,第 373 页。
[39] 同上书,第 250 页。
[40] 同上书,第 263 页。
[41] 同上书,第 265 页。
[42] 同上书,第 323 页。
[43] 同上书,第 324 页。
[44] 卫俊秀:鲁迅《野草》探索,泥土社 1954 年版,第 6 页。
[45] 同上书,第 7 页。
[46] 孙玉石:《〈野草〉研究》,第 258 页。
[47] 同上书,第 374 页。

[本文是广东省新师范建设助推基础教育高质量发展研究与实践项目"核心素养视角下高中语文阅读教学改革研究与实践"(立项文号:粤教高函〔2023〕29 号)、广东省高等教育教学改革立项项目"基于校地联盟的高中语文"阅读说话课"的实践探索——以惠州学院与博罗中学的合作为例"(立项文号:粤教高函〔2023〕4 号)、广东省惠州市 2023 年度基础教育教育科学研究课题"核心素养视角下小学语文高效课堂的构建与实践研究"(立项编号 2023hzkt465)阶段性研究成果〕

鲁迅活动采撷

"胆剑精神:从勾践到鲁迅"青年学术工作坊

卓光平　绍兴文理学院鲁迅人文学院
周玉儿　绍兴鲁迅纪念馆

"鉴湖越台名士乡",绍兴自古以来人杰地灵,名人荟萃,先后涌现了大禹、勾践、范蠡、王充、王羲之、贺知章、陆游、王阳明、徐渭、刘宗周、黄宗羲、马一浮、蔡元培和鲁迅等文化名人,是名副其实的名士之乡。发源于绍兴的越文化不仅是浙江文化的根脉,也是中华优秀传统文化的重要组成部分。在春秋末年,吴越之间相互征战,最终以勾践卧薪尝胆、灭吴称霸而终,这既是始于西周的古越文化迅速崛起并结出辉煌成果的重要标志,也由此确立了越文化报仇雪耻的"胆剑文化"精神特质。

悠久的越文化孕育了一代又一代优秀的越地子民,文豪鲁迅就是其中之一。对鲁迅而言,他不仅对越地胆剑文化进行了深入地发掘,而且还一直以继承和发扬胆剑精神为己任。作为越地两位极具影响力的文化名人,勾践、鲁迅先后都成为了越文化的标志性符号。他们精神思想的影响不仅遍及越地,而且对当代中国也有着重要的价值和意义。为进一步探讨鲁迅与勾践之间的精神联系,诠释勾践、鲁迅与越文化的传承发展,传承弘扬胆剑精神和鲁迅精神,绍兴市鲁迅研究会、绍兴文理学院鲁迅人文学院、绍兴鲁迅纪念馆和绍兴楚越文化研究中心等单位在绍兴鲁迅纪念馆举办了"胆剑精神:从勾践到鲁迅"青年学术工作坊,共有18位绍兴文理学院鲁迅人文学院的青年学子参与研讨,并作了专门发言。

一、鲁迅接受勾践、感受胆剑文化的机缘

作为越人,鲁迅对越人先祖充满了敬畏之情,其一生都有着很浓的"古越情结"。他在年少时就曾熟读过许多有关勾践报仇雪耻故事的越地书籍,还曾登临过越王台等与勾践相关的文化遗址。关于鲁迅接受勾践、感受胆剑文化的机缘,有许多值得关注的地方,鲁迅究竟通过阅读哪些越地典籍而了解了勾践的复仇精神,并感知越国的胆剑文化?鲁迅又在什么时期通过越地文化遗迹而感知古越文化?同时,作为越地子民,哪些因素让他对古越文化精神产生了高度的精神认同和文化认同?

孙向荣:鲁迅6岁时开始在家塾读书,年满11岁后又就读于著名的三味书屋。在绍兴读书期间,鲁迅阅读了大量古籍,《四书五经》、文章诗赋、民间野史、小说杂记等均有涉猎,其中自然也包括记载勾践灭吴雪耻故事的史书《吴越春秋》和方志《越绝书》。这两部书都详细讲述了吴、越两国的建立和发展,以及吴越争霸的历史,重点塑造了勾践报仇雪耻者的形象,影响了鲁迅后来的文学创作。鲁迅曾说《故事新编》在叙事方面往往有一些旧书上的根据,其中《铸剑》只有铺排,没有改动。在致增田涉的信件中,鲁迅说:"《故事新编》中的《铸剑》,确是写得较为认真。但是出处忘记了,因为是取材于幼时读过的书,我想也许是在《吴越春秋》或《越绝书》里面。"事实上,在《吴越春秋·阖闾内传》与《越绝书·越绝外传记宝剑》里均有《铸剑》故事的记载。由此可见,鲁迅与《越绝书》和《吴越春秋》的渊源颇深,越王勾践事迹对鲁迅精神人格和文学创作的影响都非常之深。

赵秀珍:鲁迅对于越国文化的感知主要是通过阅读而得来的。早在少年时期鲁迅就已阅读过《吴越春秋》和《越绝书》,越国"十年生聚、十年教训",忍辱负重,自强不息的文化精神一直影响着鲁迅。此外,《越绝书》中还记载着勾践以巫作法的故事:"欲使

覆祸吴人船。去县三十里",这种崇尚鬼神的信仰在民间的戏曲和迎神赛会中也多有表现,显示出越国有着浓厚的巫文化色彩。而鲁迅少时就十分喜欢看戏曲和迎神赛会,对其中"无常""义勇鬼""女吊"形象十分喜欢,并且在此基础上撰写了《无常》《女吊》两篇文章。再者,《越绝书》《史记》等书中还记载了越国的地理环境和"断发文身"的习俗。关于这些,鲁迅在文中也多次提及,如《〈越铎〉出世辞》《会稽郡故书杂集》序中就曾用"海岳精液"来形容绍兴的地域文化,《因太炎先生而想起的二三事》中也曾谈及"越在古昔,'断发文身'"。可见,鲁迅身为越地子民,他通过阅读而熟知越国文化,并将其运用在文学创作之中。

高徐盼:"会稽古称沃衍,珍宝所聚,海岳精液,善生俊异,而远于京夏,厥美弗彰。"在《会稽郡故书杂集》总序中,鲁迅对会稽的山水风貌毫不吝啬赞美之词。而作为越人,鲁迅闲暇时也常与好友游览家乡古迹,遥想古代先贤,感受越地胆剑精神,已然成为鲁迅生命轨迹中的重要一环。因此,在《〈会稽郡故书杂集〉序》中,鲁迅写道:"十年已后,归于会稽,禹勾践之遗迹故在。"在《辛亥游录》中,他记有"上会稽山采兰";在给母亲的信中,他提及"害马多年想看南镇及禹陵";在《癸丑日记》中,他记录"偕伍仲文乘舟游兰亭,又游禹陵"。古越遗迹承载着越国历史上的重要人物事件,鲁迅关注遗迹背后蕴含的文化基因,探究它们如何见证与影响越国文化的传承和发展,并在文学创作中充分吸收其精粹,如《女吊》开头便引了明末王思任的"会稽乃报仇雪耻之乡,非藏垢纳污之地"。后世越人无不以勾践为傲,他们的血液中流淌着越国文化的刚性因子。鲁迅同样如此,他坚韧不屈、百折不挠的个性人格正是对越地胆剑精神的传承。

赵新:越族是中国南方古老民族,具有强烈的反抗精神和追求自由的特质,在漫长岁月中形成了独特的胆剑精神。作为越族文化的核心地区,绍兴积淀了深厚的文化底蕴,保存着丰富的历史遗迹。而生于斯、长于斯的鲁迅深受越族文化的影响，其文化人格中鲜明地融入了越人坚韧、耿直和刚毅的特质，这从他对大禹和越王勾践的赞誉中可见一斑。同时，鲁迅作品中对传统社会的批判、对弱者的关注、对个体生命的尊重以及对人性的探索，都与越人的精神特质相呼应，其中对黑暗的抗争和对论敌的"不宽恕"更是源于他对越族文化内核和价值意蕴的认同。虽然鲁迅与勾践的"断发"行为在出发点上不同，但都体现了对胆剑精神的追求。鲁迅的"剪辫"表达了对世俗的反抗和对个性的坚守，而勾践的"断发"则象征着面对困境时的坚韧与刚毅。这些特质都凸显了越族人勇往直前、敢于挑战的热血精神。鲁迅通过对越人文化特性的深入理解，感受到了古越地那股胆剑精神，并将其融入自己的精神人格和文学创作之中。

聂鑫：鲁迅曾在《〈越铎〉出世辞》和《〈会稽郡故书杂集〉序》中多次称赞越地"海岳精液，善生俊异"，充分说明他注意到了越地自然环境对越人性格的塑造作用。越地北部平原海拔较低，上古时期曾遭遇多次海侵，沉入海底；又因地处亚热带季风区，气候温暖湿润，夏季多降雨，加之宁绍平原位于钱塘江南部入海口，故而需长期治理水患。由此，越人因地制宜，与自然环境作斗争的历史佳话流传千古。从上古的大禹治水到春秋时期勾践、范蠡筑城建都，再到东汉马臻率领百姓修筑鉴湖，越族人民进则开山取石，在沼泽之地铺路筑堤、围湖造田；退则坚守会稽四明，与飞禽走兽共同居住。在与"穷山恶水"长期的自然斗争中，越人形成了一种求真务实、顽强拼搏、奋发图强的胆剑精神，鲁迅便从越地的"海岳精液，善生俊异"感受到越地胆剑文化的显性存在。他曾多次登临会稽山，感受古越民族依山治水的拼搏精神，并说："浙东多山，民性有山岳气，与湖南山岳地带之民气相同。"他的性格中自带越人勇猛、强悍的特点，可以说与这里的山水土地有一种隐秘的内在联系。

刘凯：胆剑精神的"胆"，指越王勾践卧薪尝胆的胆，代表了一种吃得苦中苦的战斗精神，同样地，鲁迅也在这片"雪耻之地"感知着胆剑精神。鲁迅先后经历了甲午战争国家战败，辛亥革命爆发、清朝灭亡民国诞生，1919 年他参加了五四新文化运动，遭遇过"三·一八"惨案，参加过民权保障同盟和文艺界抗日民族统一战线，直到他 1936 年去世，整个国家和社会也一直处在风雨飘摇之中。身处艰苦卓绝的时代环境，鲁迅仍然笔耕不辍，可谓尝尽了苦胆。"胆剑"精神的"剑"，本义指越王宝剑，代表着披荆斩棘的勇气。春秋时期，越国欲北进中原，必先征服吴国，因而引发了长达 20 余年的吴越战争，最终以越国灭掉吴国告终。历史总是相似，经历时代动荡，尝尽苦胆的鲁迅没有被击倒，他曾在杂文《忽然想到》中强调："我们目下的当务之急，是：一要生存，二要温饱，三要发展。苟有阻碍这前途者，……全都踏倒他。"这种认准了目标就一往无前的劲头，深刻体现了胆剑精神的"剑"魂。

二、鲁迅对胆剑精神的吸收与融合

作为越地子民，鲁迅一直以自己的越人身份而自豪，他不仅对越地胆剑文化进行了深入发掘，而且还一直以继承和发扬胆剑精神为己任。胆剑精神对鲁迅的影响，既表现在鲁迅"内剑外书"的精神结构上，也表现在他"亦剑亦书"的文学风格上。鲁迅的身上不仅有着胆剑精神的深深烙印，他的许多作品中也都有着胆剑精神的底色，他不仅在文章中对胆剑精神进行着现代阐释，也在复仇主题的文学作品中对胆剑精神进行着演绎。

陈未未：越地名士身上所继承的胆剑精神一方面激发了鲁迅独立反叛的精神和特立独行的个性，同时也塑造了鲁迅坚韧硬气的文化性格。鲁迅是一位具有"斗士品质"的文人，他的作品中透露着"亦剑亦书"的烙印，杂文更是他的"匕首"和"投枪"。对鲁迅而言，越地胆剑精神正是奠定他"硬"与"韧"的文化性格的重要因素之一。在五四新文化运动中,鲁迅号召中国人要有点硬气,"早就应该抽刀而起","以血偿血"地决定自己的命运。这里"抽刀而起"的刚毅是鲁迅精神中"剑文化"的充分彰显。同样,鲁迅投身于著书立说,洞察现实的敏锐眼光及其犀利、深刻的艺术风格的形成,正是源于越地"剑文化"因素的融入。内"剑外书"的精神结构使得鲁迅在创作中表现出"亦剑亦书"的文学风格。总而言之,越地文化不仅铸就了鲁迅"内剑外书"的精神结构,而且还形成了他作品中所表现出的既冷峻、精密、尖刻,又温情、舒展、醇厚,刚柔相济、"亦剑亦书"的创作风格。

杨莉:"人"是鲁迅思想的核心,"立人"是鲁迅思想的逻辑起点,在鲁迅思想的形成过程中,胆剑精神一以贯之,并遗留在他的"立人"思想与行动中。1903 年至 1906 年,鲁迅强烈的民族主义倾向和爱国主义情感与胆剑精神中的爱国主义情怀、报仇雪耻精神契合。1907 年至 1908 年,鲁迅转向以文艺启蒙民众的道路,他强调个人意志的力量,尤其推崇"刚毅不挠"的意志力,胆剑精神中的刚劲气质在此处亦有回响。而从对"人"的定义出发,鲁迅致力于在文学中揭露国民劣根性,意图由"复古"立中国的"人史"以突出"中国人的脊梁",这种"复古"工作集中体现在鲁迅对越地乡邦文献的辑录和对中华文化典籍的整理中。同时,鲁迅本身富有反抗和实践精神的人格也正是对胆剑精神的承续。可以说,鲁迅"立人"思想的形成和确立深深地印刻着胆剑精神的刚劲气质,其社会批评、文化批评中富有强烈的战斗精神和韧性精神,可见其思想家的身份受胆剑精神影响深刻。

陈勇:越王勾践苦心励志、卧薪尝胆,为越地文化增添了以"奋发图强、创新创业"为基本内涵的胆剑精神。鲁迅深受越地文化影响,胆剑精神在革命家鲁迅的身上自然留下了深深的烙印:首先是思潮革新方面,彼时国内外各类思潮涌现,鲁迅的观念也随之经历诸多变化,如青少年时期接受"剑文化",后来学习马克思列宁主义,都体现着鲁迅在思想观念上的不断创新变革。其次是政治革命方面,无论是"我以我血荐轩辕"的满腔誓言,还是参加浙江省革命团体"光复会",抑或是拥护国共两党的北伐事业、积极参与左联等,都体现出鲁迅在政治革命方面大义凛然、呕心沥血的追求。最后是精神革命方面,他弃医从文,选择用文艺解剖国民灵魂,希望借此改变中国的国民劣根性,他的精神革命是胆剑精神在他革命事业中打下的又一个烙印。因此,我们可以说,作为革命家的鲁迅,在自己的革命征程中深刻地实现发扬了胆剑精神。

段冰艳:绍兴自古人杰地灵,名人辈出,源远流长的越地文化蕴含着影响深远的胆剑精神。作为越地文豪,鲁迅一生都具有浓厚的"古越情结",1912年以黄棘之名刊载的《〈越铎〉出世辞》,内含"国民运用报纸话语权"乃有别奴隶之标志的思想,同时也显示出他对胆剑精神的继承和发扬。《〈越铎〉出世辞》首句指出胆剑精神早已融入越人的文化血脉,内化为力作治生的强大推动力,表明胆剑精神历经千年仍得以延续的可能性。而后讲述异族的胡作非为,实则是点明了保留传承胆剑精神的必要性。从"已而思士笃生"至《〈越铎〉出世辞》结尾,是奋力反抗的志士仁人和民族战士鲁迅之间跨越时空的呼应,是鲁迅希望胆剑精神重现光芒,再度从精神层面发展到实际贯彻的高声呐喊。深受越文化熏陶的鲁迅始终坚持以继承和发扬胆剑精神为己任,《〈越铎〉出世辞》一篇便是他发掘古越文化、弘扬胆剑精神的一次重要尝试,同时也将胆剑精神和"鲁迅精神"更加紧密地连接起来。

徐飞扬:深受越文化熏陶的鲁迅,对"慷慨以复仇,隐忍以成事"的胆剑精神充分汲取,在小说创作中始终关注"胆剑"的语义探索与文学表达。首先,鲁迅以"胆"的韧性探寻现实人生,一改曾被视为"消闲"玩意的旧小说,赋予其"为人生"的价值与功用,在具体创作中,鲁迅塑造了众多命运多舛、穷困潦倒的知识分子形象,将他们视为"病态社会的不幸的人们",寄予最深切的同情,始终执着于对知识分子现实人生的求索。其次,鲁迅以"剑"的骨气针砭麻木灵魂,在小说创作中注入了"剑"的强悍豪爽,《故事新编》《呐喊》《彷徨》中所显示出坚持抗争的复仇精神与冷峻刚劲的批判力量,正与胆剑精神相通。最后,鲁迅从"胆""剑"合一中承继古越精神,当"胆""剑"天然融合,鲁迅便形成了刚柔并济、"胆""剑"合一的创作风格,显露着胆剑精神的底色,这也是鲁迅在小说作品中对古越精神的最好诠释。

韩恺悦:鲁迅熟读越地典籍,注重研究并辑录地方史书和人物传记。他深受勾践忍辱报仇故事影响,曾在文章中三次提到"卧薪尝胆"。他对越人报仇雪耻的精神多有赞赏,并以此教育故乡人民。鲁迅青少年时期居于绍兴,也多次游览绍兴的越王城遗址。在越地胆剑精神的影响下,鲁迅创作了多篇以复仇为主题的作品。其一,对看客的复仇。例如,《复仇》中"他们"对生命必然性的反抗、"被看者"对"看客"的反抗,正是胆剑精神中反抗绝望、积极斗争精神的代表。其二,对负义者的复仇。例如,《颓败线的颤动》中鲁迅寄寓了自己的遭遇和心情,心中虽有眷恋与热切,但未忘"会稽乃报仇雪耻之乡"的古训,于是在爱恨交织的痛并快乐中实现复仇。其三,对统治者的复仇。例如,在《铸剑》一篇中,鲁迅既通过眉间尺、宴之敖的复仇来代表被压迫者对压迫者的复仇,又期望以此唤醒当时国人所缺少的复仇精神。鲁迅受越文化影响,在复仇主题文学中烙印出胆剑精神的底色,在压抑冷酷的环境中发出绝望的呐喊,以激起国人的血性,共同奋起反抗暴虐。

三、从勾践到鲁迅:越人精神特质的相通性

作为越地两位极具影响力的历史文化名人,勾践、鲁迅先后都成为了越文化的代表性符号。勾践与鲁迅身上的越人精神特质是相通的,就在于他们身上都流淌着胆剑文化的精神血脉。具

体而言,勾践与鲁迅身上越人精神特质表现在复仇精神、尚武精神、韧性精神、实干精神、开拓精神和智性文化等方面。

刘超逸:复仇精神是勾践身上的原始血性和硬气精神,也是鲁迅精神人格中的一个重要方面。勾践以卧薪尝胆、灭吴称霸著称于世,他的复仇精神深深影响了越国的命运,也引领越国走向强大,同时也成为成就霸业的强大动力,为越地胆剑精神增添了"报仇雪恨"的特质。鲁迅则将复仇精神融入文学创作中,他希望用文字唤醒民众,推动民族的觉醒,例如《铸剑》中的眉间尺和宴之敖以牺牲生命的形式伸张正义,这里的复仇蕴含着民族的血性和刚强。勾践和鲁迅的复仇精神不仅体现在个人行动上,更体现在对民众精神的激发上,以及对国家尊严和存亡的捍卫上,他们都用自己的方式传承着越人风骨中的复仇精神,将复仇精神从个体推至社会和文化中,为民族复兴贡献了自己的力量。

沈恩浩:尚武精神是勾践与鲁迅这两位越地英豪精神联结的重要纽带。勾践尚武为成霸业,面对外敌的挑衅和侵略,他带领士兵浴血奋战,以捍卫越国的疆土与尊严,尚武精神无疑成就了勾践,成为勾践成就霸主事业的强大力量,也成为越地胆剑精神发轫的重要精神源泉。而鲁迅自幼便受越地剑文化、复仇文化的熏陶,尚武精神已融入他的血脉之中。南京求学时期他曾用"戛剑生""戎马书生"等别号自居,以表尚武之志。同一时期,他在《浙江潮》上发表《斯巴达之魂》,目的就是"借斯巴达的故事,来鼓励我们民族的尚武精神"。往后数十年中,鲁迅用《狂人日记》等文章揭露"吃人"的黑暗社会,实则是将尚武精神融入笔中,以此唤醒更多的仁人志士去捍卫国家。越地的风骨和精神一脉相承,生生不息,勾践和鲁迅的尚武精神也具有共通性,他们都用战斗的人生对后世产生了巨大而深远的影响。

吴铭慧:勾践身上最为明显的是作为君王的韧性精神。他受得了"胯下之辱",经得起常人难以忍受之痛苦,卧薪尝胆,终于实现以三千越甲吞并吴国。被羞辱时勾践也不曾放弃希望,而是选择放低姿态密谋抵抗,重获自由后也日日尝胆告诫自己不忘往昔苦楚,始终保持坚定的勇气和信念,厚积薄发。而鲁迅则通俗地将韧性比作"无赖精神",强调认准目标就揪住不放,不达目的就决不罢休。因此,他笔下有善于忘记耻辱的阿Q,有被人遗忘了的刘和珍。他为国人灵魂中遗忘耻辱的弊病感到愤怒,认为遗忘是韧性人生的大敌,人民应当学会铭记,不忘耻辱,如勾践那般隐忍而不发,誓死强国报复羞辱自己的人。我们可以看到,勾践和鲁迅二人在面对事态时,都有着不肯罢休的坚定气场,藏于刀锋之中的韧性精神。

林妙可:实干精神强调从实际出发,以实际行动解决问题,以实际成果检验工作。古越大地生存环境的艰苦险恶,使得生活于此的人们不得不正视严峻的现实,并以理性务实的态度对待和处理事物,从而形成了实干的古越遗风。从勾践到鲁迅,千年来越人血脉中的实干精神得到了继承发展,以其独特的核心要义对两者产生了很大的影响。勾践行动果决,在实干精神的带领下,他务实治国,让原本弱小的越国强大起来,使之由危转盛。鲁迅在少年时期,便会亲自动手栽种花木以纠正《花镜》中的错误;青年时期又弃医从文,用笔作为武器,投身到挽救国人精神的救亡运动中去。作为越文化精神中瑰宝,实干精神在千年来始终为越人所继承践行,勾践与鲁迅虽相隔千年,但二人的实干精神同属一脉,具有继承性,都在面对国家危亡的情形,以自己的实际行动挽救民族危机。

沈礼奥:越王勾践携带着原始越人勇于拓荒的独特禀赋,在灭吴征途中将无惧无畏的开拓精神充分发挥,在复兴越国的漫漫荆棘路中,勾践同样依托"选贤举能"之道,重用贤臣,聚广思以致万险得破。而勾践敢于开拓的精神品质,恰恰也是鲁迅精神中一个极其重要的侧面。鲁迅从不惜余力于深挖沉潜在勾践身上的开拓精神,作为一位伟大的作家,他的小说开拓出中国文学的"民族形式":《狂人日记》冲开了传统思想的禁锢枷锁,《呐喊》《彷徨》横空出世,惊碎了无数黄粱之幻……与此同时,他也将开拓精神运用到文学史方面,只《中国小说史略》这一部巨作,就奠定了他作为中国小说史研究开拓者的重要地位。可以说,鲁迅掘得了古越先人拓荒的赋性,连结了越王勾践开拓无畏的精神,对两者进行创造性的转化,再用手中锋芒毕露的书笔加以贯彻流转,最终形成了独具鲁迅特色的开拓精神。

陈婉莹:所谓智性文化,就是一种智慧、理性的文化。面对残酷的现实,勾践从不向命运低头,他善于选贤任能,范蠡和文种都是他重用的谋士,他采纳文种所献的"灭吴九术",最终带领越国百姓成功复国,灭吴雪耻,这便是智者对智慧的运用。同样地,鲁迅主张"壕堑战",他说像子路那样"结缨而死"是非常迂腐的,这样无谓的牺牲是可以避免的,所以他一直主张和坚持"壕堑战"。可见,勾践与鲁迅的行为都是智性文化在精神层面上的高度共鸣,智性文化促成了两位越地英豪跨越千年的交汇。

裘士雄·鲁迅文史资料

与鲁迅有关的人物像传(三)

裘士雄　绍兴鲁迅纪念馆

一、明末清初小说大家、诗人、剧作家丁耀亢

丁耀亢(1599—1669),字西生,号野鹤,又号紫阳道人、木鸡道人、西湖鸥吏等。山东诸城人。居超然台下,后徙居城南椒谷山庄(今山东潍坊诸城市皇华镇相家沟村)。明末清初著名的文学家、诗人、剧作家和小说大家。丁耀亢出身于官僚家庭,祖父丁纯、父亲丁惟宁均进士出身,父亲官至湖广勋襄兵备按察副使。丁耀亢聪颖过人,仕途却不顺畅,又生逢乱世,明清鼎革之际,生活阅历相当丰富。他怀才不遇,郁郁不得志,又倜傥不羁,反映在他作品里的也是充满矛盾、极不安宁,又颇具个性的人生经历。

图1　丁耀亢自画像

他对清室官员甚为反感,但为了生计和自身安全,又不得不四处钻营,委身清廷。如丁耀亢被迫改籍顺天,考取贡生,后充任镶白旗、镶红旗旗塾教习,才得以授任直隶容城教谕。好不容易升迁福建惠安知县,途中获悉惠安一带已被反清复明的郑成功部占领,在杭州羁留八个多月。惜时如金,勤勉如牛的丁耀亢居然在此抓紧创作,写就了《续金瓶梅》。这一章回体长篇小说描写《金瓶梅》西门庆、潘金莲等主要人物托生再世,以了前世因果报应,宣扬"色""空"和因果报应的佛教思想。鲁迅在《中国小说史略·第十九篇 明之人情小说(上)》中有较大篇幅介绍丁耀亢生平及其作品,认为《续金瓶梅》"什九以《感应篇》为归宿",所宣扬的佛法"复甚不纯,仍混儒道,与神魔小说诸作家意想无甚异,惟似较重力行,又欲无所执著,故亦颇讥当时空谈三教一致及妄分三教等差者之弊"。鲁迅在《中国小说的历史变迁·第五讲 明小说之两大主潮》中又说:"从此以后世情小说,就明明白白的,一变而为说报应之书——成为劝善的书了。"可见,鲁迅对《续金瓶梅》及其作者丁耀亢是相当了解和有研究的。《金瓶梅》和《续金瓶梅》谈性、谈色很多又很露骨,但就艺术价值和文学价值而言,也有借鉴和可取之处,况且,这两部书对后世小说创作的影响甚大,这是包括鲁迅在内的古今许多文学评论家所肯定的。

只是当时作家够苦够险的,小说创作也成了一种高危行当。康熙年间有人向官府告发丁耀亢写的《续金瓶梅》是借宋金之战,影射污蔑清王公贵族残暴无道,害得他外出避祸,后又感到不是办法,只好投案自首,争取宽大处理,幸有若干挚友和正直官员援救,总算没有被治重罪,但《续金瓶梅》落得一个遭查禁焚毁的结局。

丁耀亢一生颠沛流离,走遍了大半个中国,又亲历了明万历、泰昌、天启、崇祯和大顺李自成永昌及清顺治、康熙等七八个朝代风云,接触了上至朝廷权贵,下至黎民百姓,还有众多的文人墨客、三教九流。这是丁耀亢创作的沃土,他以卓越的才华创作了大量的小说、诗词、剧本，在中国文学史上写下了浓墨重彩的一笔。计有诗集《逍遥游》一卷、《陆舫诗草》五卷、《椒邱诗》二卷、《江干草》一卷、《归山草》二卷、《听山亭草》一卷，以及《西湖扇传奇》一卷、《化人游传奇》一卷、《蚺蛇胆传奇》一卷和《赤松游传奇》传奇四种，还有长篇小说《续金瓶梅》《醒世姻缘传》和《问天》《集古》《漆园草》《仙人游》《家政须知》《出劫纪略》《增删补易》《醉醒石》等作品传世。

二、不得善终的军阀马良

1925年6月29日，鲁迅致许广平信中写道："来稿有过火处，或者须改一点。其中的有些话，大约是为反对往执政府请愿而说的罢。总之，这回以打学生手心之马良为总指挥，就可笑。"（《两地书·第一集 北京 三三》）1925年6月10日，北京各界20万民众为反对英、日帝国主义在上海屠杀我国民众，在北京天安门广场举行"北京各界对英、日帝国主义惨杀同胞雪耻大会"，通过《北京国民大会宣言》，会后冒雨举行了声势浩大的示威游行。这实际上是中共北京区委兼地委领导的，但见诸报端，却是土匪出身的小军阀马良任示威游行的总指挥，成为滑天下之大稽的"可笑"事了。

马良（1875—1947），字子贞，河北清苑人。军阀出身的汉奸。他早年毕业于北洋武备学堂，当过北洋军常备军左镇辎重营管带、第六镇参谋官、第六镇步兵第十一协第二十一标标统、第六镇炮兵第六标标统。马良爱好摔跤，曾拜摔跤名师平敬一为师，马部多系回民，他也要求部属将摔跤作为重要军事技术练习、培训。

图2 马良

辛亥革命后,马良历任中央陆军第五师第九旅旅长(师长靳云鹏)、山东第四十七混成旅旅长、济南镇守使等军职。1917年,中国对德、奥宣战,他任参战部队第二师师长。1919年战争结束,他被改编为西北边防军第二师师长,仍驻军山东。五四运动期间,即是年7月,马良被任命为济南戒严司令,残酷镇压民众爱国运动,甚至以莫须有罪名逮捕并杀害马云亭、朱春焘、朱春祥,世称"济南血案",轰动全国,激起济南、天津、北京等各地民众的极大义愤。1920年爆发的直皖战争中皖系大败,段祺瑞下野,作为南路军指挥的马良被免职,闲居济南,著述《中华新武术》。1927年,马良被聘为南京中央国术馆教务处处长,并负责教授摔跤。次年,日军在济南制造了震惊中外的"五三惨案",马良还是济南治安维持会会长呢?!1930年,韩复榘任山东省主席,任命他为山东肃清毒品委员会会长。1937年,全面抗战爆发后不久,伪中华民国临时政府在北京粉墨登场,他作为旧军阀、失意政客甘心附逆。1938年,伪政府在山东维持会基础上改组山东省行政公署,马良由会长变为省长兼保安总司令。次年,马良又加入华北政务委员会,被国民政府命令通缉。1945年日本无条件投降,次年,马良在济南被李延年部逮捕,以汉奸罪入狱。1947年,他在济南狱中病死。

三、短命的教育总长王九龄

当过一个月光景的教育总长王九龄在《鲁迅日记》中只字未提,只有在《鲁迅全集》里的《两地书·第一集 北京》中有两处提到,并且均在"小鬼许广平"写给"鲁迅师"的信中。当时处于北京女子师范大学闹风潮期间,许广平及时向支持进步学生一方的鲁迅汇报动态信息。第一次是1925年4月10日许广平致鲁迅信,说:"现在所最愁不过的,就是风潮闹了数月,不死不活,又遇着仍抱以女子作女校长为宜的冬烘头脑,闭着眼问学生'你们是大多数反对么?'的人长教育。从此君手里,能够得个好校长么?"她所说的长着"冬烘头脑"的"此君"就是指王九龄。同月 16 日,许广平又在信中口出怨言,说:"现时的'太太类'的确敢说没有一个配到这里来的——小姐类同此不另——而老爷类的王九龄也下台了。但不知法学博士能打破这种成见否? 总之,现在风潮闹了数月,呈文递了无数,部里也来查过两次,经过三个总长而校事毫无着落,这'若大旱之望云霓'的换人,不知何年何月始有归宿。"许广平在此已点了王九龄的名,"三个总长"指黄郛、易培基、王九龄,也有他在其中。王九龄究竟是何许人也?

  王九龄(1880—1951),字竹村,号梦菊。云南云龙县石门镇人。其父王桂芳系塾师,王九龄自幼获得良好的教育。本人亦勤学好问,比较懂事。早年他曾参加科举考试,获廪生。后赴省城昆明贡院就读,成绩突出,有幸被选送到日本留学,就读于东京法政大学。他在日本留学期间,加入了中国同盟会,从事推翻清王朝统治的革命运动。回国后,他出任云南留学生经理员,被小人告密,被迫取道缅甸,亡命日本。辛亥革命前

图 3 王九龄

夜,他积极参与杨振鸿、李伯乐等人组建的兴汉会所发起的反清斗争。

  辛亥革命后,王九龄历任呈贡、景东等县知事。1916 年,他任云南督军署秘书长。在讨伐袁世凯的护国运动中,王九龄出任联军总司令部参议、军法处长、靖国军军饷主任等职,还是站在正义一边,为维持共和体制出了力。他当选云南代表,联名通电反对曹锟贿选。不过,王九龄出任禁烟局督办时,竟为云南军阀唐继

尧走私鸦片提供方便。此事经媒体披露后,他难脱干系,一度被囚禁于上海租界西牢。1924年11月,王九龄被段祺瑞临时执政府任命为教育总长,次年3月到任,遭到教育界的普遍反对。他慑于舆论压力,于4月13日托辞离职,改由许广平所说的"法学博士"章士钊暂兼。

王九龄与唐继尧私交甚密,唐氏等于1922年底创办东陆大学,聘他为该校董事、名誉校长。王九龄从北京回到云南后,基本上在故乡任职和生活。从1927年开始,他历任云南省省务委员、云南省总检察厅总裁委员、云南盐运使、蒙自海关监督、云南省议会议员、云龙县顾问、云南省佛教协会理事长、云南救济特捐募集委员会委员等职。1949年,他任云南省参议员,多次营救中共地下党员,出任云南省人民和平促进会理事,为促进云南和平解放作了一定贡献。王九龄将毕生收集、珍藏的大批文物古籍捐给国家,还以宗教界人士身份参加了云南省第一届政协会议。1951年9月17日,王九龄因突患脑溢血在昆明病逝。

四、有点自知之明的直系军阀卢香亭

1926年10月23日鲁迅致许广平信中谈及国民革命军北伐,浙江宣布独立的形势,说:"浙江独立,是确的了;今天听说陈仪的兵已与卢永祥开仗,那么,陈在徐州也独立了,但究竟确否,却不能知。"实际情形是,陈仪于1926年10月下旬从徐州回师浙江,能与他接战的应是卢香亭部,卢香亭部不久即被国民革命军第六军击败,伤亡惨重。

卢香亭(1880—1948),字子馨。河北河间人。民国前期北洋将领。卢氏虽世代务农,但也接受过起码的家塾教育。卢香亭运气好,父母在他18岁时让其入保定学堂(军校性质),旋东渡日本入士官学校,与孙传芳、杨文恺、周荫人为同学,因气味相投,结为异姓兄弟,论年纪卢氏居长。卢香亭在该校第六期骑兵科毕业回国。1925年,孙传芳组建苏闽浙赣皖五省联军,自任总司令。卢香亭就在直系军阀、结义兄弟孙传芳属下任陆军第二师师长,又被任命为浙江总司令。但国民革命军誓师北伐后,较为顺利,卢部被歼,在与北伐军作战的其他战役中亦屡屡败北。卢香亭见不是北伐军的对手,曾多次建议孙传芳与国民革命军合作,被非常自负的孙传芳所拒绝。卢香亭为自己的前途考虑,再不愿在军阀部队中混下

图4　卢香亭

去,乃脱离军界下野隐居,了却余生。他再三考虑,选定在天津作为安身立命的归宿。他不像周荫人那样在法租界、孙传芳在英租界当寓公,而同吴佩孚、杨文恺一样,挑选非租界区域的马场道自建花园别墅,卢香亭寓所名为潜园,设施一应俱全,甚至设有卢氏家塾。这些往昔军阀还有点民族气节,日本人侵华时屡次软硬兼施,想拉他们下水,均被他们拒绝。1935年11月,施剑翘为报杀父之仇,居然在佛堂开枪结束了孙传芳的生命。卢香亭难得公开出面,举行记者招待会,痛斥了几句女刺客的暗杀行径。抗战期间,他与杨文恺、周荫人等参加"天津忠义普济社""中国新社会事业建设协会天津分会"等公益性社会组织。卢香亭于1948年病殁,算是有一个善终。

五、教育部多年同事祁伯冈

河北永年县的历史名人也不少,其中祁德昌(1825—1888)算是榜上有名。他系清咸丰戊午(1858)副榜,同治壬戌科(1862)举人,同治癸亥科(1863)联捷进士,历任江苏宝山(今属上海)、丹徒知县多年。他在丧父后丁忧,赡养母亲17年,后至江苏荆溪县(今

宜兴)任知县,在任上去世。祁德昌充其量也不过是七品芝麻官,但他"所至有政声",口碑较好。主要是他为官清正,刚正不阿,是位谦谦君子;他又倾听民声,兴修水利,疏浚河道,为民办实事。有遗著《古槐轩》文集一卷、诗一卷存世。他还重视包括家庭教育在内的各种教育,所以,他的子孙都很优秀,五个儿子中有两名举人:祁荣缙同治丁卯中举,祁荣绶光绪戊子举人;一名师范科举人,即祁荣绂;一名优廪生,即祁荣绒;一名拔贡,即祁荣綖,宣统己酉拔贡。他的孙子辈中有鲁迅在教育部的同事祁锡蕃。据《祁德昌墓表》:"祁锡蕃,光绪壬寅副榜,学部七品小京官,教育部主事。"可见他早在清王朝的学部中已当七品官了。

祁锡蕃(1882—?),字伯康,改字伯冈,鲁迅又写作柏冈,号椒生。河北永定县人。清"光绪庚子、辛丑恩正併科中式副榜",晚清已进学部任职,年纪比鲁迅小一岁,但资格比他还老一点。据《鲁迅日记》统计,共有19处记载他俩的往来。因为都在教育部社会教育司共事,鲁迅又是他的顶头上司,常利用"星期休息"时间看望鲁迅,计有8次,在饭局中与同事相聚2次,他有3次对鲁迅邀饮,均被鲁迅辞谢。两人亦互送小礼物:祁伯冈"贻食物二匣"

图5 祁伯冈家谱一页

(1914年1月25日),"送饼干一合,卷烟两合"(1915年2月13日),"送茗四包"(1915年6月13日),"送磁州所出墓志拓片六枚"(1916年1月26日),"祁伯冈来,遗饼饵二合"(1916年12月1日)。而鲁迅则回赠过笋干等绍兴土特产。祁伯冈丁父忧,鲁迅

"赙二元"(1915年10月4日),"祁柏冈葬母设奠",鲁迅亲自"赴吊"(1916年11月5日)。这不仅仅是一般的礼尚往来,也反映鲁迅对这位同事比较关心。

六、海盐才女、翻译家许粤华

在《鲁迅全集》里有一封1936年3月21日鲁迅致许粤华信,全文如下:

粤华先生:

顷收到来信并《世界文学全集》一本。我并非要研究霍氏作品,不过为了解释几幅绘画,必须看一看《织工》,所以有这一本已经敷用,不要原文全集,也不要别种译本了。

英译《昆虫记》并非急需,不必特地搜寻,只要便中看见时买下就好。德译本未曾见过,大约也是全部十本,如每本不过三四元,请代购得寄下,并随时留心缺本,有则购寄为荷。

专此布复,并颂

时绥。

鲁迅 三月二十一日

此事在1936年3月22日《鲁迅日记》亦有记载:"得许粤华信并《世界文学全集》(31)一本,即复。"鲁迅"即复"的这封信就是上面恭录的短简,写信时间应是3月22日,鲁迅误记了一天。当时许粤华在日本留学,鲁迅嘱她购寄《世界文学全集》一本,又嘱她购寄法国法布耳《昆虫记》的德译本。鲁迅在信中说得清清楚楚,许粤华也善解人意,把鲁迅嘱托之事办得妥妥帖帖。读者看了这封信,定有类似感受。

许粤华(1912—2011),笔名雨田,《鲁迅日记》又作"河清夫人"。浙江海盐杨家弄人。现代翻译家、散文作家,著名的英美文学翻译家许天虹之妹。其父许清澄系光绪丙戌（1886）岁试廪生，癸卯（1903）副贡，曾任海盐劝学所首任所长。辛亥革命后，他也当过省教育司督学、省议员等。家境较为优渥，黄源与许天虹、许粤华兄妹熟稔，关系甚为融洽。到 1925 年冬，因许清澄失业而失去了家庭主要经济来源，许粤华已是嘉兴秀州女中初中三年级学生，差一点辍学，幸有黄源伸出援手接济，供她读完秀州女中初中。当国民革命军北伐莅临海盐时，许粤华和许天虹、黄源等热血青年积极行动

图 6　许粤华与长子黄伊凡在上海合影

起来，欢迎北伐军，筹备召开庆祝大会，接管县政府、警察局，筹组工会、农协，其中妇女筹委会负责人之一就是许粤华。只是不久发生"四一二"事变，对许天虹、许粤华兄妹精神打击很大，除了许粤华多次勇敢地探望身陷囹圄的进步人士外，固然深刻认识国民党右派的反动本质和残酷镇压革命的罪恶外，兄妹俩原先的高昂斗志和热情也消退了许多，转而致力于从事翻译和创作。

　　黄源与许粤华也可以说是青梅竹马，到了当婚当嫁的年龄，他俩自然地走到了一起。1929 年夏，黄源从日本回国，与许粤华结婚。鲁迅祝贺他们，也关心他俩婚后生活和工作。《鲁迅日记》中共有 5 处记载许粤华与鲁迅的往还。其中她随黄源看望鲁迅两次。第一次是 1935 年 7 月 11 日，鲁迅记载："上午河清及其夫人来。"不久，许粤华即东渡日本留学。最后一次是次年 9 月 2 日，鲁迅记载："河清及其夫人来，并赠海苔一合，又赠海婴玩具二事。"许粤华遵嘱两次为鲁迅买到书后寄书时也附寄书信，再加上 1936 年 4 月 7 日鲁迅也收到许氏的来信，共 3 封来信，鲁迅则复信 1

封,因许粤华妥为保存得以与大众见面。1936年8月,她结束一年左右的日本留学生活回国,协助黄源工作。1936年10月19日,鲁迅在沪病逝,许粤华与黄源惊悉此噩耗后第一时间赶赴鲁迅寓所,并即刻投入鲁迅治丧活动。当天下午,黄源、许粤华夫妇,萧军与殡仪馆人员护送鲁迅遗体到殡仪馆后,包括晚上守灵,许粤华自始至终参加了鲁迅丧事的全过程。许粤华和黄源、许天虹一样都是鲁迅的忠实子弟,都非常感恩鲁迅对他们的关爱。

  那时处于动荡和战乱的年代,黄源专心致志于革命,许粤华与他也许志向产生歧见和其他原因,1938年,许粤华被邀前往福建协助黎烈文办改进出版社,编辑出版《改进》《现代文艺》《现代青年》《现代儿童》和《改进文库》。1941年4月,黄源奔赴新四军前夕,收到了许粤华正式向他提出分手的信,他非常冷静、理性,成全了许粤华的请求,自己将继续沿着找到的那条正确道路走下去。不久,许粤华与黎烈文结为夫妻。黄源则在新四军里找到志同道合的巴一熔,组建新的家庭。1946年春,许粤华随黎烈文应邀到台湾工作,许则继续从事翻译和文学创作。1972年10月,黎烈文在台辞世后,她随二子一女到美国定居,2011年去世后葬在那里。

  许粤华一生主要从事俄语、日语翻译。她译有《书的故事》《十诫》《鲁迅的回忆》(鹿地亘作)、《鲁迅先生》(内山完造作)、《高尔基之死》(秋田雨雀作)、《海燕》(M.高尔基作)、《普式庚与拜伦主义》(升曙梦作)、《玛克沁·高尔基的一生》(中条百合子作)、《诚实的野兔》(谢德林寓言)、《白季迦的秘密》(盖达尔作)等,在海峡两岸有一定的影响。

七、把一生献给教育事业的苏遂如

  苏遂如(1898—1951.7),名师颖,字遂如,号频陀,小名老虎。福建莆田南门沟东(现城厢区凤凰山街道南门社区沟东街)人。

民国教育家。1920 年，他毕业于北京高等师范学校（不久改称北京师范大学）国文系。1926 年任厦门集美学校师范部教务主任。是年 9 月，鲁迅应聘到厦门大学担任教职，苏遂如不忘师恩，与宋文瀚等北高师毕业的老同学给鲁迅写了一封联名邀请信。鲁迅日记中记载，17 日"得苏遂如君等信"，19 日如期赴约，"戴锡璋、宋文翰来邀至南普陀午餐，庄奎章在寺相俟，同坐又有语堂、兼士、伏园"。他还在次日写给许广平的信中谈到此事："集美中学内有师大旧学生五人，都是国文系毕业的，昨天他们请我们吃饭，算作欢迎，他们是主张白话的，在此好像有点孤立。"（《两地书·四二》）可以想见，苏遂如等五位北京师大毕业的学生宴请鲁迅等恩师、前辈，确为欢迎之举。席间，谈了在北京师大毕业分别后几年来的工作和生活。他们亲身经历了五四运动，回福建工作依然坚持使用白话文，相对而言，福建和他们工作的学校仍是保守的，这一点连鲁迅从他们的谈话中也感受到了。

图 7　苏遂如

此后，至少是鲁迅作品中没有与苏遂如往还的文字记载了，大家各忙各的。苏遂如一心扑在家乡的教育事业上。他先后在省立建瓯一中、莆田省立第四师范、私立南安成功中学、福州省立第一中学、省立仙游师范等中学、中师任教，或任校长之类的行政领导职务，也担任过国立海疆学校副教授。直到 1950 年，他辞去仙游师范校长职务，次年 7 月就因病与世长辞，把他的一生贡献给自己热爱的教育事业。

苏遂如治学治校严谨，又爱生如子，在桃李满天下的众多学生心中竖了一块丰碑。他工书画、篆、隶、行、草俱佳，其画不论山水、花鸟，无不气韵清新，独树一帜，凡有人向他求书画，他有求必应,"赔上"宣纸笔墨和时间,苏遂如照样乐此不疲。

八、转向为国军少将的杨幸之

1933年3月24日《鲁迅日记》记载:"晚往聚丰园应黎烈文之邀,同席尚有达夫、愈之、方保宗、杨幸之。"这次黎烈文做东的饭局,所请的都是郁达夫、胡愈之、茅盾和鲁迅等文坛大佬,杨幸之因为与黎烈文共事,是作陪的。那时,黎、杨主编和编辑《申报·自由谈》《申报年鉴》等,编者与作者之间当时应熟识的,杨幸之与鲁迅幸会也绝不止这么一次。

杨幸之(1906—1940),字其竫,又作其身,笔名幸之、杏子、雪华、柳云等。湖南临湘聂市镇荆竹山人,生于平江。他早年就读于家乡中小学,1925年,毕业于广州中山大学,后流浪到武汉,一时找不到工作,只好去当自己"十分讨厌"的兵。杨幸之第一次从军显然只是混口饭吃。但是当得知火车把他们送回故乡湖南后,以为与自己"开拓新的世界的理想"背道而驰,于是,遂跳车逃脱。1929年,他又流浪到南京,感到自己"是一个被社会抛弃了的人",承一位朋友的好意介绍,到他熟识的一位连长那里去当文书,但遭人欺侮待不下去,再次当了逃兵。也许杨幸之的文学才能得到《申报》社黎烈文等人的赏识,当上编辑。1933年1月14日,黎烈文之妻因生产去世,黎氏痛苦莫名,让他代理《申报·自由谈》主编。这一时期,杨幸之的思想十分进步,交往的多是左翼人士,所发表的文章也有鲜明的立场观点,如他在《苏联农工业的现在》一文中讴歌苏联的伟大成就;在《申报月刊》编印的"中国现代化问题特辑"中所发表的《论中国现代化》一文中列举中国"一切都落后,无论是经济、政治,以至教育。一切都是残酷、反文明。战争、饥馑、灾荒、鸦片、贫困、失业、匪盗,人命比蚂蚁还要贱似的大量死亡,官僚贪污,军阀横暴,土劣豪纵,农村凋敝,都市萧条,野盈饿莩,道载流亡,卖儿鬻女,甚至易子而食。这样,便构成了我们

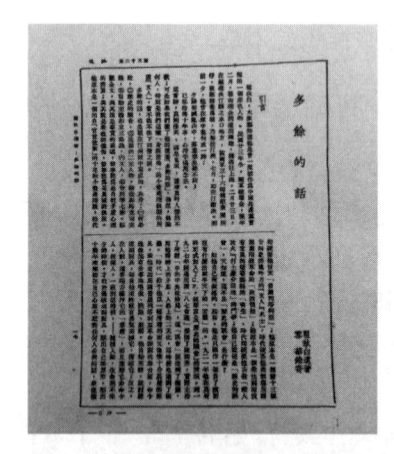

图8　杨幸之以雪华笔名在《逸经》全文披露瞿秋白《多余的话》

的中国——一块文明落后的荒土,一个被目为衰老没落的民族。"他公然提出要实现中国现代化,应效仿苏联的社会主义,对中国的社会制度进行彻底改革。他写的杂文,如《呼吁和平》《"不忍池"与"莫愁湖"》等,要么明确反对内战,讽刺当局的不抵抗政策;要么希望唤醒沉睡的中国民众,应对亟欲侵略中国的日本。甚至在鲁迅遭到"围剿"时,杨幸之还为他辩护。因此,上海文艺出版社1985年出版《中国新文学大系1927—1937第22集杂文集》,也选入杨幸之《"不忍池"与"莫愁湖"》等多篇杂文。可见此时和此前的杨幸之是爱国、进步的左派青年,也是同情和支持革命的热血人士,还有人说他和妻子周静芷大革命时期曾参加中共地下党组织。

但是,令人万万想不到的是,杨幸之于1933年第三次从军后的政治立场、思想倾向和实际行动都转变了,前后判若两人,并令人百思不得其解的是这种转变如此突然和坚决!也许是因杨幸之被大革命失败后国民党反动派的血腥镇压吓破了胆,或是他第三次当兵不再是混一口饭吃的炮灰,而是受到陈诚、罗卓英的赏识和重用,"士为知己者死"的理念在他身上产生了奇效? 1933年离开《申报》社后,他被国民革命军第18军军长陈诚延揽,被委任为该军政治部党务特派员秘书,后在第19集团军也受到重用,军衔从中校擢升为少将,任第六战区政治部副主任,可谓官运亨通,官高爵显,风光极了。杨幸之、周静芷也加入国民党,十分卖力地为国民党效犬马之劳。有史料显示,他随罗卓英部参加了第三、

四、五次对中央苏区的反革命军事"围剿",实地踏看李德等人住处,向当地知情者了解他的个性等情况,写就并率先发表了三篇有影响的重要文章:

第一篇《赤匪首领"朱毛"逆迹记》,杨幸之以"柳云"的笔名发表在1936年上海出版的《逸经》半月刊第11期。文章题目极具恶意,内容大多为恶句毒词,已表明他的政治立场完全站在国民党右派的反动立场上。但此文的字里行间也流露出对毛泽东的赞誉、崇敬之情:"彼于军事本特具天才,而在长期之战争中,更增益其经验至多。彼所最擅长者为游击战,即避实击虚,声东击西,飘忽无定,出没无常,极机动之能事,使敌神摇目眩,莫可捉摸。又常用坚壁清野之策,使'找匪打,与匪拼'之中央军居不得给养,行不得向导,欲战不得,欲退不能;更常派老妇人及残废民众作间谍,故意使中央军抓作向导,而自入其圈套。因之在一、二、三次围剿中,中央军尝为之疲于奔命,而迭告失利。……"相对而言,杨幸之对朱德颇有微词,即使如此,是他最早披露了朱德的扁担故事。《朱德的扁担》是一篇经典的语文课文,由朱良才上将撰写的这篇文章颇能激励孩子们塑造美好人格和精神的佳作篇什。要知道,在杨幸之笔下,"朱德在井冈山与红军'有福同享,有难同当',去往桃寮挑谷子。朱确与众同挑,有人在其扁担上大书'朱德扁担,不准乱拿'八字,至今赤军中犹传为美谈"。

第二篇也是以"柳云"笔名发表在《逸经》的《赤匪首领李德、博古逆发记》一文,他忠于史实,写得实在。把当时军事指挥、共产国际军事顾问李德、政治决策者博古等人从性格脾气到长征途中(遵义会议后)确立毛泽东的领导地位、人事安排的变动等信息掌握十分精确。难怪有人怀疑作者是参加过红军的知情者、当事人。

第三篇是以"雪华录寄"的名义将瞿秋白《多余的话》全文在1937年3月5日《逸经》第25期上开始连载(第26、27期续完),

其用意十分险恶。他所写的《引言》虽也否认瞿氏写《多余的话》是出于"求生"的意愿,但可恶之处是他把瞿氏在狱中写此文的目的定位是精神崩溃、信仰幻灭的缘故,旨在对中国共产党人的共同信仰和初衷予以打击甚至摧毁的罪恶用心,再次表明他已彻底背叛了原先的革命立场和信仰,此时,对他所站位的国民党右派的政治宣传不遗余力,危害性也更大。1940年10月,陈诚去湖北恩施成立第六战区长官部,接收湖北省政府,派遣六战区政治部少将副主任杨幸之率队打前站。途中,杨幸之遭遇车祸而一命归阴,走完了他复杂的一生。

九、中华留学东洋西欧第一女性吴弱男

鲁迅在1925年4月14日致许广平信中说:"学校的事,也许暂时要不死不活罢。昨天听人说,章太太不来,另荐了两个人。一个也不来,一个是不去请。……"他在此所说的"章太太",就是时任司法总长兼任教育总长章士钊的太太吴弱男。

吴弱男(1886—1973),安徽庐江县南乡沙湖山人。我国第一代新女性、妇女解放运动的先驱。她是将门虎女,祖父吴长庆是著名的淮军将领,金戈铁马一生,与袁世凯是世交;父亲吴保初为翩翩公子,常以诗酒自娱,但思想开明,支持维新,与谭嗣同、陈三立、丁惠康并列为"清末四公子"。吴保初给两个爱女取名弱男、亚男,其实隐喻她俩不弱于男、不亚于男之意。吴弱男是最早东渡日本留学的少女,比何香凝、秋瑾还要早一点,也是她先入青山女校的。1905年,中国同盟会成立,吴弱男、吴亚男姐妹和何香凝、秋瑾是

图9 吴弱男

同盟会最早的女会员。同盟会负责人很希望章士钊能加入,直到章氏对弱男有仰慕之情,遂派吴弱男当说客。吴、章频频约会,互生情愫,章士钊没有被说服入会,两人比翼双飞赴欧,1909年在英国伦敦结为夫妻。

吴、章结合,并非门当户对,吴氏是名门望族,官宦世家,章士钊父亲是乡间中医,身处社会底层,吴弱男是名副其实的"下嫁",是需要很大的勇气去冲破世俗偏见的。章士钊当然是受益者。经济上有求于吴氏,而吴家的名声和人脉又很能抬高初出茅庐的章士钊的社会地位,使他顺利地进入精英圈子,直至担任段祺瑞政府司法总长兼教育总长。章士钊早年在政治思想方面是持保守立场,在私生活方面也是与时代潮流背道而驰。在国共第一次合作时期的广东等地,已响起"禁止蓄婢纳妾!""革除多妻制!""革除童养媳!""保护童工孕妇!"等口号,并付诸实施中,而章士钊在上海与歌女奚翠珍好上了,起初是偷偷摸摸在外面同居,当上司法总长兼教育总长的大官后,居然公开同居。那时,他与吴弱男已结婚十多年,并有章可、章用、章因三个儿子,吴弱男对他好心相劝也好,同他大吵小闹也好,均不见成效。到这时候,章士钊还以为自己有权有势,有三妻四妾是理所当然的,北洋政府的同僚多数也是这样的。北京女师大闹学潮时,"太太类"当该校校长也是其中一个选项。鲁迅说"章太太不来,另荐了两个人",可能是吴弱男以为教育总长纳妾公开化,她当北京女师大校长也当不好的,况且吴弱男也许见章氏没有回心转意,已打定主意带了三个儿子远走高飞,到欧洲去生活和留学。母子四人一去八年,直到"二战"爆发才回国。而章士钊花心不改,60岁时又纳了一个年仅26岁的演员殷德珍,他晚年游走于"两珍"之间。中华人民共和国成立初,殷德珍徙居香港,章士钊接奚翠珍和养女章含之到北京生活。章士钊对三个儿子还是关爱的,父子关系也不错,这同吴弱男的大度、宽容也很有关系。1961年北京举行隆重的纪念辛亥革命五十周年活动,吴弱男是受邀的两位女性"革命老人"之一,颇受与会者的敬重。她每次进京,均住北京饭店,章士钊常去看望她,吴弱男也有时前往章士钊寓所看望他。他俩虽不再是夫妻,但仍是朋友,也曾是战友。吴弱男是一位奇女子,一生是一本书,她的一生都独立不倚,面对亲爱者的感情背叛,不哀不怨,照样生活,直到 1973 年,吴弱男在上海病逝,享年 87 岁。

十、醉心文学、追求真理的高歌

在鲁迅《集外集拾遗·通讯(复高歌)》里是一通短简:

高歌兄:

　　来信收到了。

　　你的消息,长虹告诉过我几句,大约四五句罢,但也可以说是知道大概了。

　　"以为自己抢人是好的,抢我就有点不乐意",你以为这是变坏了的性质么?我想这是不好不坏,平平常常。所以你终于还不能证明自己是坏人。看看许多中国人罢,反对抢人,说自己愿意施舍;我们也毫不见他去抢,而他家里有许许多多别人的东西。

　　　　　　　　　　迅[一九二五年]四月二十三日

高歌(1900—1966),山西盂县人。作家。他与其兄高长虹、其弟高远征醉心文学、追求真理,被乡亲誉为"盂县高氏三杰"。他早年就读于故乡清城镇小学、盂县第一高等小学校。1919 年,高歌考入太原省立第一师范学校,受五四新文化运动影响,研读了许多新文学作品,思想和立场也站到了进步的一方。1922 年在省立一师毕业后,回到故乡在母校盂县第一高等小学校任国文教员,经常讲授鲁迅、茅盾等进步作家的作品,积极宣传新文化、新思想、新道德。他还利用戏剧的教化作用，创作和改编《兰芝与仲卿》《赌博之害》《少奶奶的扇子》等文明戏，受到广大民众的欢迎。同时，也遭到思想守旧的校长和社会上封建保守派的仇视和反对。

1924年，高歌离开故乡到北京投奔兄长高长虹，并很快加入狂飙社，开始了他的文学生涯。是年12月20日《鲁迅日记》有载："长虹、高歌来"，这是他第一次拜访心仪已久的鲁迅，显然是高长虹引荐的。鲁迅在蔡元培等人不久前创办的北京世界语专门学校任教，高歌因到该校就读，也成了鲁迅的学生。因此两人交往较多，据《鲁迅日记》统计，共计25处之多，集中在1925年至1926年的两年中。高歌单独或与亲友一起拜访鲁迅计14次，给鲁迅写过9封信，寄过一篇文稿，给鲁迅寄过他编辑的刊物《弦上》第19期5份，而鲁迅复信一封，因高歌很快发表于编辑的1925年5月8日开封《豫报副刊》而得以幸存。鲁迅也送高歌6本书，其中有3本是他刚翻译出版的《苦闷的象征》。1926年8月26日下午，鲁迅离开北京南下时，高歌与许多鲁迅亲友、学生到车站送行。

图10　高歌

高歌一边办刊物当编辑，一边搞文学创作。1925年，高歌与吕蕴儒、向培良在河南开封合编《豫报副刊》。1926年他则参加《弦上》周刊的编辑工作。1927年"七一五"事变发生后，他参与编辑的《革命军日报》副刊亦被迫停刊。高歌是大革命失败后的低潮中（1928）加入的中国共产党。次年，他曾被捕，出狱后到安徽生活和工作。1937年全面抗战爆发后，他则前往大后方重庆，直至辞世。

据统计，高歌一生出版了《压榨出来的声音》《野兽样的人

《生的旋律》《情书四十万字》等 12 部图书。

十一、行事确有短处的黄坚

鲁迅在作品中多次指名道姓或不点名地谈及黄坚,对他的为人颇有微词。在他 1927 年 1 月 16 日致李小峰信中说:有人"更给我放散别种的谣言,要减轻'排挤说'的势力。"(《华盖集续编·海上通信》)"别种的谣言"炮制者黄坚(白果)、陈万里(田千顷)等人,内容如说鲁迅"不肯留居厦门,乃为月亮(按:指许广平)不在之故"(《两地书·一一二》)等。在 1926 年 9 月 20 日鲁迅致许广平信中,他坦率地说:"从前在女师大做办事员的白果是一个职员兼玉堂的秘书,一样浮而不实,将来也许会兴风作浪,我现在也竭力地少和他往来。"(《两地书·第二集厦门—广州　四二》)。鲁迅在 1926 年 10 月 4 日致许寿裳信中也直说:"国学院中,佩服陈源之顾颉刚所汲引者,至有五六人之多,前途可想。女师大旧职员之黄坚,亦在此大跋扈,不知招之来此何为者也。"(《书信·261004 致许寿裳》)鲁迅写给恋人和学生许广平、挚友许寿裳的信中,多有谈及。

鲁迅与许寿裳曾是北京女师大教师,许广平系学生,彼此之间更了解,特别是女师大风潮中,他们三人同呼吸、共命运,斗争情景如昨,对黄坚在女师大的表现历历在目,稍许回忆此种往事,对全面认识黄坚有益处。鲁迅与黄坚在厦门大学虽系同事,但鲁迅对他不得不防备。他是顾颉刚荐举到厦门大学任国学院陈列部干事兼文科主任办公室襄理,是不会站在鲁迅一边的。在同年 9 月 25 日致许广平信中,鲁迅告诉她:"白果尤善兴风作浪,……对于较小的职员,气焰不可当,嘴里都是油滑话。我因为亲闻他密语玉堂,'谁怎样不好'等等,就看不起他了。"鲁迅搬到集美楼时,没有生活用品,校方要文科主任办公室设法,黄坚故意刁难。难怪鲁迅在信中感叹道:"此人大概是有喜欢给别人吃点小苦头的脾气的。"(《两地书·第二集厦门—广州 四六》)国学研究院举办展览会,鲁迅很支持,主动把自己收藏的碑拓等提供出来,黄坚却把主动帮助鲁迅布展的孙伏园借故支开去。鲁迅在同年10月10日写给许广平信中更是揭露他的种种不是:"襄理的位置,正如明朝的太监,可以倚靠权势,胡作非为,而受害的不是他,是学校。……玉堂信用此人,可谓胡涂。"(《两地书·第二集厦门—广州 五三》)

黄坚很会耍小聪明,很会糊弄人,他得知鲁迅已在厦门大学辞职后,却对外宣称鲁迅是"吾师",鲁迅1927年1月6日致许广平信也谈及此事:"连白果也称我为'吾师'了,并且对人说道,'我是他的学生呀,感情当然很好的。'他今天还要办酒给我饯行,你想这酒是多么难喝下去。"(《两地书·第二集厦门—广州 一〇九》)如此等等,足见黄坚是一位口是心非,很会利用职权给他人"吃点小苦头"的小人。

黄坚(1895—1978),字振玉,江西清江人。他早年与后来成为摄影大家的郎静山就读于上海南洋中学,因为对摄影有共同的兴趣和爱好,结成好友。该校预科主任兼美术教师李靖澜因材施教,善于发现学生的特长和爱好,他组织课外活动小组"摄影小班",黄坚是最早选入"摄影小班"的学生之一,须知,那时在中国摄影技术是极不普及的。1913年,黄坚年仅18岁,参加过反袁的二次革命。失败后避居于上海法租界里的"留英俭学会"。该会为吴稚晖所创办,他又是我国最早到西洋学习摄影的留学生,这样,黄坚成了吴稚晖的忘年交,也是吴氏的摄影学生,对黄坚各方面影响较大。

1916年,黄坚考入北京大学预科,他背着照相机参加入学例行体检,十分显眼,引起同样爱好摄影的校医陈万里的注意。两人志趣相同,相见恨晚,遂成挚友。1919年,黄坚升入北大英文系,毕业后留校任教。1923年,两人为主共同成立北京大学艺术

图11　1928年，黄坚（左）与刘半农（右）、吴缉熙合影（郎静山摄）

写真研究会，奠定了艺术摄影在我国发展的基础。次年，北大艺术写真研究会改名"光社"，会员也扩展向全市范围。平心而论，黄坚对我国摄影业是有贡献的。

从1925年起，黄坚先后在北京女师大、厦门大学、内政部、铁道部、故宫博物院等处任职。1947年，他还当选为江西省参议员。1949年，他随暂存于南京的故宫博物院文物辗转去台湾。黄坚在台湾先后任职于台北商业职业学校、审计部等。1960年退休后，他任插画研究会、花道协会顾问。

十二、新中国博物馆事业的开拓者之一谢旦如

1936年7月17日鲁迅致杨之华信末了谈及她也关心的一些亲友近况，其中有"谢君书店已倒灶。茅（盾）先生家及老三家都如常。密斯许也好的，但因我病，故较忙。"此处的"谢君"就是几年前曾经掩护瞿秋白、杨之华在自己家里避难的谢澹如。鲁迅信中说他当时开设的公道书店"已倒灶"。

谢澹如（1904—1962），又名旦如、淡如，还有永淦、元功、王了

一等笔名。江苏松江（今属上海市）人。他是中国革命的有功之臣，也是新中国博物馆事业的开拓者之一。其父谢敏甫系晚清举人。谢家世代经商，在上海开设福源、福德、福康等多家福字号钱庄。他又酷爱古籍字画，藏书甚丰。为庆贺1904年谢旦如诞生，其父谢敏甫新建了紫霞路68号三开间三进房屋，谢家这一新居在王家码头一带算得上最豪华最有气派的建筑。

图12　谢旦如

　　谢旦如家境优渥，自幼喜爱读书，先后就读于上海惠灵英文学校、南方大学、国民大学，毕业后，他继承家业，继续经商。谢旦如是儒商，思想倾向进步，还爱好文学。20世纪20年代，由他出资与应修人、楼适夷、许元启等创办上海通信图书馆；1922年，又加入应修人、冯雪峰、潘漠华、汪静之等组织的"湖畔诗社"，还出版了《苜宿花》一书。尽管在经济上他们收入不一样，但在思想认识上是一致或接近的。

　　20世纪30年代初，上海也笼罩在白色恐怖中，当冯雪峰向谢旦如吐露拟安排瞿秋白、杨之华夫妇到他家避难时，同情和支持中国革命的谢旦如当即毫不犹豫地答应下来。1931年夏的一天，冯雪峰陪同瞿秋白、杨之华夫妇到紫霞路68号谢寓。谢旦如安排妥帖，一切从瞿氏安全考虑，连谢家其他人只知道来了客人"林复"，好客的他也不再邀请至爱亲朋到家聚会。1932年，"一·二八事变"爆发，谢旦如连忙举家和瞿、杨夫妇到法租界毕勋路毕兴坊10号（现汾阳路64弄10号）暂住，直至战事结束才搬回紫霞路。瞿、杨夫妇在谢家这两处寓所共居住一年零七个月，瞿秋白坚持著译，还写就了论文《上海战争和战争文学》、杂文《新英雄》和《英雄巧计献上海》等其他文章。

鲁迅与谢旦如至迟应在1930年共同参加中国自由运动大同盟已熟识。而1931年6月,由冯雪峰陪同瞿秋白从南市紫霞路特地到四川北路拉摩斯公寓拜访了神交已久的鲁迅。9月1日,鲁迅到紫霞路谢旦如家回访,是日《鲁迅日记》亦载:"午前同广平携海婴访何家夫妇,在其寓午餐。"据谢旦如夫人钱云锦忆述,这次回访也是由冯雪峰陪同的,鲁迅还特地买了一盒玩具送给谢旦如的孩子。这是谢旦如第一次近距离接触鲁迅,并做东设宴款待鲁迅一家、瞿杨夫妇和挚友冯雪峰。从此,谢旦如与鲁迅结下不解之缘。鲁迅辞世后,谢旦如协助许广平编辑鲁迅翻译的《译丛补》和《鲁迅全集》的整理出版,后又参与《鲁迅风》的编辑。

中华人民共和国成立后不久的1951年,谢旦如奉调负责筹建新中国第一家人物纪念(博物)馆——上海鲁迅纪念馆,1957年又被任命为上海鲁迅纪念馆负责人。从此,谢旦如为此费尽心血,直至1962年病逝。别的姑且不论,单从捐赠有关鲁迅、瞿秋白、丁玲、胡也频等人文物、手稿照片一事,贡献甚大。如20世纪50年代谢家住在山阴路132弄8号,一楼不久成为上海鲁迅故居的一部分。谢旦如当年送给瞿秋白,瞿后又转送鲁迅的一张书桌也陈列其中;丁玲致冯雪峰的六封信和作品手稿,丁玲、胡也频、应修人等人的照片;郭沫若、汪静之等人的手稿以及谢旦如珍藏的红军集体创作的《二万五千里》稿件等均由谢旦如及其遗孀慷慨捐给国家。

图13 谢庆国,似系鲁迅所摄

顺便也介绍一件似系鲁迅亲手拍摄照片的事。上海鲁迅纪念馆乐融先生近年做了一件有意义的事,他根据谢旦如之子谢庆国 1979 年 7 月 5 日致包子衍信和附寄他童年时代的照片,再多次实地踏看,多方考证、比对,访问徐欣然等知情者,认为那位身着西装、脚穿皮靴,双手插在裤袋里的小男孩谢庆国,是"1933 年 5 月后,鲁迅刚搬迁到大陆新村,邀请谢旦如来玩"时所摄,而谢庆国也忆述:"是我父亲带我上鲁迅先生家玩""是在他家院内,鲁迅先生给我照的"。

十三、传奇的小军阀樊钟秀

1926 年 10 月 15 日鲁迅写给恋人许广平信中告诉国民革命军北伐的好消息,还正面提及小军阀樊钟秀,说:"今天本地报上的消息很好,但自然不知道可确的,……四,樊钟秀已入开封,吴佩孚逃保定(一云郑州)。总而言之,即使要打折扣,情形很好总是真的。"(《两地书·第二集 厦门—广州》)这也是在其所有作品中唯一一处谈及樊钟秀的。

说起民国前期的各级政府,从中央到地方都有大小军阀主政,要说北洋军阀虽有不同派系,但其来源不外乎三个:一是清末民初的武备学堂、军校毕业,如段祺瑞、冯国璋等;二是像张勋、陆荣廷辈从清军中脱胎而来;三是张作霖那样的土匪出身。而樊钟秀可归类到第三类,不仅说他是中小土匪出身,而且此人颇有传奇色彩。

樊钟秀(1888—1930),河南宝丰(今属河南省平顶山市)人。他出生于

图 14 樊钟秀

普通家庭,男丁有兄弟四人,排行老二,因儿时就读于其父的私

塾,多少有些文化;但他不爱读书,更不愿做一个"面朝黄土背朝天",无异于灾民、难民和刁民的农民,却喜欢舞枪弄棒。据说樊钟秀还到少林寺苦学了三年,学到了好功夫。樊家在宝丰称不上大户,但家有上百亩土地,其父当塾师、为乡亲看病,也有一些收入,日子过得去。但天下不太平,战乱频仍,匪患又严重。一次,一伙土匪盯上樊家,开口就是 300 大洋,樊父忍气吞声,破财消灾,凑足这个数。谁知土匪头子见樊家闺女有几分姿色,令她去做压寨夫人。樊家以为宝丰已无法立身,只得逃往陕西避难。想不到那个年代遍地是土匪,当地土匪得知樊家闺女长得漂亮,土匪头目发令樊家把闺女送上山。樊家一再受到土匪欺负、迫害,二十来岁的樊钟秀血气方刚,不再逆来顺受,决心拼个你死我活。他把亲人转移安置好,邀请大哥和几个有武功的铁杆朋友一道上山,见多数土匪下了山,匪巢只有几个头目,樊钟秀等乘其不备之机,轻而易举地送他们归天。他凭借缴获的十几条枪,又收编其他小股土匪,还击溃了民团,很快拉起一支二百多人的武装。樊钟秀权衡利弊,于 1915 年接受了陈树藩的招抚,兵匪一家,他摇身一变成了一名连长。陕西军界中孙中山的影响力很大,一些军官原来就是同盟会会员,樊钟秀同他们交了朋友,孙文学说也逐渐被他接受,仕途也较为坦荡,几年时间,就当上了旅长,成了孙中山的粉丝。

  1923 年 4 月,桂系军阀沈鸿英率部进攻广州,被支持孙中山的滇军击败,直系军阀吴佩孚下令樊钟秀等部南下援助沈鸿英。樊钟秀看准这个良好机会,迅即击溃沈鸿英残部,正式背叛军阀吴佩孚,回到孙中山阵营中来。孙中山对此举甚为赞许,曾特地致电嘉奖。他的部队被改编为"建国豫军",参加了孙中山领导的北伐。遗憾的是,樊钟秀不久得知崇敬的孙中山在北京病逝的噩耗,如丧考妣,不禁失声痛哭。他表示,自己死后希望陪伴在侧,葬在孙中山旁边。公祭孙中山时,樊钟秀献上巨大的素花横额,中间书有"国父"两字,据说,这是孙中山首次被尊称为"国父",国民政府通令全国尊称他为中华民国"国父"还是在1930年的事。

后来,在军阀混战中,樊钟秀也卷入其中,但"建国豫军"的旗帜一直未曾更换。中原大战时,他倒向反蒋联盟,在许昌视察前沿阵地时,被蒋介石战机炸死。其部下遵其遗愿,在北京西山碧云寺孙中山衣冠冢附近,将樊钟秀遗体葬在那里,从而满足了他生前的愿望。

十四、一生献给中国革命和建设事业的传奇女性魏璐诗

1936年1月26日,《鲁迅日记》载:"午后魏女士来。"这"魏女士"就是海内外颇有传奇色彩的进步女性魏璐诗。

魏璐诗(Ruth F. Weiss,1908—2006),奥地利维也纳犹太人(后加入中国国籍)。外宣战线上传奇女性,英、德等多种语言文字专家。1932年,魏璐诗在奥地利维也纳大学毕业,并获哲学博士学位。次年9月,她作为《维也纳报》自由栏目记者只身来华,原定进行为期半年的修学旅行。魏璐诗到上海,目睹半殖民地半封建中国的黑暗:"军阀们在其帝国主义主子的支持下,相互厮杀,争夺势力范围,劳动人民过着牛马不如的生活。"她很快结识了路易·

图15 魏璐诗

艾黎、马德海、宋庆龄等中外进步人士,经史沫特莱、姚克介绍又结识了鲁迅,虽然在《鲁迅日记》里只有1936年1月26日魏璐诗往访鲁迅的一次记载,但根据他们所从事的共同而频繁的进步活动分析,她与鲁迅聚会的机会是比较多的。魏璐诗学习马列主

义、关心、同情和支持中国革命。他们在从事共同的革命斗争、进步活动中增强了友谊,她也从同情、关爱中国人民发展为爱上中国,从长期居留中国到干脆加入中国国籍,为中国人民的解放事业贡献自己的力量。

魏璐诗从踏上中国国土后不久就产生和怀有对中国人民友好的感情,并随着时间的推移,她对中国人民的友好感情与日俱增,这是全国人民异常感佩的。1936 年,魏璐诗任成都《新闻快报》主任编辑,不断地向全世界报道中国人民抗日救亡的实况。1943 年,她在重庆协助宋庆龄重建保卫中国大同盟,并出任中央委员会委员,还利用中国工合国际委员会这一平台积极开展对外宣传工作。1945 年,魏璐诗又在中国福利基金会(其前身为"保卫中国大同盟")工作,继续筹募款物,支援解放区建设,又在上海创办儿童福利站(院)、儿童剧团、孤儿院等。一句话,为了和平,为了下一代,她追随宋庆龄,贡献了聪明才智和其他。次年,魏璐诗赴美在联合国秘书处工作。1951 年,她又应邀回到北京,并长期定居,1955 年 7 月 1 日,获准加入中国国籍。几十年来,她历任中华人民共和国国际新闻局(后改为中国外文出版发行事业局)、外文出版社等部门、单位的编辑。她在翻译工作中,充分发挥英、德等外语特长,并倡导推进了英文版《人民中国》杂志的发行。

由于长期从事外宣工作,她积累了丰富经验,加上了解外国读者的阅读喜好和习惯,经常坦率地提出改进意见。即使在"文革"时期,处境艰难,但魏璐诗笔耕不辍,照样勤奋工作。除办好德文版《人民画报》外,她如期完成《安娜·路易斯·斯特朗通讯集》的德文翻译、校对任务,还撰写关于鲁迅思想及著作的系列研究文章,在香港《东方地平线》杂志连载,社会反响很大很好。粉碎"四人帮"后,魏璐诗的工作热情更加高涨,除做好《人民画报》本职工作外,她经常在英文版《中国日报》和《工人日报》《中国妇女》等国内报刊以及国外的一些报刊发表文章。由于魏璐诗对中国革命和社会主义建设事业作出突出贡献,也深受中国人民的爱戴、信任和赞誉,多次受到党和国家领导人的亲切接见、鼓励,也被聘为第六、七届全国政协委员。直到 2006 年 3 月 6 日,魏璐诗才结束了她传奇的一生,享年 97 岁。

十五、精于掌故之学的瞿宣颖

鲁迅晚年抱病写的《写于深夜里》这一很有分量的杂文最初发表于 1936 年 5 月上海《夜莺》月刊第一卷第三期。他的初衷是为上海出版的英文期刊《中国呼声》(*The Voice Of China*)而作,英译稿则在同年 6 月 1 日该刊第一卷第六期发表。此文是鲁迅刚看到铢堂发表在 1936 年 3 月《宇宙风》第十三期的一篇题为《不以成败论英雄》的文章,有感而发的。鲁迅在文章中说:"铢堂先生的文章,却是别一种见解。他认为这种对死囚喝采,是崇拜失败的英雄,是扶弱,'理想是不能不算崇高。然而在人群的组织上实在要不得。抑强扶弱,便是永远不愿意有强。崇拜失败英雄,便是不承认成功的英雄。'所以使'凡是古来成功的帝王,欲维持几百年的威力,不定得残害几万几十万无辜的人,方才能博得一时的慑服'。"对于古来统治者对死囚处死手段和死囚临死前的表现,鲁迅几十年来耳闻目睹也不少,自然而然地反映在诸如《阿 Q 正传》此类的作品中。为了写好这篇杂文,鲁迅还多次写信和通过其他方式向曹白等受害者进一步了解和核实有关史实,使之成为铁的事实,他勇敢地在海内外人民面前揭露和鞭挞反动当局残酷迫害、屠杀革命者的血腥罪行,并使被揭露和被鞭挞者失却还手招架之力。

鲁迅在《写于深夜里》里谈及的"铢堂先生"是何许人也？铢堂,原名瞿宣颖(1894—1973),别名益锴,字兑之,号蜕园,又作楚金、向平、渠弥、铢庵等。湖南善化(今长沙)人。现代历史学家、作家,尤精于掌故之学。瞿宣颖出身于名门望族,其父瞿鸿机官至晚清军机大臣，其岳父聂缉椝系高官巨贾，岳母曾纪芬则为曾国藩幺女、号崇德老人。瞿宣颖自幼聪颖，学有素养，并有幸耳濡目染宫廷、官场内情。他不仅是货真价实的官二代，而且，本人成年后从政，也是高官。1906年，瞿宣颖考入京师译学堂，后转入上海复旦大学（一说上海圣约翰大学）。毕业后应邀北上，历任北洋政府内阁总理顾维钧的秘书长、国史编纂处处长、印铸局局长和河北省政府秘书长，后又任南开

图16 瞿宣颖

大学、北京师范大学、燕京大学和辅仁大学等高校教授。1937年卢沟桥事变后，瞿宣颖改名益锴，在伪政权掌管的北京大学出任监督。抗战胜利后，他留寓上海，以卖文为生。中华人民共和国成立后，他一度在中华书局上海编译所任特约编辑。20世纪60年代被捕，1973年瘐死狱中。

由于瞿宣颖有特殊的家庭背景和从政经历，如张作霖外窜东北，顾维钧代摄元首之职，作为他的秘书长俨然行使代理总理职权，时有"黑头宰相"之称。如此丰富的生活阅历和常人难以企及的从政经历，是他日后创作的极大优势和长处。其著作甚丰，计有《人物风俗制度丛谈》《方志考稿》《中国骈文概论》《汪辉祖传述》《养和室随笔》《枏庐所闻录》《燕都览古诗话》《李白集校注》《刘禹锡集笺注》《古今名诗选》《汉魏六朝赋选》《补书堂诗录》《文录》等，数量多影响亦大。

馆藏一斑

最羡卧游君有术，越州名胜解乡愁
——蔡元培的故乡情

徐晓光　绍兴鲁迅纪念馆

"故乡尽有好湖山，八载常萦魂梦间。最羡卧游君有术，十篇妙绘若循环。"没有比家乡的山山水水，更能激起思乡之情。何况是已离乡八年的蔡元培先生，这是他题在家乡风景画册后的一首怀乡七言绝句。

蔡元培先生的童年和青年是在家乡绍兴度过的。他曾游遍越中山川和名胜古迹，并多有诗词流传，如《游绍兴石佛寺题名记》《重修贺秘监祠记》等，爱乡之情，溢于言表。到了中年以后，荣膺重任，游学各国，离乡日久，但对故乡的风物仍心向往之，他曾说："吾辈既为绍兴之人，则绍兴一切之事，非即吾辈之责任乎！"

1934年12月中旬，蔡元培时任中央研究院院长，他的同乡挚友、时任南京国民政府公务员惩戒委员会委员的陶冶公造访蔡先生，同时送来一套由绍兴乡人陈艮仙所作的《越州名胜图》请蔡元培先生为之题词。当蔡先生翻开画册，一帧帧熟悉的景物，"兰渚山亭""炉峰形势""羊山远眺""东湖""湖塘""柯岩览胜""鉴湖快阁""稽山夏禹祠""种山西园诗巢"等越中名胜一下子跃然纸上，笔线勾勒，墨彩填充，亭榭楼阁倒映水中，泛起粼粼微波，再看远山横斜，绿树红花相映，让远离故乡的游子倍感亲切。故乡八年未归，越中的山水只在梦萦中。蔡先生一时诗兴大发，凝神提笔，在画册末页撰写七绝一首。正如他诗中的话说"最羡慕的还是这十幅故乡的景物画,可以经常反复的神游,以解思乡之心"。

这一让蔡元培先生倍感思乡之情的画册,正是我馆馆藏的近现代国家一级革命文物《越州名胜图》册页。1931年4月,绍兴壬社社员陈艮仙与陶冶公同游故乡名胜之后,应陶冶公之请,将越中名胜绘于纸上,并为每一帧画题写一纸便签,蝇头小楷将所绘风光丽景,用温婉而细腻的笔触逐一介绍景点所在方位和历史。1934年夏,图文并茂的画本最终制成,"共得十帧,异日湖山无恙,尺楮幸留"。陶冶公十分欣喜,将其装裱成册,"以资考证"。画册为硬底绿色布封面,绍兴名流戚扬为此画册题签"越州名胜图西塘老人戚扬"。画芯八开,纵32.4厘米,横38.0厘米,四周裱有靛蓝暗纹绫边,四周镶黄色滚边。

陶冶公(1886—1962),原名延林,后改名铸,字冶公,号望潮,别号洁霜,以字行。绍兴陶堰人。辛亥老人、著名爱国民主人士。早年东渡日本留学并参加中国同盟会和光复会,与陈伯平、秋瑾、陶成章、许寿裳、鲁迅、蔡元培等绍兴同乡熟识。回国后,参加辛亥革命,1933年6月起先后担任国民政府中央公务员惩戒委员会委员、主席委员等职达16年之久。在此期间,与同在南京任职的绍兴同乡蔡元培交往颇多,因此有了卧游故乡山水的佳话。

陈庆均(1871—1946),字艮仙,一作艮轩。浙江绍兴人。"诗巢壬社"成员、民国绍兴县修志委员会六常委之一,世居青藤书屋徐文长山人旧宅。他早年致力于科举,屡试不中;入民国,主要从事地方事务,善书画、作诗,与当时绍兴籍名人多有交往。

蔡元培不但怀念故乡山水,而且一直心系家乡建设,对故乡的爱从未改变,"凡乡友有所要求,蔡先生必力所帮助,介绍留学、工作,帮助家乡办学、修缮故乡名胜古迹,发起追念绍籍辛亥革命烈士、为乡人著作撰序、作跋、题词等"。

1916年11月，蔡元培旅欧回国，回到阔别十余年的故乡省亲扫墓。他应邀多次发表演说，表达了对故乡的殷切期望和美好设想。蔡元培有感于"江桥至南门一带，河道异常隘窄，污秽弃物皆抛掷其中，因而河水气味，不堪触鼻。河道之上，则又过楼栉比，蛛网承尘，舟行其下，龌龊无比"，建议"不如将此河道填塞，或创办自来水，安置自来水管于其中；道路则广加开拓，不惟来往行人可免摩肩擦毂，且于卫生大有裨益"。他认为"道路不修，交通不便，实业、商务皆不能发达"，提议拆除失去"止御盗匪""为争战上之防守价值的破旧城墙"，改作电车轨道，或便利交通的衢路。蔡元培在改造城市卫生方面也提出了不少建议，因目睹绍兴"每将肥缸陈列于街道之上，且以此市钱，争多论少，刺刺不休"的陋俗，吁请"吾绍人为讲究公共卫生计，则组织肥料公司"并"急宜除去街道上陈列之肥缸"。

蔡元培在家乡看到"社会上无职业之人，累累皆是"的现状，他认为，改善故乡人民的生活水准，应学习西方国家"男女幼时，皆受有教育，学有艺能"。因此，从工作能力、职业介绍、女子职业和职业教育这四方面阐述了就业问题。同时，他了解到绍兴"中等实业学校、中等农业学校等，尚未见有创设"，颇有见地地提出务必改变由国家包办学校的做法，充满激情地说："吾绍各界果能群策群力而进行，则何患工艺、实业不发达哉！"他也批评绍兴落后的教学方法："任来学者冥行盲从，即有时口提面命，亦不过随意指示"，呼吁全社会改善之。

蔡元培对家乡建设的远见卓识，令家乡人大开眼界，这位睿智的伟人，充满激情的演讲洋溢着他恒存的爱国爱乡的拳拳之心。百年后的绍兴正按照蔡元培先生所规划的蓝图，一步步变成现实，而蔡先生的思乡之情也因这首诗而延续至今。

《越州名胜图》一直由陶冶公随身珍藏。南京解放前夕，陶冶公拒绝南迁。后来，他自南京回乡定居绍兴。在绍兴鲁迅纪念馆成立后,他将家藏的全部古籍、字画等文物共十余箱捐赠给绍兴鲁迅纪念馆,其中就有见证两位革命老人爱国爱乡的《越州名胜图》,而这首充满眷恋的怀乡诗让我们看到了这两位乡贤对故乡的热爱和诚挚的感情。

鲁迅作品教与学

鲁迅作品教学与"立人"功能

蔡洞峰　安庆师范大学人文学院

鲁迅是中国现代社会一个经典的文化符号,其人其文都成为20世纪中国的显赫存在,被称为中华民族的"民族魂"。如何传承鲁迅精神无疑是当下中国思想文化界和教育界必须认真思考的问题。如何将鲁迅的经典作品化为新时代立德树人的思想资源,发挥鲁迅的"当下性"影响,是当前社会和教育界面临的重要现实问题。本文就鲁迅经典作品如何转化为高校"课程思政"的育人资源作一探讨,以期在新时代语境下如何将鲁迅与当下教育方针结合,发挥其独特的高校思政育人价值。

中国现代文学是大学汉语言文学本科专业主干课程,如何在现代文学教学中发挥课程思政功能,是当下高等教育为适应新形势进行课程教学改革需要思考的问题。现代文学学科意识正在调整,作为专业课程,其教学目标是通过学习了解掌握各个历史时期的文学思潮及重要作家作品和影响,为学生提供一种全局性的文学史观。在课程思政的教育理念构建下,文学课程教学中必须成为教育学生坚定理想信念、培养家国情怀、加强审美素养、陶冶情操、提升综合素质的重要路径。

一

在现代文学史上,鲁迅及其作品是一个显赫的存在。鲁迅是在中华民族现代转型过程中出现的一位伟大的思想家和文学家、革命家。其人其文是中国乃至东亚现代化进程中的一座巍峨的丰碑。鲁迅是通过文学的方式介入时代和改造社会,他通过对古今中外文化之比较和立人兴国方案的实践改造国民精神。鲁迅对中国传统文化、政治、伦理、道德等各方面都给予充分的关注,并形成了深刻独到的见解,对传统文化进行反思和批判,对封建专制统治进行无情揭露。鲁迅将改造国民性行动融入文学创作,并形成了时刻关注无数的人们和无穷的远方的命运共同体意识。他的思想和文学中有关对传统文化进行的创造性转化,对国人精神上痼疾的批判等尤其值得现代社会的关注。鲁迅及其作品蕴含着巨大的文化政治潜能,在当下如何激活这些潜能,如何通过鲁迅激发教育"立人"功能,是目前高校中文专业教师应该思考的问题。

在落实"立德树人"这一教育的根本任务中,中文专业的教学要贯彻在中国现代文学课程教学的全过程、全员和全方位之中,就必须深入挖掘该课程中的思政元素,使中国现代文学教学能够成为高校思想政治教育的重要抓手,将学生的人文精神培育与思想政治教育协同构筑,发挥好大学文学在"五育并举"育人大格局中的协同作用。

就中国现当代文学课程内容而言,现代文学教材中所选取的作家作品历来都是现代文学史上有着重要影响和现实意义的经典之作,在经历了漫长的时代与历史洗礼和积淀,成为现代人文精神和现代思想的重要载体,在历史和当下的各个时期都影响着一代又一代中国人精神品格的生成,发挥着鼓舞人、教育人、引导人的作用。

学生通过中国现当代文学史课程的学习,能够深入理解在中华民族现代转型过程中,先驱者对中国文化思想和道路探索的历史背景和意义,认同中华民族的奋斗历程和历史必然的选择,从而实现学生现代精神的生成和主体性人格升华的教育目标。

在现当代文学课程思政教学实践中,必须以作家作品为中心,坚持发挥文学思想教育功能,挖掘其中思政元素。教师在具体的课程思政教学实践中,通过对鲁迅文学作品的解读,挖掘其文本和思想中的思想政治教育元素,促进课程思政融入课堂,将其中所蕴含的思政元素转化为对学生进行思想教育和精神引导的精神资源,培养学生政治素养和人文精神,借此培养学生的家国意识和高尚的道德情操,树立正确的世界观、人生观、价值观,实现立德树人的教学目的。

中国现代文学系列教材中,涉及鲁迅的章节都占据教材重要的部分。例如,由钱理群、温儒敏、吴福辉编著的中国现当代教材《中国现代文学三十年(修订本)》(北京大学出版社)中鲁迅章节选取了鲁迅创作的三部短篇小说集——《呐喊》《彷徨》《故事新编》和两部散文集——《野草》《朝花夕拾》,另外还有鲁迅的杂文章节。既然我们认同鲁迅的现代意义及价值,就需要我们结合当下高校教育教学的实际,在"中国现代文学"课程关于鲁迅的教学中践行社会主义核心价值观,挖掘相关思政元素,对教学模式和问题寻求改进的途径。

作为现代中国的"民族魂",鲁迅与现代中国的文化政治密切相关,其思想和作品在中国现代文学的教学实践中占有很重要的分量,作为教师如何讲解鲁迅思想和作品影响学生对鲁迅精神、思想以及文学资源的理解和接受。从课程中的思政元素方面讲解鲁迅及其作品,我们首先应该认识到其人其文是大学文学课程思政建设的重要资源,其中蕴含着丰富的人文精神资源和思政元素。

事实上,在笔者日常教学过程中就发现,现在很多中文专业学生在未进入教学中了解鲁迅并感受其独特魅力之前,对鲁迅的印象就相当隔膜。由于鲁迅在中国教育中的巨大影响,进入大学之前,年轻的学生都知道鲁迅及其作品,但自己去读、去理解的并不多，大多都是道听途说，因而学生对鲁迅存在种种误读和误解。而这些误读和误解正是通过鲁迅教学过程中传播的。

鲁迅思想丰富，文章内涵意蕴复杂难懂。这一切导致鲁迅文章在中小学课堂上教师对其阐释的简单化和肤浅化，使学生难以走进真实的鲁迅，因此学生对鲁迅的思想抱有敬而远之的距离感和把握鲁迅精神实质的不准确感，这都是目前鲁迅教学中客观存在的问题。面对这种境况，需要我们在中国现代文学教学中首先要对这种鲁迅思想的种种误解进行"纠偏"，解决鲁迅教学中遗留的历史和现实问题。因为在大学阶段的中国现当代文学课程教学中对鲁迅的解读，往往"包裹"着太多外在的话语和许多定性的评价，结果使得年轻的学生在未真正走近鲁迅时似乎对鲁迅已经非常"熟悉"了，知道鲁迅是谁，鲁迅成了"最熟悉的陌生人"。由于这些话语和定论早已耳熟能详，所以只要开始讲解鲁迅时相当一部分学生就觉得是重复和多余，失去了进一步探究的兴趣。针对鲁迅教学过程中出现的这一普遍现象，教师应引导学生首先要对以往形成的鲁迅印象进行清空，抛却以前在脑海里形成的各种关于鲁迅的刻板印象，通过自己的阅读还原一个真实的鲁迅。因此在教学过程中，作为教师首先要求学生阅读之前尽量摆脱所有对鲁迅及其思想中存在的有形与无形的成见和偏见，翻开书放松地细读，以期获得阅读的初步体验，通过带着自身生命实感的方式由文本进入鲁迅深邃的精神世界，通过自身的阅读体验和生命实感进入鲁迅丰富的思想空间。

鲁迅及其精神的吸引力和魅力主要来自其人的复杂的人生历程、人格魅力、丰富的精神世界及其作品本身独特、真实、直面人生的生命体验。而这种体验正是我们作为当下生活和自我人生道路上可资参照的精神资源。其"我以我血荐轩辕"的家国情怀和献身精神蕴含着丰富的育人理念，在教育实践中如何挖掘鲁迅作品丰富的精神资源是讲好鲁迅作品，落实立德树人的关键。

教师在课堂教学中,通过对鲁迅的人生历程和思想形成进行讲解和分析,挖掘其中的爱国、献身精神和崇高的道德情怀,忧国忧民的思想意识,引导学生理解其中的爱国主义思想,教师可以随时就文章的内容与学生交流,引导学生通过自身的生命经历打通作者与读者的血脉联系。

譬如,笔者讲授《呐喊·狂人日记》时谈到"吃人"意象时,就联系到历史上和当下的一些现实问题,和年轻的学生说道,在漫长的中国封建专制统治下那些封建反动势力对人民的精神奴役和愚昧统治又何尝不是一种"吃人"?即使在当下社会中依然有腐败和潜规则等不良现象存在,而鲁迅及其作品中深邃的思想和巨大的现实隐喻能为我们提供一种历史和现实的观照,以及理性的反思。作为当代大学生,我们该如何看待这种社会不良现象?我们每个人都应该反思在当下时代如何维护公平正义,如何幸福生活和合理做人。因此从课程思政和立德树人的维度进入鲁迅作品,可以发现,鲁迅的作品从反思和观照现实的视角给予学生的主体意识和历史担当的使命感。因此就《狂人日记》等其他作品而言,鲁迅作品中提供的历史语境和文化批判对象,在授课教师的思政课程设计的引导下,能够引导学生通过历史反思现实,让过去的历史作为一面镜子提供给当下一种现实的参照。

鲁迅写这部作品是在 1918 年,离现在已有百余年历史,鲁迅及其显赫的存在给我们提供一种现实的反思和精神资源,其中有着丰富的内涵可以作为课程思政元素,激发学生的道德情感和制度自信。联系到现实语境,现在我们党正在从制度上进行反腐斗争,确保社会公平正义,践行着全心全意为人民服务的初心,就是要扫除鲁迅所说的"吃人的筵席",建立"人国"的理想,实现中华民族伟大复兴的中国梦不仅是我们这一代人的愿望,也是鲁迅那一代人的愿景。因此,作为当下的大学生,我们正处于鲁迅所说的"大时代",那我们青年人应该怎样做?由此,可以将课程思政融入鲁迅教学中,因为"课程思政将价值塑造、知识传授和能力培养三者融为一体,是受教育者获得能力、提升自信的保证。"[3]同时也对应着培养什么人、怎样培养人、为谁培养人的教育的根本问题。即将大学生的价值理想目标与正确的世界观、人生观、价值观契合。

结合现代文学教学特点,课程思政在日常教学中要挖掘现代文学课程中的思政元素,教师对课程内容进行设计,及时引领大学生的思想和情感认知,引起大学生情感共鸣,最终让思政元素内化为立德树人的思想资源,引导受教育对象进行正确的行为实践,实现专业知识和思政元素的有机融合,实现课程教学中"价值引领、知识传授、能力培养"的三位一体和"三全育人"的效果。

二

从"立德树人"的视角看待鲁迅教学实践,是当下"重回鲁迅"的核心要义,鲁迅及其作品能够给我们提供一种方法和视角。"'现代思想'的植入和现代性的确立,逐渐地为现代文学建立起了'现代'的精神和审美品格,为现代文学倡导'人的文学'奠定了坚实的理论基础。"[2]从时间和学科发展看,中国现代文学发展跨度不长,从1917年至1949年只有短短30多年的历史。但这一时期是中华民族现代转型的关键时期,现代文学在这一时期从形成到发展,纷繁迭出,作家作品和文学思潮层出不穷,精彩纷呈。如何通过作家作品讲好中国故事,考验着教师的能力素养和知识结构。从课程思政维度看待中国现代文学教学,则是从现代性的视角培养学生确立现代道德,培养现代公民意识,实现育人大格局的形成。

以鲁迅作品教学为例,我们在讲鲁迅文学时,要进入鲁迅创作的具体的历史语境以及作家个人的心路历程,即通过对其复杂的人生经历的描述,让学生了解鲁迅完整的一生,其现代思想的形成以及文学精神的现代品格。从鲁迅早年的家道中落,父亲的病逝和不幸的婚姻讲起,使学生对鲁迅为何反对封建文化,追求现代思想和精神独立有着理性的认识,这种还原让学生充分感受到其人生选择的合理性及生命体验的丰富性,鲁迅的"弃医从文"以及对中国国民劣根性的精准把握,其中蕴含着丰富的思想资源和思政元素,这一切都丰富了学生的视野和情感的升华,给人一种积极向上的精神鼓舞。

在鲁迅作品教学实践中,我们可以通过鲁迅的人生经历以及作品中蕴含的"立人"传统和"国民性批判"思想,以及鲁迅一生中所寻求的"兴国立人"之路,在其相关的论述和描写中,引导学生成为怎样的人,如何度日和做人,在鲁迅的作品中都可以挖掘出相应的元素,而这对塑造学生的精神世界和培养正确的价值理念都有着现实的意义和作用。

作为教师在讲授鲁迅作品时,一方面应从专业传授的角度进行文本细读,以文本作为解读鲁迅及其作品思想和精神的基础,同时结合鲁迅写作文本时具体的历史语境和个体生命状态进行分析,力求保持忠实于文本的客观性和丰富性。另一方面在准确理解鲁迅思想的基础上,从课程思政的角度对鲁迅作品进行适当的阐释和发挥——这也是鲁迅作品的独特性所在,即结合当下社会现象挖掘鲁迅作品的当下性和现实意义,以鲁迅的思想为参照考察现实社会,从立德树人方面引导学生如何思考和看待现实社会现象。

例如,我们讲解鲁迅的小说《祝福》和《伤逝》,鉴于这两部小说都被收录小说集《彷徨》,并涉及"女性解放"和知识分子对"启蒙有效性"的怀疑。从课程思政的角度讲解作品,教师先要求学生提前带着问题反复细读两部作品,并围绕这些问题进行延伸阅读,如《娜拉走后怎样》《我之节烈观》以及《二十四孝图》等。在课堂上,让学生自己发言解释自己的问题。一般学生都能提出是什么原因让祥林嫂无法活下去,子君到底该不该出走,女性解放是否就是追求婚姻自由等,并作出自己的解答。答案当然是众说纷纭。这时,教师可以引导学生依照文本寻找答案。《祝福》中祥林嫂的悲惨命运牵扯着众多读者的心,小说的许多细节都耳熟能详,但祥林嫂的"河边之问"对"我"(知识分子)而言却"大感意外":"一个人死了之后,究竟有没有魂灵的?""那么,也就有地狱了?""那么,死掉的一家人,都能见面的?"祥林嫂这样的追问对"我"而言也太难回答,"比在学校里遇到不及豫防的临时考,教师又偏是站在身旁的时候,惶急得多了"。[3]作品中"我"代表着中国现代启蒙知识分子的群体,祥林嫂之问与死都与"我"产生了关联。"五四"的启蒙并不能解决底层百姓的生存问题。祥林嫂的悲剧也映射出"礼教吃人"的话题。这是一篇对启蒙的反思以及封建社会控诉的文本,同时也是温儒敏倡导的稀释教材授课方法,即"讲课基本上不再重复教材内容,而是补充教材中不足的部分(包括新的学科进展),解释学生阅读教材时遇到的难点与问题,特别是要重点分析作品"。[4]

对《伤逝》文本的解读,笔者放弃了心灵索隐式的解读,直接从女性解放的视角来解读,即子君为追求女性独立而出走的姿态在那样的时代只能以子君的"逝"和涓生的"伤"为结局。在没有经济独立的社会,女性追求幸福,反抗绝望的行动最终只能是走向"没有墓碑的坟墓"。由此给我们的启示就是在当下社会,女性必须能够自食其力,获得经济独立,这样才能够保障自身合法权益和有尊严的生活。无论什么时候,都要努力奋斗,现代社会为女性提供了施展能力和才华的外在条件和环境,女同学一定要自强自立,成为更好的自己。这样的讲解对学生,特别是女生树立正确的世界观、人生观、价值观都有着非常现实的积极意义,达到专业学习与思想教育的有机结合。以此可以得出在中国共产党的领导下,女性社会地位的提高和法律的保障,使女性能够完全获得与男性平等的地位和权利，成为真正独立自主的社会人，由此激发学生的爱国爱党意识，树立制度自信和道路自信，从而达到"润物细无声"的育人愿景。

作为20世纪中国最伟大的文学家，鲁迅作品涉及面非常广泛，对事物常常有独到的见解，并与中国现代思想历史紧密相连，他的作品中反思意识和批判意识，是为中国社会和中国人走上一条思想独立和精神健全的道路，实现中华民族的现代转型，这对中国文化的现代化，培养健全的人格精神是非常必要的。鲁迅作品文体形式多样，有小说、散文、杂文等不同形式。教师要在教学过程中，重视挖掘其中的思政元素，并结合鲁迅思想与当下现实的关联，激发学生的思考，提升他们的心灵境界，培养他们独立自主的品格，实现课程"立人"。

三

鲁迅终其一生关注"立人"而"兴国"，通过国民性批判为中华民族的文化反省提供一个独特的视角，借此破除古老民族"恃着固有而陈旧的文明，害得一切硬化"[5]的结局。因此，鲁迅教学应提炼鲁迅锋利的智慧，即对现实和历史自由穿梭的剖析能力，能够以古喻今，对社会批判和文明批判蕴含着真知灼见，因而如何将鲁迅课堂传授的知识化为人生智慧，从培养什么样的人，为谁培养人的角度进行教学育人，将思政元素融入鲁迅作品教学中，即通过文本讲解和个体人生经历和现实社会的有机融合，促进学生思考能力和理性思维能力，以及思想人文综合素质的提升。在具体教学环节中，以问题意识引导学生思考和课堂教学，无疑会深刻得多。学生通过问题可以对旧的传统文化和社会进行反思、质疑，进行现代性的批判和重建，进而构建新的现代价值理性和思想道德原则，以及意义世界的艺术活力，并将其作为现实的参照，在专业教学中注重育人效果，强化育人意识，探寻育人视角，提升育人能力，进而不断拓展现代文学教学课程思政建设的理念、方法和途径。

中国现代文学教学实践中，倡导课程思政建设要求与《高等学校课程思政建设指导纲要》指导思想相契合，即全面推进课程思政建设，寓价值观引导于知识传授和能力培养之中，帮助学生塑造正确的世界观、人生观、价值观。从课程思政的视角看鲁迅作品教学，教师在具体教学环节主要立足于鲁迅文学思想的特点，注重分析鲁迅独特的思维方式和价值理念与社会现实的关联，提炼出其中的思政元素与课程育人理念有机融合，促进课程思政在中国现代文学课程教学中的稳步推进。

作为教学主体的教师发挥"主力军"、课程建设"主战场"、课堂教学"主渠道"作用，让所有高校、所有教师、所有课程都承担好育人责任，守好一段渠、种好责任田，使各类课程与思政课程同向同行，将显性教育和隐性教育相统一，形成协同效应，构建全员全程全方位育人大格局。为了达到立德树人的教学效果，我们需要通过鲁迅的诸多作品如小说、散文、杂文等篇目，发现思政资源，包括这些丰富的文本中蕴含着的鲁迅独特的眼光、智慧和精神情怀，这一切都可以作为培养学生正确的世界观、价值观和人生观重要抓手，成为青年学生人生经验的宝贵精神资源和"解毒剂"，这是作为"民族魂"鲁迅及其作品留给我们的珍贵的文化遗产。

要达到课程思政建设目标，作为现代文学专业的教师和高校教育管理者要依据"立德树人"的教育要求，协同推进课程思政建设，不断修炼和提升自己的专业知识和能力，打造"专业化"与"落地化"相互协同和支持的文学思政教学管理体系，解决学生在学习过程中面临的新问题和新困惑。如讲授鲁迅作品时，不能拘泥于一本教材，而要博采众长，互为借鉴。例如，对《野草》的讲解，笔者在讲解教材的基础上，还选取了汪卫东的《探寻诗心:〈野草〉整体研究》》，张洁宇的《独醒者和他的灯》等学术著作进行对照参考。这种从整体视角再进入单篇的解读,通过《野草》走进鲁迅深邃的精神世界,让学生形成了基于自身生命实感的契合点上与鲁迅相遇,从而感受作为"民族魂"的鲁迅精神生成的心路历程。这也是用鲁迅丰富的精神和深刻的思想以及崇高的人格感染人、鼓舞人,从而获得精神的升华。

鲁迅杂文以批判和否定性为特色,并且突出多疑和尖刻,进行社会批评和文明批评,堪称"匕首和投枪"。如何在杂文的教学过程中进行思政课程设计?这就要在具体教学实践中回到具体的历史语境,培养正确的价值观和历史观,以审美为纽带将"课程"与"思政"联系起来,引导学生掌握作家作品和文学思潮的同时,将中国历史和文化与家国情怀联系起来,将中国的历史和现实进行对比,树立学生正确的历史观和爱国心,实现课堂显性教学与隐性爱国树人教育相得益彰。

例如,鲁迅著名的杂文《灯下漫笔》有对中国文化和历史的论断:"所谓中国的文明者,其实不过是安排给阔人享用的人肉的筵宴……这人肉的筵宴现在还排着,有许多人还想一直排下去。扫荡这些食人者,掀掉这筵席,毁坏这厨房,则是现在的青年的使命!"[6]如果学生不了解鲁迅杂文的创作背景,就无法准确理解鲁迅在这篇杂文中所表达的思想和批判对象。这就要求教师在讲解时回到历史现场。20世纪20年代中期,当时北洋政府提倡复古,鼓吹"尊孔读经",鲁迅于1925年发表这篇文章,站在"反封建"和支持思想革命的立场,揭露封建文化的特征,即让国人安于永远做奴隶的现状,成为剥削者奴役的对象。可见鲁迅并不是批判所有的"中国文明",而是那些使国人愚昧落后的封建文化糟粕。因此呼唤"现在的青年"敢于斗争,打破"铁屋子",将古老的中国变成"有声的中国""历史上未曾有过的第三样时代"而努力奋斗,这与其一生所秉持的"立人兴国"理想是一致的。因此我们对鲁迅文章中隐藏的绝望中的希望,否定背后的肯定以及鲁迅独特的思想和言说方式不理解,就很难把握鲁迅作品中独特的精神魅力和思想内涵。教师在教学实践中一定要将这些隐性的思想内涵挖掘出来,让学生理解和感悟其思想的深邃和精神的伟大,从而树立崇高的精神境界,实现思想的升华。钱理群认为,鲁迅的作品最大的作用是"使我们变得'大气'和'深刻':这是人的精神的大气、深刻,也是教学境界的大气与深刻。今天的中国,今天的中国教育,大学教育和中小学教育,今天的语文教育,太需要大气和深刻了!"[7]

文学作为时代的表征,其表现形式是复杂多样的,同时文学经典又有无尽的阐释空间,这就为文学研究留下广阔的天地,"文学作品——或者说,一切类型的作品——的经典化是一个持久的过程。没有否定、拒斥和驱逐,就不会激发起对作品的新的阅读,旧的经典也会由于僵化的阅读而自行死亡"。[8]如何向学生展示这丰富深邃的文学精神和思想空间就成为教师必须思考的问题。作为现代文学教师,在授课过程中积极吸取同行科研成果和自身成果外,还应努力追踪学科前沿动态,关注学科前沿成果,这是由"中国现代文学"学科性质决定的。比如,在讲授鲁迅作品时,需要及时关注和阅读《鲁迅研究月刊》《中国现代文学研究丛刊》《文学评论》等刊物发表的相关论文,结合自己的研究视野在课堂上向学生讲授,在具体教学实践中就能够更好地拓展学生的学术视野,增强学生独立思考能力,培养学生科研能力,提升高校课程教学内容的学术性和思想性。

结　　语

20世纪初,中华民族正处于传统社会经历现代转型的关键时刻,鲁迅写道:"意者欲扬宗邦之真大,首在审己,亦必知人,比较既周,爰生自觉。"[9]在社会主义新时代语境下,从课程思政视域看待当下中国现代文学教学,其核心乃在"立德树人"的指引下,为全员全程全方位育人大格局的构建贡献更丰富的人文学科智慧与力量,同时良好道德规范的养成是一个人全面发展的必要前提和基本条件。鲁迅课程的教学实践无疑能为现代文学课程思政教学改革提供有益的启示,同时也为专业发展和学科建设提供必要保障。

鲁迅精神及其作品"成为改造国民精神,塑造国魂、民魂的思想利器,契合了文化与社会发展的同向前进"。[10]在中华民族伟大复兴的征程中,高校教育教学改革直接关系到培养什么人,如何培养人的现实问题,为了契合时代的要求和国家的发展,必须对高校教育进行改革创新,以育人为导向,培养社会主义合格的建设者和接班人。因此当下高校进行教学改革应以课程思政建设为契机,在教学过程中如何实现知识传授、价值塑造和能力培养作为教学改革的方向,注重课程思政在教书与育人的教学实践中的指导作用,现当代课程专业教师应给予高度的重视。坚持史论结合的教学原则,挖掘经典作家作品中思想政治理论教育资源,发挥专业课的思政功能,投身教学改革,发挥课程育人功能,落实教师育人职责,鲁迅及其作品的教学改革和思政功能无疑能给予我们有益的启示。

注释

[1] 李学伟:《践行立德树人根本任务:理论与实践》,《北京联合大学学报》(人文社会科学版)2021年第1期。

[2] 黄健:《充分认识现代文学的"现代"品格——谈现代文学教学讲授"现代"涵义的重要性》,《中国大学教学》2017年第4期。

[3] 鲁迅:《彷徨·祝福》,《鲁迅全集》第二卷,人民文学出版社2005年版,第7页。

[4] 温儒敏:《现代文学基础课教学的几点体会》,《中国现代文学研究丛刊》2006年第3期。

[5] 鲁迅:《译文序跋集·〈出了象牙之塔〉后记》,《鲁迅全集》第十卷,人民

文学出版社 2005 年版,第 269 页。

[6] 鲁迅:《坟·灯下漫笔》,《鲁迅全集》第十二卷,第 228—229 页。

[7] 钱理群:《和中学老师谈鲁迅作品教学》,《鲁迅研究月刊》2012 年第 1 期。

[8] 汪晖:《阿 Q 生命中的六个瞬间》,华东师范大学出版社 2014 年版,第 97 页。

[9] 鲁迅:《坟·摩罗诗力说》,《鲁迅全集》第一卷,第 67 页。

[10] 蔡洞峰:《鲁迅的绍兴与绍兴的鲁迅》,绍兴鲁迅纪念馆、绍兴市鲁迅研究中心编:《绍兴鲁迅研究 2023》,上海社会科学院出版社 2023 年版,第 332 页。

[本文系安徽省高校人文社会科学重点项目"鲁迅'文学与革命'传统范式转换与关联研究"(2023AH050452);国家社会科学后期资助项目"鲁迅多维心境研究"(19FZWB017)阶段性成果]

爱恨交织，冰火交融
——《记念刘和珍君》与《为了忘却的记念》联读教学

赵一航　沈阳市辽中区第二高级中学

  青年，如初春，如朝日，如百卉之萌动。有这样一群青年，他们以青春之朝气，青春之理想，唤醒百年沉睡的旧中国，建立青春之中华。在这个过程中，无数的青年将青春永远定格，留在了那个苦难的中国，才换来了今天的新生。

——李大钊

  部编版高中语文教材选择性必修中册第二单元第6课编选了鲁迅先生的《记念刘和珍君》和《为了忘却的记念》两篇写人记事的纪念性散文，孙绍振教授赞誉《记念刘和珍君》与《为了忘却的记念》是"鲁迅散文的抒情双璧"。《记念刘和珍君》为悼念在"三一八"惨案中遭到段祺瑞政府卫队杀害的刘和珍等青年学生而写；《为了忘却的记念》为纪念被国民党反动派杀害的白莽、柔石、冯铿、李伟森、胡也频五位左翼青年作家而写。两篇文章都表达了对革命青年烈士的哀悼和对反动势力的痛恨，展现了新民主主义革命时期仁人志士英勇斗争的历史场景，但在写作手法、语言表达和思想内容等方面又各有特色。通过对两篇文章的细读，笔者将从以下几个方面比较阅读《记念刘和珍君》和《为了忘却的记念》，试图以比较阅读方式完美而精准地把鲁迅精神根植到学生心里，并得以传承和发扬。

一、"城头变幻大王旗"——不同的时间,相似的统治

《记念刘和珍君》与《为了忘却的记念》写作背景和写作时间有明显的不同,对统治者统治的凶残程度,鲁迅也越发有清醒的认识。

《记念刘和珍君》写作背景是 1926 年 3 月 18 日,北京人民为了反对帝国主义侵犯我国主权,在天安门前集会抗议,会后到执政府前请愿,段祺瑞政府竟命令卫兵向请愿群众开枪,并用大刀、铁棍追打砍杀,制造了骇人听闻的"三一八"惨案。刘和珍等人都是在当时遇害的。鲁迅称这一天为"民国以来最黑暗的一天"。

《为了忘却的记念》写作背景是 1927 年蒋介石发动政变,对共产党人实行反革命军事围剿和文化围剿,白色恐怖笼罩全国。反动派捣毁进步文艺团体,查禁进步书店书刊,用残忍手段将左翼作家逮捕、拘禁至秘密处死。1931 年 1 月 17 日,"左联"五位青年作家(白莽、柔石、冯铿、李伟森、胡也频)被捕;同年 2 月 7 日,他们被秘密枪杀于上海龙华的特务机关淞沪警备司令部。在烈士遇难两周年的日子里,即 1933 年 2 月 8 日,鲁迅先生用饱含血泪的笔,带着无限悲愤的感情写下了《为了忘却的记念》这篇纪念性文章。

《记念刘和珍君》和《为了忘却的记念》两篇文章事件发生时间距离较近,"三一八"惨案发生在 1926 年,而"左联"五烈士被暗杀惨案发生在 1931 年,虽然事隔仅仅五年,但中国政治形势却已然发生巨大变化,由军阀混战时期走向国民党统治时期。辛亥革命后袁世凯担任大总统,民国实现第一次形式上的统一。袁世凯死后,旗下的北洋军阀分裂,但北洋军阀派系仍控制着中央,直到 1927 年 8 月 1 日,中国共产党发动了南昌起义,国民革命进入了土地革命战争时期。国民党反动派为了配合反革命军事"围剿",一方面利用反动文人对抗革命文艺运动,另一方面采取查禁书

刊、封闭书店、逮捕暗杀左翼作家等法西斯文化专制主义手段"围剿"左翼文学。可以看出20世纪二三十年代的中国,白色恐怖统治遍布中华大地,而鲁迅超越个人的悲哀与激愤,在克制的哀痛中给我们深刻的铭记,在激越的悲愤中进行理性的思考,表现出直面惨淡人生,正视淋漓鲜血的勇毅。

二、"为同为异漫详求"——写作手法对比

(一)相似的结构框架

表1 两文内容对比

	《记念刘和珍君》	《为了忘却的记念》
第一部分	介绍写作缘由,揭露敌人、记念烈士	点明题意,记叙和白莽的交往
第二部分	交代写作目的,唤醒庸人	写与柔石的交往及柔石的为人(兼写冯铿)
第三部分	回忆认识过程,追叙认识经过,赞扬斗争精神	交代白莽和柔石同时被捕(过渡)
第四部分	遇害概况描述。惊愕、义愤于烈士的遇难、政府的诬蔑、文人的中伤,并进行历史的反思	写柔石等被捕遇害的经过,进一步揭露反动派的罪行,表示对革命烈士的深切悼念和赞扬
第五部分	叙述刘和珍等烈士遇难经过。描述遇难细节、讽刺暴行	抒发对烈士的怀念和尊敬,表达了反动派必然灭亡,人民革命必然胜利的坚定信念
第六部分	总结经验教训	
第七部分	热情讴歌赞颂	

通过对比,我们可以看出两篇文章的相似的行文思路:写作缘由—交往过程—烈士遇害—赞颂、悼念。这两篇文章中交织着

对烈士生命无辜丧失的悲痛和悲悼,对反动者残害生命的愤怒,对庸人麻木冷漠的批判,以及对真的猛士奋然前行的生命力的热烈歌赞。这样丰富复杂的思想情感,使文章行文反复曲折,风格上或率直激烈或含蓄冷静,温情与冷峻并存,矛盾中愈见剖析深刻,但始终围绕着对生命的思考,对个体生命的关爱,对戕害爱国青年的凶手的憎恨。

（二）表达方式——记叙、议论、抒情完美结合

《记念刘和珍君》与《为了忘却的记念》均是具有浓烈抒情成分的散文诗式的杂文,文中记叙和议论与抒情结合,处处凝聚着强烈深沉的悼念之情,使文章的纪念性更强,更能打动人心。但在结合的形式上又各有侧重。

1.《记念刘和珍君》以议论和抒情为主,对刘和珍的回忆写得简练且分散（一、三、五节中）,是因为"三一八"惨案广为人知,不必赘述。文章更多是为了揭露段祺瑞政府的罪行和总结惨案的教训。《为了忘却的记念》以记叙为主,在五烈士牺牲两周年后,鲁迅在文章前部分主要记叙了和白莽、柔石等人的交往,这是为了让大家更清楚地了解烈士的品质,认清国民党统治的本质。

2. 两篇文章均采用了在写人叙事后引出议论的方式。议论语句在《记念刘和珍君》中分布比较集中,篇幅相对比较长,甚至成段出现。话题也比较集中,主要是对烈士形象、反动虐杀、无耻流言、庸人忘却、"三一八"意义等话题的评议。如文中第五部分,先记叙了刘和珍等遇难的情景,描绘了爱国青年英勇斗争的形象,揭露了反动派的凶残。接着写出"始终微笑的和蔼的刘和珍君确是死掉了……"这一句。这是在记叙之后,作者悲愤至极的感情的总的抒发,强有力地表达了作者对反动派的憎恨,对死难烈士的悲痛。在记叙和抒情中又交叉着议论,增强了对反动派凶残卑劣揭露的深刻性。

而《为了忘却的记念》则是散点分布为主，只有最后部分有较集中的长篇议论，评议对象随叙而生，涉及社会生活的各个方面。如文中第四部分先写柔石的被捕，接着谈到自己受牵连，"不愿意到那些不明不白的地方去辩解"，说明作者对反动政府的蔑视，并插入一段借《说岳全传》引起的议论，既批判了空盼"剑侠"的无稽，又嘲讽了敌来"坐化"的无益，明确地表示了"我于是就逃走"的抉择，充分体现了他一贯"韧"的战斗精神。接着叙述柔石等青年作家被捕后的情况。在这部分中，作者对战友牺牲噩耗进行叙述的同时，对反动派的滔天罪行也进行了一系列的议论，均具有浓郁的抒情色彩，尤其是那首七律《惯于长夜过春时》，更是作者如火激情的高度凝聚。

3. 两篇文章的抒情或直白显露或曲折隐晦。李希凡《论鲁迅的"五种创作"》表述"在《记念刘和珍君》里，汪洋恣肆的激怒与哀痛，形成了诗意汹涌的感情的波涛，显示着对虐杀者的极端的憎恶与仇恨，并深刻地总结着血的经验与教训，昭示着革命的人们奋勇向前；那么，在《为了忘却的记念》里，这同样的激怒与哀痛，却把那动人心魄的感情力量蕴蓄在心，出之于笔端的，是深沉的记实"。

通过比较阅读，我们明显感受到前者直露显豁，情感浓厚炽烈；后者则内敛深沉，使用了不少曲折隐晦的笔法。这有以下三点原因：

第一，节点不同。《记念刘和珍君》写于刘和珍遇害后的第14天，鲁迅处于事件发生的当下，悲愤不能自已，抒情自然浓烈直露，这也正体现了革命者的至情；《为了忘却的记念》写于五烈士遇害后两周年，鲁迅蓄积内力，引而不发，使得本可如洪水倾泻的情感以"原来如此"这样最丰富、最厚重、最节制的语言形式流露了出来。

第二，思想有发展。长期的革命斗争，让鲁迅更加冷静更加深刻地认识和面对黑暗现实，更深入地体会斗争的艰难。

第三,与社会环境有关。20世纪30年代前期,国民党反动派倾力"围剿"革命,大肆逮捕、杀害革命群众,在白色恐怖方面,比段祺瑞执政府有过之而无不及。这也是"当时上海的报章都不敢载这件事"的主要原因,作者的革命斗争经验在某种程度上节制了他的抒情姿态。

(三)语言形式的多样性

1. 修辞手法增强文章的表现力

《记念刘和珍君》比喻、对偶、引用、反语、反复、反语、比喻、排比、对比等多种修辞手法综合运用。本文以反复、反讽、比喻为例作简要分析。

① 反复。文中反复出现的类似"我也早觉得有写一点东西的必要了""可是我实在无话可说""但是,我还有要说的话"等句子。在回环反复中体现出了作者情感的变化:悲痛—悲愤。再比如,"沉默呵,沉默呵,不在沉默中爆发,就在沉默中灭亡"一句运用了反复,作者直抒胸臆写出了当一个人或一个国家受到屈辱的时候,有时会因为怯弱和无知选择沉默,当屈辱积压到一定程度,超出了他的忍受范围,他会在凌辱和爆发中作出选择,如果他仍然没有勇气与意识去爆发,那么在心志上和形势上他已经趋于灭亡。

② 反讽。"当三个女子从容地转辗于文明人所发明的枪弹的攒射中的时候,这是怎样的一个惊心动魄的伟大呵!"鲁迅先生得知段祺瑞政府屠戮手无寸铁的爱国青年时,他对当局政府表现出愤怒、批判和鞭挞。当局政府的惨无人道、荒唐之极"的"丰功伟绩"也是鲁迅对段祺瑞政府屠杀爱国青年的无情的嘲讽、揭露和批判。

③ 比喻。"人类的血战前行的历史,正如煤的形成,当时用大量的木材,结果却只是一小块,但请愿是不在其中的,更何况是徒手。"作者将人类前行的历史比作煤的形成,"大量的木材"比喻代价巨大的流血斗争,木材变成煤要付出巨大代价,那么,人类前进

也会付出巨大牺牲,"但请愿是不在其中的",表明向反动派请愿难以换来人类历史的前进,请愿不是一种行之有效的斗争方式,因而没有必要为请愿流血。在作者看来,应当集中革命力量,以有限的代价去换取更大的胜利,不要做无谓的牺牲。

《为了忘却的记念》引用、用典、象征、比喻、排比、反复等多种修辞手法综合运用。本文以用典为例作简要分析。

《为了忘却的记念》用了三处典故。

① 方孝孺:"他的家乡,是台州的宁海,这只要一看他那台州式的硬气就知道,而且颇有点迂,有时会令我忽而想到方孝孺,觉得好像也有些这模样的。"方孝孺因朱允炆、朱棣争位而丢掉性命,连累亲友宗族,实在很"迂"。但那威武不屈、舍生取义的刚烈精神,几百年来一直为后人敬仰和赞颂。鲁迅正是用这一典故来突出柔石的坚定正直、耿介不阿,也写出鲁迅对青年的敬意和爱护。同时这一典故还以朱棣惨无人道、滥杀无辜的暴行,来暗示国民党反动派杀害青年的罪行。

② 《说岳全传》一个高僧的故事:"记得《说岳全传》里讲过一个高僧,当追捕的差役刚到寺门之前,他就'坐化'了,还留下什么'何立从东来,我向西方走'的偈子。这是奴隶所幻想的脱离苦海的惟一的好方法,'剑侠'盼不到,最自在的惟此而已。"秦桧以"莫须有"的罪名杀害了岳飞,柔石被害的案情也是"谁也不明白";秦桧捉拿道悦,与国民党反动派要抓鲁迅又非常相似,暗示了这个社会有如秦桧当道的时代。

③ 向子期《思旧赋》:"年青时读向子期《思旧赋》,很怪他为什么只有寥寥的几行,刚开头却又煞了尾。然而,现在我懂得了。"这是揭露蒋介石的反动统治与司马氏以杀夺手段建立的晋朝一样,在政治上都是极端黑暗腐朽的,人们稍有不慎,都可招来杀身之祸。因此,正直的人是没有言论自由的,鲁迅将自己当时的处境与心情同向子期相比,在"禁锢得比罐头还严密"的统治下,确

实是"无写处"的。

2. 诗词引用增强文章思想性

《记念刘和珍君》引用陶潜的诗:"亲戚或余悲,他人亦已歌。死去何所道,托体同山阿。"陶潜自挽之词,最后四句设想自己死了之后,"亲戚在送葬之后也许还能留下一点哀伤,至于别人则已唱过了挽歌,就算尽到了朋友的情谊了。人死了还有什么可说的呢?把自己的躯体葬在山里,和山在一起就行了"。鲁迅引用陶诗主要借用"托体同山阿"一句,表示自己希望烈士的精神像高山一样永垂不朽,"永存微笑的和蔼的旧影",以激励后死者向反动派作斗争的姿态。

《为了忘却的记念》引用林莽的文章、柔石写给同乡的信、作者的诗歌、白莽的译诗等。写白莽遇难时作者引用了彼得斐(旧译,即裴多菲)的诗:"生命诚宝贵,爱情价更高;若为自由故,二者皆可抛!"引白莽自己翻译的诗来纪念白莽,实际上是用裴多菲类比和衬托白莽,这是最好的一种纪念。白莽热爱裴多菲的诗,翻译他的诗,而且用自己的革命实践,用自己的生命和鲜血表明他忠于这崇高的信念。鲁迅先生用这种方式赞扬白莽为自由而战、为自由献身的精神。同时,文中插入鲁迅先生的本人诗作《无题·惯于长夜过春时》,以凝练的诗句表达了作者对死难者的深切哀思和愤懑之情。

3. 语言特点有差别

《记念刘和珍君》的语言特点是讲究辞采的,情感抒发直露显豁、汪洋恣肆,语言上直接表明立场与态度的词语特别多,句式相对整齐,有气势,还有大量的反语,讥讽之意跃然纸上。《为了忘却的记念》的语言特点是追求质朴的,情感抒发隐晦曲折、含蓄蕴藉,娓娓道来交往经历,始终控制着自己的情绪。

鲁迅先生在叙述上很少运用过多的形容和渲染,仅从自己与刘和珍、柔石、白莽等人的交往中,匠心独运地撷取了最能代表革命青年形象和品质的片段,采用"以点带面""简笔勾勒"的白描手法,生动传神地描写和概括了爱国热血青年的事迹,对遇害场景和人物事迹的详略处理不同。《记念刘和珍君》中有着详细的被虐杀场面的描写和对过程的客观叙述,有新闻的零度写作的特征;而《为了忘却的记念》中对于青年被杀掉的过程,鲁迅没有详细的交代,对整个牺牲的事实的阐述字数寥寥。文字少,留白多,却内涵丰富,有悲痛,更有控诉与痛斥。《记念刘和珍君》中对刘和珍的叙事散落在文本各处,内容不多,似乎有主观压缩、提炼、聚焦的处理,目的是凸显鲜明的抒情、议论。《为了忘却的记念》在第一部分和第二部分中对与白莽和柔石的交往写得过于"絮叨",但恰恰是这种"絮叨",能够以小见大地折射出青年人的品质,使得人物的形象具有一定的饱满感、丰富性。透视这种平静的叙事,我们更能体会作者字字是血泪的痛心,这种写法用"叙事"来隐藏"抒情",也是曲笔的表现。

另外,《记念刘和珍君》还采用了骈散结合句式:"真的猛士,敢于直面惨淡的人生,敢于正视淋漓的鲜血。"用整齐对称的句子,突出了"真的猛士"英勇奋进、无所畏惧的特点,同时,整齐的节奏增强了表现力,使人读来印象深刻。同时《记念刘和珍君》子弹"从背部入""斜穿心肺""致命的创伤""弹从左肩入""穿胸偏右出""猛击两棍"等多用短句,简洁明了、意蕴丰富,画面感和动作性强。该句群对学生的遇害经过作了客观且全面的叙述,以无可辩驳的铁的事实,有力地戳穿了流言家的无耻谰言和军阀政府的滔天罪行,达到了"言有尽而意无穷"的效果。

三、形象及思想——"青春热血沃山河"

(一) 人物形象

1. 烈士们的生平及精神

第一位是"始终微笑的和蔼的"刘和珍君。她要求进步、追求真理:"凡我所编辑的期刊,大概是因为往往有始无终之故罢,销行一向就甚为寥落,然而在这样的生活艰难中,毅然预定了《莽原》全年的就有她。"(预定了《莽原》杂志)同时,她有责任感、有正义感:"直到后来,也许已经是刘百昭率领男女武将,强拖出校之后了,才有人指着一个学生告诉我,说:这就是刘和珍。其时我才能将姓名和实体联合起来,心中却暗自诧异。我平素想,能够不为势利所屈,反抗一广有羽翼的校长的学生,无论如何,总该是有些桀骜锋利的,但她却常常微笑着,态度很温和。""待到偏安于宗帽胡同,赁屋授课之后,她才始来听我的讲义,于是见面的回数就较多了,也还是始终微笑着,态度很温和。待到学校恢复旧观,往日的教职员以为责任已尽,准备陆续引退的时候,我才见她虑及母校前途,黯然至于泣下。"(参加师大风潮)而且她还英勇爱国、视死如归:"我没有亲见;听说,她,刘和珍君,那时是欣然前往的。自然,请愿而已,稍有人心者,谁也不会料到有这样的罗网。但竟在执政府前中弹了,从背部入,斜穿心肺,已是致命的创伤,只是没有便死。……一个兵在她头部及胸部猛击两棍,于是死掉了。"(徒手请愿牺牲)

  第二位是面貌端正的热爱裴多菲的白莽。他直率、爱憎分明:"我们相见的原因很平常,那时他所投的是从德文译出的《彼得斐传》,我就发信去讨原文,原文是载在诗集前面的,邮寄不便,他就亲自送来了。……夜里,我将译文和原文粗粗的对了一遍,知道除几处误译之外,还有一个故意的曲译。他像是不喜欢'国民诗人'这个字的,都改成'民众诗人'了。"(白莽送书及送书后)同时,他又敏感、直率:"第二天又接到他一封来信,说很悔和我相见,他的话多,我的话少,又冷,好像受了一种威压似的。我便写一封回信去解释,说初次相会,说话不多,也是人之常情,并且告诉他不应该由自己的爱憎,将原文改变。因为他的原书留在我这里了,就将我所藏的两本集子送给他,问他可能再译几首诗,以供读者的参看。他果然译了几首,自己拿来了,我们就谈得比第一回多一些。"(白莽送译稿及送译稿前)他还积极乐观、信念坚定:"我们第三次相见,我记得是在一个热天。有人打门了,我去开门时,来的就是白莽,却穿着一件厚棉袍,汗流满面,彼此都不禁失笑。"(白莽出狱)

第三位是台州式硬气、颇有点迂腐的柔石。他是硬气担当,但心地善良:"然而柔石自己没有钱,他借了二百多块钱来做印本。除买纸之外,大部分的稿子和杂务都是归他做,如跑印刷局,制图,校字之类。可是往往不如意,说起来皱着眉头。""不过朝花社不久就倒闭了,我也不想说清其中的原因,总之是柔石的理想的头,先碰了一个大钉子,力气固然白化,此外还得去借一百块钱来付纸账。后来他对于我那'人心惟危'说的怀疑减少了,有时也叹息道,'真会这样的么?……'但是,他仍然相信人们是好的。"(创办朝华社)他还是一个品行端正、单纯幼稚的人:"他的迂渐渐的改变起来,终于也敢和女性的同乡或朋友一同去走路了,但那距离,却至少总有三四尺的。这方法很不好,有时我在路上遇见他,只要在相距三四尺前后或左右有一个年青漂亮的女人,我便会疑心就是他的朋友。"(与女性的交往)他也很善良:"他在囚系中,我见过两次他写给同乡的信,……'现亦好,且跟殷夫兄学德文,此事可告周先生;望周先生勿念,我等未受刑。捕房和公安局,几次问周先生地址,但我那里知道。诸望勿念。祝好!'"

综上,我们可以看出这三位青年虽然都是平凡的人,都是中国千千万万革命青年中的一员。但是他们却做出了不平凡的壮举——他们心系祖国,一心为民;信念坚定,坚韧不拔;勇敢无畏,从容不迫。

2."我"的形象

因受社会状态的影响,"我"的表现也不同。第一,同样是揭露和批判反动政府,1926年的"我"就显得更加痛快:敢说,敢笑,敢哭，敢怒，敢骂，是一种金刚怒目、义愤填膺式的控诉。所以，《记念刘和珍君》更像是一篇明亮的檄文。到了1933年，斗争环境更加恶劣，面对可能到来的生命威胁，"我"只能以更为含蓄、隐忍的方式来表达对反动政府的切齿之恨。不同的社会状态，会对作者的创作产生不同的影响。

第二，1926年"我"是以旁观者的角度来审视、反思青年人的战斗姿态、战斗策略的，劝告他们不要鲁莽，不要做无谓的牺牲。1931年和1933年的"我"成为了参与者，亲身实践者的角色，面对着可能到来的生命威胁。

第三，在情感上却又有相同点：对坚强乐观、追求进步、关怀民族命运的青年人的赞颂；对青年人牺牲的强烈悲恸；对反动政府、刽子手的痛恨。"我"一直是在理性地战斗，也时时劝告青年人要讲究战斗的策略。

（二）教材选取的意义——革命主题和传统

部编版高中语文教材选择性必修中册第二单元本单元所选的作品，有的寄托对烈士牺牲的深切哀痛，表达对正义力量的信心；有的展现旧中国劳动人民的苦难，揭示中国革命的意义；有的描绘革命斗争的场景，反映革命志士的高尚品质和人民群众的不懈奋斗。

《记念刘和珍君》通过回忆与刘和珍君的交往和对"三一八"惨案烈士遇难情形的描述，愤怒地控诉了段祺瑞政府杀害爱国青年的暴行，痛斥了走狗文人下劣无耻的流言，赞颂了烈士们的崇高精神，并以无比沉痛的心情表达了自己的哀思和尊敬，严肃总结了"三一八"惨案的教训与意义，告诫爱国青年要注意斗争方式，激励人们"更奋然而前行"。

《为了忘却的记念》通过对白莽、柔石等五位烈士生平及遇难情况的回忆，高度赞扬了烈士们善良、执着、坚忍的优秀品质，抒发了对烈士的沉痛悼念和无限尊敬之情,揭露了国民党反动派杀害革命作家的卑劣行径,表达了作者化悲痛为力量、与黑暗势力不懈斗争的坚定决心和必胜信念。

这两篇文章是声讨反动势力的战斗檄文,从中我们可以看到勇于斗争的鲁迅;是颂扬"为了中国而死的中国的青年"的悲壮战歌,从中我们可以看到爱护青年的鲁迅;是唤醒庸人大众的沉重呐喊,从中我们可以看到忧国忧民的鲁迅;是激励仁人志士"更奋然而前行"的深沉号角,从中我们可以看到对未来充满信心的鲁迅。

中国人自古就有一种"铁可折,玉可碎,海可枯,不论穷达生死,直节贯殊途"的气节。这种气节让中国人越是在危难之时,越彰显民族大义,熔铸成我们的"民族魂",这种"民族魂"代代相传,薪火不息,照亮了黑暗的中国,使其摆脱苦难,走向新生,正是因为他们在暗夜里长歌,中华民族才能于苦难中涅槃。作为青年人,亲之信之传之,方不负这燎原之光!

值此刘和珍君(1904—1926)120周年诞辰之际,与诸君共勉。

三味杂谈

读书偶得：关于选本及语录

李　浩　上海鲁迅纪念馆

上海鲁迅纪念馆之鲁迅图书馆藏有1988年7月初版的钱理群《心灵的探寻》，2023年因为某项工作，将此书重新从图书馆借出重新阅读。今天，在陪同刘文菊祭拜鲁迅先生之墓并走访上海鲁迅故居、内山书店、燕山别墅、景云里、暑期木刻讲习班、鲁迅存书室等遗址，与刘老师相别后，我再次坐到这本书前，偶然看到本书的借阅卡——图书馆已经实现数字化管理，借书卡不再作为借书凭据了——才知道我之前在1990年7月19日借阅的，于1991年3月19日归还的。然后，这书就一直在图书馆的书架上，似乎未被借阅过，直到我再次借阅。当然，我也早已经忘却了曾经读过此书的事了，否则不必于今感叹于这些细节。回想起来，除了《鲁迅全集》外，我很少系统性地阅读王瑶、唐弢、李何林等前辈著作，这是很惭愧的事。

2023年10月，在浙江大学召开的中国鲁迅研究会2023年会"二十年代鲁迅的思想与文学学术研讨会"间隙，刘春勇、陈力君、我一起与浙江古籍出版社的陈小林和黄玉洁聊有关鲁迅著作的出版构想。席间，陈总编邀我编一册鲁迅语录。当时，未及细想，就轻易地答应下来了。回沪后，当黄玉洁发给我相关合同时候，我却为难了，不知从何做起。

2023年，我再次阅读《心灵的探寻》，在为钱理群行文间所喷薄而出的激情、思辨与气势所折服的同时，也通过文中大量鲁迅作品引文，再次体味了鲁迅语言的魅力、经历了思想的涤荡。沉浸其中的间隙，我突发奇想，将书中鲁迅的部分引文摘出，约得260条，成为本书的主干内容。初编之后，将稿子发给黄玉洁并获得认可。于是，又花时间充实了百余条，形成这样的规模。仍按《心灵的探寻》分章，不过，目前所选的语录以及排序，并不合于钱先生的论证逻辑，所移用的章节名也只是本册的形构而已。于是，借鲁迅"心事浩茫连广宇，于无声处听惊雷"句，另名为《于无声处》。

如其他个人作品一样，编语录虽然不是用个人语言，但很显然地再现了编者的个人趣味，所谓："选本可以借古人的文章，寓自己的意见。"[1]而这种趣味也是有问题的，鲁迅曾在《选本》一文中苛评："读者的读选本，自以为是由此得了古人文笔的精华的，殊不知却被选者缩小了眼界……选本既经选者所滤过，就总只能吃他所给与的糟或醨。"[2]语录是选本的再选，其优或劣就更明显了。

不过，即便如此罢，喜欢鲁迅作品者，大可以在阅读的时候随时摘编，以积累成为个人所专属的"鲁迅语录"本，此法虽与在书上勾画类似，但，不同之处也是显然的。一直很佩服记忆超常者，他们不需要在书上勾画，不需要做摘编本，就能牢记所读之书的原文，并随时运用于文章中。鲁迅就是这样一位超常者，然而他从不单纯地用僻典以夸耀所谓惊人的记忆和广泛的阅读——鲁迅在北京时期曾书一幅，曰："'帝杀黑龙才士隐，书飞赤鸟太平迟。'此夏穗卿先生诗也，故用僻典，令人难解，可恶之至。"鲁迅从不被这些来自阅读的记忆中的语句、观念所桎梏，而是以这些作为基础，以他所生活的社会的现实为基点，进行深入的思考和创作，最终形成具有与时代密切联系的、充满现代人的精神和思想情感的经典文章及语句，鲁迅遗留给我们的精神和文化遗产，是当今社会的一种精神文化的典范。

在《选本》一文的最后，鲁迅也说："评选的本子，影响于后来的文章的力量是不小的，恐怕还远在名家的专集之上。"[3]鲁迅策划并翻译出版第一种书《域外小说集》一、二册是选本，而在他留日前，他就已经开始《古小说钩沉》的抄编工作了。作为选本的再选之语录，有着专集不同的功用，主要在普及吧。记得40多年前是各种名人名言录出版兴盛的时代，也因此读过一些，借此知道很多无法直接阅读的著作的"要旨"。

五四新文化运动后，新文学作品异军突起，迅速占据读者市场，于是相关的选本也不断出现。贾植芳在《简论中国现代文学作品选本》中言："发轫于五四时期的中国现代文学在它漫长的三十年历史过程中，曾不断出现各种各类的作家作品选本或由作家选定，或由书肆主人代庖，真是五色杂陈，种类繁多。……回顾历史，我们更觉得那些在旧中国书籍市场上出现的各式中国现代文学选本的重大意义即或那些由书肆主人代选的出版物被人称之为'盗版书'的选本，从作为传播新文学新思潮的媒介力量这点说来，也是值得称道和纪念的。"对于各种"'盗版书'的选本"鲁迅颇有怨言，视之为"剥削"。目前，关于五四新文学作品选本的相关研究还不少，比如陈璇《叙述与确认：民国时期新诗选本研究》、罗执廷《民国社会场域中的新文学选本活动》、徐勇《选本编纂与当代文学变迁研究》等。

在编本书期间，偶从国家图书馆之"民国时期文献"数字库中见到1936年东壁书屋出版的，由左群集录的《鲁迅：自述》一书，是选鲁迅的文章编为二十章的自传性文本的选本，附有大量鲁迅生平照片。十分佩服于编者对鲁迅作品的熟悉以及高超的理解程度，能够在鲁迅逝世后的短时间内编辑出这样一册独树一帜的、几无来者的、通过鲁迅自己的文本展示鲁迅思想和生平的选本，很期待有出版机构能够再版。《鲁迅：自述》所表达的也是编此书时所追求的，虽然明知因体例关系这是无法企及的奢望。

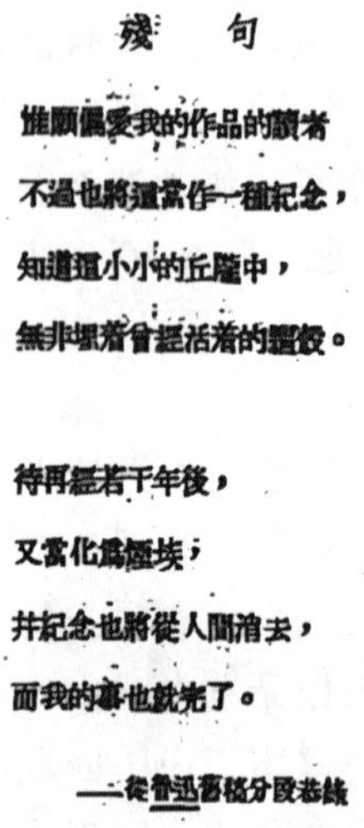
殘 句

惟願偏愛我的作品的讀者
不過也將這當作一種紀念，
知道這小小的丘隴中，
無非埋着曾經活着的軀殼。

待再經若干年後，
又當化為煙埃，
并紀念也將從人間消去，
而我的事也就完了。

——從魯迅舊稿分段恭錄

图1 《残句》书影

人类社会的发展过程中，自从文字出现后，记录语言的文字于是就获得了巨大的精神和文化力量，各种典籍经历数千年流传至今，其中也包括语录文本。在中国者，《论语》是也。鲁迅逝世后，自1936年雷白文所编的《鲁迅先生语录》出版之后，至今出版了多少种鲁迅语录似乎难以统计。于是，这些语录发生了多少力量也无法考察。尽管如此，鲁迅的文字的力量应该已经被大多数中国人所感知，说鲁迅的语言文字至今仍是中国人的精神文化资源应该并非妄言。

《鲁迅：自述》编者在正文前，将鲁迅《写在〈坟〉后面》最后几句话分段录出，名为《残句》，阅读这经文体之变的文本，即被置于将欲言而无法言的情绪中：

惟愿偏爱我的作品的读者
不过将这当作一种纪念，
知道这小小的丘陇中，
无非埋着曾经活过的躯壳。

待再经若干年后，
又当化为烟埃，
并纪念也从人间消去，
而我的事也就完毕了。

……[4]

于是,看向窗外。樱花花瓣随风飘舞宛若如雪,花瓣的雪,青绿树叶勃发,替代粉色的花来装饰这清明,不由得想起了鲁迅书《金刚经》"如露复如电"句赠日本僧人的字幅来。昨天下雨了,今天是多云的天气。绿之中,紫藤花已在枝干上悄悄成串展开,在偶尔照射来的阳光下,发出淡淡的香味。

甲辰清明记

注释

[1] 鲁迅:《集外集·选本》,《鲁迅全集》第七卷,人民文学出版社 2005 年版,第 138 页。
[2][3] 同上书,第 139 页。
[4] 鲁迅:《坟·写在〈坟〉后面》,《鲁迅全集》第一卷,第 303 页。

听叶淑穗讲鲁迅文物

徐昭武

叶淑穗的大名,早已如雷贯耳!

1931年,叶淑穗出生于北京,祖籍是广东番禺。她出生于一个医学世家,她的母亲叶姚秀贞曾被林巧稚尊为前辈,是最早在北京开设"秀贞女医院"的妇产科专家。1949年,叶淑穗毕业于北京志成中学,考入辅仁大学学习心理学,1951年参加中国人民解放军,1956年7月,她到北京鲁迅博物馆(以下简称"鲁博")工作,一干就是一辈子。在许广平、许羡苏直接指导下,从保管文物、整理文物到征集文物,成为了鲁迅作品与鲁迅文物的"活字典"。她对鲁迅生平思想和生活的研究,是以文物实物为依托,搞清其来龙去脉,为学习和研究鲁迅提供了准确可靠的知识和背景性理解,使鲁迅研究能根植于实事求是的基础之上。退休以后,仍笔耕不辍,耄耋之年还伏案疾书,她德高望重,无私奉献的精神令人敬仰!

2001年,陈漱渝等三位全国政协委员在政协九届四次会议上提案筹建南京鲁迅纪念馆。经过调研,决定用江南陆师学堂建于光绪二十一年(1895年)的一栋德国教员宿舍楼为主体,创建南京鲁迅纪念馆。我们接到任务,从2003年开始筹备,往返北京鲁博多次,那时叶淑穗老师早已退休,仍多次听到叶老保管文物细心周到的故事,特别是读到她和杨燕丽老师合著的《从鲁迅遗物认识鲁迅》后,受到更多的启发和思考。鲁迅在南京的有关文物资料,也得到北京鲁博和杨燕丽等先生的鼎力帮助,促进了南京鲁迅纪念馆的建成,并于2006年4月27日正式开馆。在以往我参加过的一些有关鲁迅的活动,也曾见过叶淑穗先生,身边都是围满了人,无法近距离地请教。

《鲁迅日记》记载:"1923年10月30日,晴。至阜成门内三条胡同看屋,因买定第廿一号门牌旧屋六间,议价八百,当点装修并丈量讫,付定泉十元。"[1]又1924年,"5月25日　晴。晨移居西三条胡同新屋"。[2]2024年正好是鲁迅迁居西三条胡同一百年!

5月25日上午,在鲁博"文艺青年的圣地——纪念鲁迅迁居西三条21号100周年特展"开幕式前,我见到了久仰的叶淑穗老人。她已94岁,精神矍铄,谈笑风生,有问必答,从容不迫,围了许多人向她问候。

特别是她用洪亮的声音滔滔不绝地讲了鲁迅故居西三条21号一百周年的重要意义:

她说,鲁迅故居保存至今十分不易,经受了很多艰难,今天仍矗立着,是许多革命前辈的不惜牺牲地保护,中华人民共和国成立后政府维修它,加固它,才能有今天这样的雄姿。

她说,西三条鲁迅故居百年,值得纪念的有三点:第一,这是鲁迅先生亲自选定的,为找房子前后用了两个半月时间,百里挑一,综合诸多条件,就在贫民居住的西城的城墙根找到这处房子。花了八百大洋还是跟好友许寿裳、齐寿山借的,直到去厦门大学拿了工资才还清。第二,这处房子是鲁迅自己设计和改建的。当时鲁迅身患重病,他的肺病就是从这里开始的。他修理旧物,自己经营,鲁博还保存着故居的五张图纸,包括两张原图和三张由鲁迅自己设计的图。从图纸来看,房屋用料节俭,账目清清楚楚,留下一个折子,被定为国家一级文物。第三,鲁迅在这里他完成了《野草》《华盖集》《华盖集续编》三本文集和《彷徨》《朝花夕拾》《坟》中的一部分文章,大概200多篇,印行了《中国小说史略》《热风》等著作，同时还主持编辑了《语丝》《莽原》等周刊杂志。

在这里鲁迅先生经历了女师大事件、"三一八"惨案，更重要的是结识了许广平，并成为终身伴侣。许广平对他的事业给予了最大的支持，现存所有的文物都是许广平保存下来的。

最后，她说，鲁迅故居及文物的保护，有刘清扬、王冶秋、李霁野、宋紫佩、李何林等老一辈的功劳，我们应以崇敬的心情永远记住他们，怀念他们，缅怀先辈要继承他们的遗志，让鲁迅的精神永远活在人们心中。

开幕式结束，叶淑穗老先生，不顾雨大路滑，进入展厅，一一介绍展厅中的文物及其背后的故事。听她介绍一件又一件"国家一级文物"的来历和经手的亲身体会，有的经历仿佛是一次探险，令人感动，令人流连忘返。

会后，我们重游故居，感到更为亲切。鲁迅亲自设计改建后，南北屋各三间，东西屋各一间。北房三间，堂屋是家人吃饭活动的地方，东西两间分别住着母亲和朱安。南房是会客兼藏书室，那12个书箱终于有了容身之地。

鲁迅在北房堂屋向后接出一小间屋子，留作自己住，被称为"老虎尾巴"，他曾自嘲为"绿林书屋"。这间房子面积不足9平方米，屋顶很低，几乎伸手可触。小屋北窗安着两扇大玻璃，光线明亮；北窗外是个小小的后院，有一丛高大蓬勃的黄刺玫；在西厢北侧，有一棵古老的枣树；它和前院鲁迅种植的两棵丁香树，如今枝叶繁茂，可避烈日。可以想见春天白色、紫色的丁香花次第绽放，散发着清香，令人陶醉其中。

我们同时也可想到，鲁迅在这里仅住了两年多，1926年8月，鲁迅离京到厦门大学任教，他的母亲和朱安仍然居住在这里，1943年母亲病逝后，朱安支撑病体，看护鲁迅遗物，直到1947年6月走完了她的一生。这段日子何其艰难，幸亏有先辈们的支持与呵护，故居终于迎来了"解放区的天"！

今天，我们再翻开《从鲁迅遗物认识鲁迅》中关于北京鲁迅故居的三五篇文章，更感到亲切，更体会到叶淑穗老人数十年的执着坚守的精神，令人感佩、崇敬。

图 1

图 2

注释

［１］鲁迅：《日记·日记十二(1923)》，《鲁迅全集》第十五卷，人民文学出版社 2005 年版，第 485 页。

［２］鲁迅：《日记·日记十三(1924)》，同上书，第 513 页。

浅谈"一带一路"与"拿来主义"

姚 洁 绍兴鲁迅纪念馆

2024年是我国提出共建"一带一路"倡议的第十一年。所谓的"一带一路",顾名思义就是"新丝绸之路经济带"和"21世纪海上丝绸之路"的简称。

一、"拿来主义"的本质

我们身处在这个多元文化的新时代中,应该如何保持自我,又博采众长呢?我在鲁迅的一篇著作《拿来主义》中找到了答案。

鲁迅自幼年起,就受到了中国传统文化的影响,用"拿来主义"的态度去吸收外来文化,从优秀的中国传统文化中汲取养分,创作出许多具有中国作风、中国特色的文学作品。

鲁迅的"拿来主义"就是要我们"运用脑髓,放出眼光,自己来拿"[1],"或使用、或存放、或毁灭",[2]还要"沉着、勇猛、有辨别、不自私"[3]。外来的东西,我们要通过自己的实践来检验,当然,还要结合中国的实际情况进行创新。

鲁迅说,"拿",要有选择地"拿",主动地"拿",不卑不亢地"拿",要我们古为今用,洋为中用,全为我用。更重要的是,还要争取超越。

所以,"拿来主义"就是我们说的"头脑风暴",取得将原来的"1",变成"1+1>2"的效果。

二、古丝绸之路与"拿来主义"

　　回顾历史长河，一条古老的道路穿越了千山万水，连接了东西方的文明和贸易，它就是"丝绸之路"。我们的先人们敢于拿来，善于吸收，勇于创新，形成了特有的"丝路精神"。这就和鲁迅主张的"拿来主义"精神不谋而合了，它是鼓励先人们去探索、去学习、去发展、去创新、去奉献。

　　我们借用糖的发展渊源来举例。传闻，李隆基晚年做太上皇时因过度思念已过世的杨贵妃，常常食不下咽。有一天，当时肃宗的张皇后在御花园发现樱桃成熟了，便想用它来刺激李隆基的食欲。她将蔗浆涂抹在樱桃上，酸酸甜甜的味道令李隆基食欲大振。之后，这种吃法很快传遍了整个长安城。而张皇后用的蔗浆，其实就是古代的红糖。

　　早在西汉，我们的先人就已经学会用日晒和文火煎熬的方法给甘蔗脱去大部分水分，将甘蔗汁结成一种叫做"石蜜"的晶体，这就是糖的雏形。到了初唐，提炼仍然很粗糙，杂质很多，颜色和味道也都不尽如人意。而上好的石蜜只能不远万里从天竺国（古印度）购买，价格也十分昂贵，只有达官贵人才能吃得起。于是，唐太宗李世民便派出大臣王玄策，让他沿着丝绸之路去寻找糖的精炼技术。经过数月，王玄策抵达了摩伽陀国，最终将这门技术带回了中国。原来，我们缺少了一道制作工序，就是在甘蔗汁结晶前加入石灰或草木灰进行处理。加入了这一步，味道不仅改善了，杂质也减少了，晶体的透明度也提高了。从此，糖开始了在国内的大规模生产，珍贵的上等糖也终于变成了家家都有的"百姓红糖"。

　　不仅如此，像我们平时吃的黄瓜是张骞从西域带回来的，葡萄原产自亚洲西部，核桃是波斯产的……

　　当然，我国的四大发明、漆器瓷器、茶叶、丝绸等产品和文化也在向西传播,改变着西方人的生活方式,造福了全世界。

三、古丝绸之路与"一带一路"的时代相承

2013年我国"一带一路"倡议的提出,更是唤起了我们古老的历史记忆,赋予了古丝绸之路全新的时代意义。"一带一路"的倡议有着中华传统文化的鲜明烙印。两千年来,古丝绸之路的文明之光始终在熠熠生辉;两千年后,它继承时代发展,准确定位在建设"和平欧亚非"。这不仅仅是互利共赢共享的"经济一带一路",更是"文化一带一路"。我国与"一带一路"上的其他各国不仅是利益命运的共同体,更是文化多样性互补、价值取向性统一的共同体。这一切,最终都是为了缔造世界"和平秩序"的共同体。

当今的世界正在经历"百年未有之大变局"。对于未来,我们既充满了期待又满心困惑。我们能否探索出一条"经济全球化"的道路?能否真正建立人类命运共同体的理念?这成为了一项人类重要的课题。是该坚持合作与融合,还是走向分裂与对抗?历史的天秤倾向哪边,取决于我们的抉择。新的世界格局正在向全新时代的我们招手。

古丝绸之路上,那一声声驼铃响是为了各自获利;如今的"一带一路"中,资源的四通八达是为了寻求合作共赢。人类的发展史就是一部人类共同努力、探索、联结和交流的历史。在共建国家的共同推动下,经过十年的努力,共建"一带一路"倡议根植于古丝路丰厚的历史土壤中,推动搭建互通互联的各种平台,为世界经济的增长注入了新动能,它不仅为各国经济社会的发展带来了硕果,也大大促进了我们的民心相通和文化交融。

四、"一带一路"时代还需要拿来主义吗?

那么,"一带一路"共建的时代背景下,我们还需要鲁迅提出的"拿来主义"精神吗?现在,我们站在新的历史起点上,借鉴新

时代"拿来主义"精神,携手踏上新的丝绸之路——"一带一路"。它为我们带来了新的机遇,也是我们对世界各国人民的深情厚谊。它从未过时,它是鲁迅提出的"拿来主义"精神的延伸,是开放、包容、共享,本质是经济合作,打破贸易壁垒,寻求优势互补,实现互利共赢。它是跨越古今的"传送带",也是通向未来的"高速路"。可以说,它正连接着我们的过去、现在和未来。

过去,我们以为只有"送去"才能展现自己的实力,但其实"拿来"也一样可以。当年,邓小平提出了改革开放,要我们学习和借鉴人类文明一切有益的东西,但必须结合中国国情。所以,这样的"拿来主义"才能带来后面中国全方位的崛起。在中国崛起的新时代里,我们并没有失去自我,而是用我们自己的眼光去判断,去取舍。我们加入了WTO,在经历了一系列的学习、适应和创新后,提出了构建"以国内大循环为主、国内国际双循环互相促进"的新发展格局;我们迎来了互联网革命,保持了自己的独立性,成为了这场革命的佼佼者。我们还成为不少国际组织重要成员,如二十国集团等,同时也在推动建设亚洲基础设施投资银行等新型国际组织,让世界看到中国的魅力。

这是"拿来主义"精神在新时代焕发出的独特生命力。通过它,我们踩在巨人的肩膀上,带着先人们的智慧结晶,去探索更多的未知。

十年来,共建"一带一路"的种子正在"拿来主义"的滋养下长成了参天大树,并结出了累累硕果。在世界百年未有之大变局中,为我们乃至世界各国都开辟出了一条通往共同繁荣的机遇之路。

五、新丝路下的中国老品牌:故事怎么讲?

每个民族,都有自己的价值观与生活方式。中国是一个传统的农耕大国,上下五千年的农业文明史,给了我们独特的生存方式。我们重视日复一日的辛勤耕耘,我们懂得团结互助的力量,我们安土重迁。我们依靠团结的力量守天时、挡入侵、救人民于水火之中。

当我们珍视自己的文化价值时,一定要明白,文化是交融互通的道理。鲁迅的这篇《拿来主义》,它的核心其实是要我们把外来东西"为我所用"。

在绍兴的八字桥街区,有一座古老的教堂,当地人称它为"八字桥天主教",也是目前浙江省境内保存最完好的老教堂之最——圣若(约)瑟大教堂。它是同治十年(1871)由法国籍神父刘安多所设。罗马风格的外立面结合砖木结构的建筑方式,使得中西方的建造技艺融为一体。每当黄昏来临,金色余晖下的十字架,伴着教堂的西洋钟声,恍然间横跨了整座欧亚大陆,这就是这座城市所代表的,华夏文化包容的精神与多元的历史。

纵然文化交流荟萃、发展创新,这座古老的城市,有着2500多年建城史的绍兴古城,依旧向我们讲述着大禹治水、吴越争霸等宏伟壮观的历史洪浪,千年的文明史流露出的是我们依旧坚守华夏文化根基的坚毅目光。

城市文化在不断传承,靠的不是一成不变,而是人们的坚守,是一代代人对自身生活方式的珍惜。历史在变迁,文化符号本身也会以崭新的形式出现。为了珍存,去发展,去革新,才能历久弥新。绍兴,这座城市的点点滴滴,同样需要我们去珍视,去传承。品牌、名片需要打磨,更需要对自己的苛刻。不懈怠、不盲从,这是态度和底线。

2024年,也是我们举办鲁迅与国际文学"大师对话"活动的第十一年。一年一度的"大师对话:鲁迅与世界文豪"国际文化交流活动,一场跨越百年、跨越时空的"对话",在连续举办的这十年里,一步步成为了中华文化"出海"的品牌之一。绍兴,秉持新时代"拿来主义"精神,以"鲁迅"作为联结世界和未来的一张金名片,开辟了一条独特的"精神丝路"。

　　自古以来,中华民族就是一个兼收并蓄、博采众长的民族。几百年来,我们始终积极参与国际交流与合作,不断引进、消化和吸收外来文化。这种"拿来主义"靠的是一代代人的共同努力。我们博览、钻研、实践、创新,推动着历史之轮滚滚前行,碾压出属于我们的、崭新的车辙。让我们的国家在"拿来主义"中成果愈加丰硕,让我们的世界在"一带一路"上愈加灿烂文明!

注释

[1] 鲁迅:《拿来主义》,《鲁迅全集》第六卷,人民文学出版社2005年版,第40页。
[2][3] 同上书,第41页。

借此存留一点遗闻逸事

——《南腔北调集》阅读札记

姚耍武　上海市教师教育学院

1933 年,左翼文化工作在瞿秋白和鲁迅的亲密合作下,"产生了一种奇特的现象""取得了辉煌的成就",首先就是"上海最大的日报《申报》副刊'自由谈'改组,鲁迅(何家干)、茅盾(玄)、瞿秋白等发表了大量的杂文、评论"。[1]鲁迅的创作活动,几乎进入一个巅峰的状态,发表在《申报》副刊《自由谈》上的杂文,1月至5月所作的34 篇(另加瞿秋白所作9篇),1933年9月编集为《伪自由书》、10月出版;6月至11月所作的63篇(另加瞿秋白所作1篇),1933年底开始编《准风月谈》,1934年12月出版(还有《文摊秘诀十条》《娘儿们也不行》2篇后来收录《集外集拾遗补编》)。也就是说,1933 这一年里,鲁迅光是在《自由谈》上发表的杂文,就有近百篇。

这还不是全部。写给其他刊物的杂文,以及随书付印的序跋,都收录了《南腔北调集》。它的结集出版在 1933 年底、1934 年初,比《准风月谈》早一年;收录集中的 51 篇文章,包括 1932 年所作 10 篇,这一点与《二心集》相似。因为受到国民政府反动文化政策的压迫,1930 年和 1932 年,"期刊已渐渐的少见,有些是不能按期出版了,大约是受了逐日加紧的压迫",[2]所以发表的很少,反而使《南腔北调集(题记)》的写作视阈有"两年"的时长,相对于《伪自由书》《准风月谈》在几个月内就事论事,写得更加深沉悠远,充满人生的况味,包括"南腔北调"的命名、一年一本的欣悦、俯仰之间的迷梦等。

相对于《伪自由书》《准风月谈》,《南腔北调集》似乎还有一个价值,就是能够拼出一张这两年的文学版图。《题记》最后一段,鲁迅特地交代这些文章的来源:"曾经登载这些的刊物,是《十字街头》《文学月报》《北斗》《现代》《涛声》《论语》《申报月刊》《文学》等"。作于1932年的那些杂文,主要发表在《十字街头》《文学月报》《北斗》等左联机关刊物上,它们没出几期就被查禁了。1933年,即使面临"文化围剿"的困境,除了《自由谈》,鲁迅怎么还能在《现代》《涛声》《论语》《申报月刊》《文学》等那么多刊物上发表文章?夏衍的回忆揭开了谜底:"过去我们作家的作品只能在自己办的或与左翼有关的书商办的杂志上发表……到了'一二八'以后情况就不同了。许多报纸、杂志,包括中间的或中间偏右的,都欢迎左翼作家以原来的名字写文章。"[3]

《现代》月刊创刊于1932年5月,由施蛰存、杜衡编辑。1931年底,胡秋原在《文化评论》创刊号上发表《阿狗文艺论》,批判"民族文艺理论之谬误";1932年初又在《读书生活》上发表《钱杏邨理论之清算与民族文学理论之批评》,批判"左翼文艺理论"。一副为了维护"文艺自由"而"左右开弓"的架势,引发了瞿秋白、冯雪峰等人在《文艺新闻》上的回击。随后,苏汶(杜衡)在《现代》上发表《关于"文新"与胡秋原的文艺论辩》等文章参与论战,周起应(周扬)、瞿秋白、鲁迅、冯雪峰等先后在《现代》杂志上发文批评苏汶,使《现代》成为主战场。然而就在这个"战场"上,鲁迅发表了《为了忘却的记念》《看萧和"看萧的人们"记》《关于翻译》《小品文的危机》4篇文章,尤其是《为了忘却的记念》这样的名篇长文。这应该与瞿秋白、鲁迅、冯雪峰等人重视和克服"文艺战线上的关门主义",派人去做团结工作,结束这场历时一年的论争有关。[4]

就在关系还算密切的时候,为了出版瞿秋白译作以纾解其经济上的困难,1933年8月10日鲁迅致信杜衡,"《高尔基文选》已托人送上,谅已达览",希望现代书局能够出版瞿秋白翻译的《高尔基论文选集》,甚至以为《现代》写稿作为交换条件,"对于《现代》六期,当寄随笔或译论一篇也",[5]且如期践约。然而哪怕鲁迅磨破了嘴皮、费尽了心思,耗尽了耐心,此事都未获成功。可能因此心生芥蒂。1933年9月《大晚报》搞荐书活动,施蛰存推荐了《庄子》《文选》两本,名曰"为青年文学修养之助"。鲁迅10月6日在《自由谈》上发表《感旧》,讽刺"新式青年的躯壳里"还"埋伏"着旧物,连清末的"老新党"都不如。[6]10月8日施蛰存在《自由谈》发文予以反驳,由此拉开一场多回合的论争。这场论争,施蛰存看似振振有词,但窃以为他无法理解鲁迅的关切,显然"境界"不同,11月5日致姚克信中谈及此事,可作一小结:"我和施蛰存的笔墨官司,真是无聊得很,这种辩论,五四运动时候早已闹过的了,而现在又来这一套,非倒退而何。我看施君也未必真研究过《文选》,不过以此取悦当道,假使真有研究,决不会劝青年到那里面去寻新字汇的……"[7]

《文学杂志》月刊是北方左联办的刊物,1933年4月创刊于北平,7月出版3、4号合刊后被禁,主要成员有王志之、谷万川、孙席珍等。办刊之前王志之曾向鲁迅约稿,1932年12月21日鲁迅回信:"十四日信收到。刊物出版后,当投稿,如'上海通信'之类。"[8]结果是鲁迅1933年元旦这一天就写了《听说梦》,四个月后发表在创刊号上。这年元旦,上海《东方杂志》出了个"新年特大号",其中"新年的梦想"专栏,刊登了柳亚子等142位作家、读者对于"未来中国"或者"个人生活"的"梦想"。栏目主持人在《读后感》中,对投稿中多为"载道"之梦颇有微词,认为梦应该是"言志"的。鲁迅的议论由此生发,认为超出现实的梦是没有的,梦想多与"吃饭"关联是情理之中的事。[9]文章1700多字,其价值也许与"上海通信"不同。所谓"上海通信",即鲁迅1926年8月30日,将离京南下到达上海后的一路所见所闻,以与李小峰"通信"的形式写出来，供其在《语丝》周刊上发表。就此文体，鲁迅还写过《厦门通信》《厦门通信(二)》《厦门通信(三)》《海上通信》等。此时鲁迅打算写的"上海通信"，应该与他1932年11月11日至30日赴北平探母病然后返沪"回寓"[10]的经历相关，可惜未写。

曹聚仁是鲁迅晚年重要朋友之一，后来还专门从事鲁迅研究，写过《鲁迅评传》等。他第一次出现在鲁迅日记中，是1933年5月7日"得曹聚仁信，即复"，即鲁迅答应给李大钊遗著《守常全集》作序，并如期践约。曹氏创办《涛声》周刊在1931年8月，《论"赴难"和"逃难"》一文于二人通信之前(1933年2月11日)发表在《涛声》上。此文与《逃的辩护》源于同一题材，但更有历史的纵深。从6月18日致曹聚仁等信中，可以看出鲁迅已把曹氏当作可以交心的朋友了。这封信长过1000字，从明代以来知识分子的出处、自己著述的抱负，谈到古之师道、自己与章太炎的师生关系，再谈到今之青年的责任及其目前遭受的虐杀，沉郁顿挫，令人动容，是难得一见的肺腑之言。这一特点，也同样体现在《〈守常全集〉题记》中。5月29日夜，鲁迅先深情回忆自己与李大钊的最初相识、对他的"有些儒雅，有些朴质，也有些凡俗"的印象，再写在厦门时听到他被害消息时其形象的浮现。然而荒谬的是，曾经为民国而死的先驱者，在今日民国政府的统治下，下葬竟被阻挠，遗文也难以出版。所以在寄给曹聚仁的时候附信说："生丁斯世，言语道断……"6月3日再致曹聚仁，想到世事的荒谬，认为"不如不审定，也许连出版所也不如胡诌一个，卖一通就算"。果然，遗文因当局压制未能出版，这篇《题记》倒是发表在8月19日的《涛声》上，鲁迅在编集时，特地将这段曲折作了"附识"。此后，发表在《涛声》上的，还有《蜜蜂与蜜》《祝〈涛声〉》《论翻印木刻》等。但"不幸而吾言中"[11]，就在鲁迅"祝福"后不久，《涛声》就被停刊了。

1932年夏，林语堂与邵洵美等人"一面纳凉一面闲话，大家提出要做一本杂志消消闲，发发牢骚，解解闷气"，这就有了追求"幽默"的《论语》半月刊。鲁迅对中国曾经是否有幽默、如今能否有幽默,一贯持保留态度,1933 年 3 月 2 日连写了《从讽刺到幽默》《从幽默到正经》两篇,包括 8 月下旬的《"论语一年"》《小品文的危机》两篇,都剑指"幽默",坦言"他所提倡的东西,我是常常反对的",原本"战斗的"小品文若成了"小摆设",只能起"抚慰和麻痹"的作用,那就走向了"危机"。一年来,《论语》都在围绕着"幽默"打转,竟然出了 25 期,是不容易的。但是敢于出《萧伯纳游华专号》、敢于"发表了别处不肯发表的文章,揭穿了别处故意颠倒的谈话",却"是好的",因为它"至今还使名士不平,小官怀恨,连吃饭睡觉的时候都会记得起来。憎恶之久,憎恶者之多,就是效力之大的证据"[12]。别人怎么写鲁迅管不着,但能保证自己文章的战斗性,如发表在《论语》上的《学生和玉佛》《谁的矛盾》,尤其是《由中国女人的脚,推定中国人之非中庸,又由此推定孔夫子有胃病》,"又臭又长"的主标题之外,还要加一个"跋扈"的副标题《"学匪"派考古学之一》,看来是执意"谈风月也要谈出乱子来"。

1933 年底,鲁迅致台静农信,说自己"投稿于《自由谈》,久已不能",但"《申报月刊》上尚能发表",一来"当局对于出版者之交情"所以未遭封禁,二来自己"与编者是旧相识"[13],所以必须写一点。《申报月刊》为纪念《申报》60 周年于 1932 年 7 月创办,俞颂华主编,黄幼雄等参编,1933 年 12 月 8 日日记中有"至新雅酒楼应俞颂华、黄幼雄之邀,同席共九人"[14]的记载。俞颂华是民国时期的著名报人,但鲁迅所谓的"旧相识",当更指向黄幼雄,因为他是胡愈之表兄,还是景云里时的邻居。鲁迅在《申报月刊》上发文 16 篇,从 1933 年 6 月号到次年 1 月号,共 8 期,每期 2 篇,论题广泛,涉及妇女、儿童、家庭、编辑等,批判锋芒指向经验、谚语、世故、谣言、秘诀、心传等,形式有偶成、漫与等,堪称奇观。《关于女人》用阶级分析的方法,来考察女人屡遭污蔑的原因,认为"奢侈和淫靡只是一种社会崩溃腐化的现象,决不是原因"。在《真假堂吉诃德》里,一个句子"中国的江湖派和流氓种子,却会愚弄吉诃德式的老实人,而自己又假装着堂·吉诃德的姿态",就能做到真假、褒贬立判。《上海的儿童》从弄堂里玩耍的孩子,看出"顽劣,钝滞"两种类型,想到"童年的情形,便是将来的命运",于是提出"提出家庭教育的问题,学校教育的问题,社会改革的问题"。《世故三昧》呼唤人们要敢于分清是非、曲直、利害,而不能"深于世故"到避"世"不谈。这些社会批评和文化批评,至今仍有振聋发聩的力量。

《文学》月刊创刊于1933年7月,为解决因"一·二八"事变中商务印书馆被炸后《小说月报》停刊、左联机关刊物屡遭查禁、左翼和进步作家无发表阵地而创办,由郑振铎、茅盾发起,傅东华编辑。鲁迅作为"同人",创刊号上贡献了《谈金圣叹》《又论"第三种人"》两篇,第二期上又发表了《我的种痘》。可惜这一好势头,被傅东华的"孟浪"断送,恢复要到一年后的《忆韦素园君》。事情的原委在《给文学社信》之中:第二期上,发表了"伍实"的《休士在中国》,为美国黑人作家休士来华遭冷落抱不平,而拿鲁迅等人会见萧伯纳之热闹说事。在"同人"刊物上刊发如此"诬蔑和侮辱""同人"的文章,实在匪夷所思,况且"伍实"竟然是傅东华自己。鲁迅大怒,要求将此信当期公开发表。

平心而论,这三篇文章都是结构精心、质量上乘之作,《我的种痘》更可补充一段"旧事重提",然而不知何故,它竟然会流落在《集外集拾遗补编》之中。关于"第三种人",1932年10月鲁迅写过《论"第三种人"》参与论争,"生在有阶级的社会里而要做超阶级的作家,生在战斗的时代而要离开战斗而独立,生在现在而要做给与将来的作品,这样的人,实在也是一个心造的幻影,在现实世界上是没有的",[15]也算是一句箴言;1932年11月27日在北师大演讲《再论"第三种人"》,除了坚持文学的阶级性,还要求"知识阶级"立足现在,"把握住实际问题""同群众结合";[16]这回是"又论",就戴望舒先将法国文豪纪德归为"第三种人",再以此为"论据"来反驳左翼文艺观,鲁迅的批驳就从拆解这个"论据"开始。

除了这些发表在杂志上的杂文,《南腔北调集》里还有不少随书付印的序跋,《题记》里所谓"书的序跋,却只选了自以为还有几句可取的几篇",包括《萧伯纳在上海》《一个人的受难》《木刻创作法》《总退却》等。《我怎么做起小说来》一文,为天马书店出版的《创作的经验》而作,它是作家自选集之后的又一策划,鲁迅还为这本书的封面题签。

《题记》最后一句,"但有一篇没有发表过",当指在编集时才补写的《答杨邨人先生公开信的公开信》。这是一篇奇文,又是一篇雄文,让我不禁想起作于1927年9月4日的《答有恒先生》。《伪自由书》《准风月谈》两本书的最后,都有长达一两万字的《后记》,这封公开信也相当于《南腔北调集》的《后记》。杨邨人原本是"革命文学家",鲁迅与这群人素有恩怨,他后来又"转向",并声称要当"第三种人",似乎有点恬不知耻,成了鲁迅要"嘘"的对象之一。得知这个"内幕"后,1933年12月3日,杨邨人在《文化列车》上发表充满挑衅的公开信,不但人身攻击鲁迅的"老",还嘲讽鲁迅的"左翼"立场。是可忍孰不可忍,鲁迅一方面对种种传闻进行澄清,另一方面揭露他的反动本质,最后送给杨邨人一个"革命小贩"的谥号,算是比较克制的,殊不知施蛰存这位"遗少"最后被骂成了"洋场恶少"。

综上所述,鲁迅在1933年所作且收在《南腔北调集》里的这41篇文章,因为发表的媒介既不同于《自由谈》,且篇幅与风格的差异都很大。在《且介亭杂文·序》里,鲁迅说:"凡有文章,倘若分类,都有类可归,如果编年,那就只按作成的年月,不管文体,各种都夹在一处,于是成了'杂'。"[17]《南腔北调集》里的"杂文",就是这么一种"杂"。幸运的是,瞿秋白住进东照里时,鲁迅也搬到了大陆新邨。两家隔得很近,二人时相晤谈。瞿秋白在编完《鲁迅杂感选集》后,又着手撰写长篇序言,"运用马克思主义唯物史观原理,把鲁迅及其杂文放置在急剧动荡的中国社会历史和所产生的各种社会关系、社会实践的大背景下,进行考察和分析,揭示出鲁迅各个时期的思想、观点和各种活动等发生的原因和所包含的进步性、必然性和社会价值,以及与杂文创作的密切联系。指出鲁迅杂文所体现的革命文学传统:最清醒的现实主义、'韧'的战斗、'反自由主义'、反虚伪的精神",[18]从而使这些"杂"又具有了相对的"统一性"。

然而,事物是辩证的,所谓的"统一性",又一定会以种种"杂"的形式表现出来。鲁迅曾骄傲地宣称:"想从一个题目限制了作家,其实是不能够的。"[19]正是这种不拘一格、随物赋形的杂文手段,再加上"虽然浅薄,却还借此存留一点遗闻逸事,以中国之大,世变之亟,恐怕也未必就算太多了罢"[20]的历史书记的担当和自信,终于成就了一个人、一个年代的辉煌。

注释

[1] 夏衍:《懒寻旧梦录》,生活·读书·新知三联书店2000年版,第160页。

[2] 鲁迅:《二心集·序言》,《鲁迅全集》第四卷,人民文学出版社2005年版,第193页。

[3] 会林、陈坚、绍武编:《夏衍研究资料》,中国戏剧出版社1983年版,第65页。

[4] 刘小中、丁言模编著:《瞿秋白年谱详编》,中央文献出版社2008年版,第379页。

[5] 鲁迅:《书信·330810致杜衡》,《鲁迅全集》第十二卷,人民文学出版社2005年版,第433页。

[6] 鲁迅:《重三感旧》,《鲁迅全集》第五卷。第342页。

[7] 鲁迅:《书信·331105致姚克》,《鲁迅全集》第十二卷,第477页。

[8] 鲁迅:《书信·321221 致王志之》,《鲁迅全集》第十二卷,第 353 页。
[9] 鲁迅:《南腔北调集(听说梦》,《鲁迅全集》第四卷,第 481 页。
[10] 鲁迅:《日记二十一》,《鲁迅全集》第十六卷,第 336 页。
[11] 鲁迅:《南腔北调集·祝〈涛声〉》,《鲁迅全集》第四卷,第 577 页。
[12] 鲁迅:《南腔北调集·"论语一年)"》,《鲁迅全集》第四卷,第 582 页。
[13] 鲁迅:《书信·331227 致台静农》,《鲁迅全集》第十二卷,第 532 页。
[14] 鲁迅:《鲁迅日记二十二》,《鲁迅全集》第十六卷,第 412 页。
[15] 鲁迅:《南腔北调集·论"第三种人"》,《鲁迅全集》第四卷,第 450 页。
[16] 鲁迅:《鲁迅的声音:鲁迅演讲全集》,珠海出版社 2007 年版,第 72 页。
[17] 鲁迅:《且介亭杂文·序言》,《鲁迅全集》第六卷,人民文学出版社 2005 年版,第 3 页。
[18] 刘小中、丁言模编著:《瞿秋白年谱详编》,中央文献出版社 2008 年版,第 393 页。
[19] 鲁迅:《准风月谈·前记》,《鲁迅全集》第五卷,人民文学出版社 2005 年版,第 199 页。
[20] 鲁迅:《南腔北调集·题记》,《鲁迅全集》第四卷,第 427 页。

编　　委：(按姓氏笔画为序)
　　　　　田　菁　刘维佳　孙　蓝　李秋叶　陈亚娟
　　　　　陈丽君　邵　炯　卓光平　周玉儿　赵国华
　　　　　胡静雯　胡慧丽　洪志祥　尉　加　谢依娜
主　　编：陈亚娟　周玉儿
副 主 编：卓光平
封面设计：陈建明　赵国华

图书在版编目(CIP)数据

绍兴鲁迅研究. 2024 / 绍兴鲁迅纪念馆，绍兴市鲁迅研究中心，绍兴市鲁迅研究会编. -- 上海：上海社会科学院出版社，2024. -- ISBN 978-7-5520-4588-8

Ⅰ.K825.6-53；I210.97-53

中国国家版本馆CIP数据核字第2024KY6981号

绍兴鲁迅研究2024

绍兴鲁迅纪念馆、绍兴市鲁迅研究中心、绍兴市鲁迅研究会编
责任编辑：章斯睿
封面设计：陈建明、赵国华
出版发行：上海社会科学院出版社
　　　　　上海顺昌路622号　邮编200025
　　　　　电话总机021-63315947　销售热线021-53063735
　　　　　https://cbs.sass.org.cn　E-mail：sassp@sassp.cn
照　　排：南京前锦排版服务有限公司
印　　刷：浙江天地海印刷有限公司
开　　本：890毫米×1240毫米　1/32
印　　张：10.25
字　　数：267千
版　　次：2024年12月第1版　2024年12月第1次印刷

ISBN 978-7-5520-4588-8/K·740　　定价：88.00元

版权所有　翻印必究